中青年经济与管理学者文库

本书为河北经贸大学教学研究重大项目（2016JYZ01）的最终研究成果
本书由河北经贸大学财政税务学院财政学省级重点学科资助出版

本科生导师制探索与实践

刘连环　王晓洁　等著

中国财经出版传媒集团
中国财政经济出版社

图书在版编目（CIP）数据

本科生导师制探索与实践/刘连环等著．—北京：中国财政经济出版社，2018.6
（中青年经济与管理学者文库）
ISBN 978-7-5095-8222-0

Ⅰ.①本… Ⅱ.①刘… Ⅲ.①高等学校－导师制－研究－中国 Ⅳ.①G649.21

中国版本图书馆 CIP 数据核字（2018）第 093486 号

责任编辑：钱红叶　　　　　　　责任校对：胡永立

中国财政经济出版社 出版

URL：http：//ckfz.cfeph.cn
E-mail：cfeph@cfeph.cn

（版权所有　翻印必究）

社址：北京市海淀区阜成路甲 28 号　邮政编码：100142
营销中心电话：010-88191537
天猫网店：中国财政经济出版社旗舰店
网址：https：//zgczjjcbs.tmall.com
北京财经印刷厂印刷　各地新华书店经销
880×1230 毫米　32 开　12 印张　280 000 字
2018 年 6 月第 1 版　2018 年 6 月北京第 1 次印刷
定价：66.00 元
ISBN 978-7-5095-8222-0
（图书出现印装问题，本社负责调换）
本社质量投诉电话：010-88190744
打击盗版举报热线：010-88191661　QQ：2242791300

策划人语

题记：一个人的精神成长史，取决于他的阅读史。只有阅读能最有效地培养精神生活习惯，而好的习惯又培养性格，性格决定人生。
——我们自豪，因为我们就是创造这精神产品的人。

选择了飞翔，总能看到蓝天；选择了远航，总能感受大海。人生不仅要作出选择，也要坚持住自己的选择。学会计、当编辑是我的意外选择。人说编辑是为人做嫁衣，可是这一选择我坚持了27年，苦在其中，乐在其中，也算是有声有色。每当我把一本本好书呈献给人们的时候，我觉得我是"富贵"的人：富，不是你身上的钱财，而是你心里的满足；贵，不是你地位的显赫，而是你被人需要的程度。

书海探寻，情怀永恒

我要说，做编辑我幸运，因为我不仅是第一个读者，可以对作品"品头论足"，也可以对作品"生杀予夺"；更重要的是，这是一个很高层次的平台，在多年与名家的交往和名著的"对话"中，深深地为他们的人格和才学所感动，被作品的精彩所吸引，这不仅使我"下笔如有神"，更使我的思想和灵魂也受到一次次洗礼和震撼，得到一次次升华。对于我的作者我的书，如数家珍，作者中不乏才学和为人同样过人的多位泰斗和"颜值高责任大"的众多才子佳人；策划的作品不仅立足专业还兼顾人文，也是情怀所在，专业加人文路才会更宽。

多年的体会是，作为一名编辑，起码要"三心二意"，即"责任心、细心、耐心"和"服务意识、创新意识"。要多策划一些有分量的拳头产品，用一个选题推动一个系统工程，用一个系统工程培养一个出版社品牌。给新入职编辑讲座时我做过一个比喻：编辑两项基本功，审稿——甚至要比博导审批学生论文还要全面、细致；选题策划——要像电影导演一样做"星探"，善于发现优秀作者和挖掘好的原创作品。记不得27年来我策划和编辑了多少书，组织和策划了一大批教材、业务培训用书、通俗读物、理论专著等，有的获得过国家、省部级各类奖项，有的以其填补空白、社会热点、风格新颖、开拓尝试等特点受到读者的欢迎。20世纪90年代我开始自主策划选题，多年来每年都有新丛书问世。比如，21世纪初内部控制研究在国内刚兴起时，策划了《现代内部控制丛书》，其中《企业内部控制管理操作手册》是我鼓励作者将自己饱含心血的经过长期钻研和实践并证明卓有成效的成果奉献付梓，使得更多的人能受益于此，这无疑是对我国内部控制理论探索和实践发展的一种贡献，内部控制选题至今还是热点。2013年的《来去无尘——一位财政部长的生前事》所展现的吴波精神，与深入推进党风廉政建设相得益彰，得到中央领导同志的高度重视和重要批示。中央各大主流媒体纷纷连续报道，掀起了全社会学习吴波高尚情操的热潮。2014 年至今的前沿选题《财务云丛书》等也越来越受到业界认可。

想是问题，做是答案

众所周知，目前的图书出版业在行业竞争和纸质图书受到严重冲击的情况下，出版人无不感到莫大的危机。在这种背景下，策划一套专业图书是颇感困惑的一件事，风险更大。但即使这样我们也不能因噎废食、停滞不前，还要积极应对，继续发挥纸质图书的固有特质，挖掘出版内容和形式都精彩的原创作品，适应新形势下读者的更高需求。2017 年，我们接受新的挑战，开启新的征程，又策划《中青年经济与管理学者文库》《当代税收名家丛书》《中国税务律师系列丛书》《现代管理实务丛书》《高等院校应用型会计人才精细化培养系列教材》等，继续为扶持学术研究和总结最新成果，在高端研究与专业知识普及和应用之间搭建一座座有益的桥梁。

每一个时代的经济环境不同，理论研究和实务探索所需要解决的问题也有所差别。当前我国不仅处于经济结构调整和供给侧改革的攻坚期，同时也处于大数据和互联网突飞猛进的变革期，矛盾叠加，风险交汇，市场环境和组织模式不断演变发展、推陈出新，经济、管理、财税等领域的新理论、新思想、新方法、新工具也层出不穷。乱花渐欲迷人眼，击水三千浪几何？这些领域的研究人员被时代赋予了更艰巨的责任，也面临着更高、更多元的要求，我们不仅要具备更广阔的学术视野，而且要有更严谨的学术思维。

输在犹豫，赢在行动

《中青年经济与管理学者文库》的作者，都是我国经济与管理领域的中坚力量,也是未来的大家。他们中有些人潜心从事理论研究,有些人则深耕在实务一线,但无论现实身份如何,视野全都没有被拘泥在"象牙塔"内。他们从不同视角对市场经济的不同要素进行细致审视,然后汇聚于"财经版"这面旗帜之下,相互碰撞,彼此激荡,力求在市场经济转型升级的关键时期留下最新鲜的"中国印记"。

这些经济与管理领域的中青年学者,就是我国市场经济发展的潜力与优势,他们的研究成果,不仅将引领市场经济的各个组成环节向更科学、更先进的方向发展,而且将成为我国政府和企业在未来经济世界扮演更重要角色的支点与动力。祝愿这些中青年学者能攀上更高的学术之山,走向更远的研究之路,也期待宏观、中观、微观各个层面的市场参与者都能从这套文库中得到切实的启发与指引,在全面深化改革、增强发展活力的关键时期,发挥正能量和积极作用,为经济社会发展增添新的动力!

如果您认可,如果您有意愿,欢迎您和您的朋友加盟我们的作者队伍!在中国财经出版传媒集团的"旗舰"下,中国财政经济出版社这"老字号",一定励精图治,谱写新的篇章。我们用"龙的精神,玉的品质"来助力您实现梦想!

策划人:樊清玉
邮箱:qingyuf@ sina. com
2017 年春

前 言

习近平总书记在党的十九大报告中明确指出,创新是引领发展的第一动力,是建设现代化体系的战略支撑。牢记使命,按照党中央的决策部署,把加快建设创新型国家作为现代化建设全局的战略举措,坚定不移地实施创新驱动发展战略,强化创新是社会经济发展的第一推动力的地位和作用,突出制度创新引领全面创新,无疑具有深远的意义。

加快建设创新型国家是我国建设现代化强国的内在要求,也是解决新时代社会主要矛盾的必然选择。从某种意义上说,加快建设创新型国家离不开高等教育的发展与改革。这是因为"创新型国家的本质是依靠创新活动推动经济发展和国际竞争能力提高,其测度指标主要体现在创新资源、知识创造、企业创新、创新绩效、创新环境等方面①"。所以说创新型国家建设离不开创新型人才的培养，人才是一个国家综合实力的重要标志，也是国力强大最依赖的战略资源。归根到底，经济发展、劳动生产率提高，社会进步、民主与法制建设，这些都离不开人的素质提高，离不开高等教育体制改革与制度创新。而本科生导师制就是新时代我国高等教育改革与发展的制度创新，是高等教育发展与人才培养模式创新下的认知提升。本科生导师制基于偏好的多样性特征，充分尊重人的意愿、偏好、禀赋与志向，具有跨界融合、创新驱动、重塑结构、开放共享、互动共赢等特征。

本科生导师制既体现了自由教育的大学教育理念，强调学生的自主学习、自我教育、同伴效应与教师的启发和引领的有机结合，从而实现追求卓越的目标。以注重学生的全面发展、充分体现因材施教的原则为特征，基于自由教育理念，通过师生的交流与合作实现教学相长的目标。在这一点上西方的理念与中国古代书院教育传统不谋而合。当前引入本科生导师制是高等教育大众化背景下旨在创新本科教育、教学模式、提高人才培养质量的重要举措，也是对国家深化教育体制机制改革政策的积极回应。导师制的实施不仅有利于提高人才培养质量，有助于学生的身份认同和学业成功，从而更好地实现大学教育的目标；导师制有利于增强教师的归属感和责任心，有利于提升教师工作价值取向，培育更多事业型教师；导师制通过挖掘学生的潜能实现师生优势互补，从而实现高等教育资源的优化配置，提高人力资源配置效率。目前国内的各类高校（无论是国家重点大学如浙江大学、北京大学、北京师范大学，还是地

---

① 王志刚：“加快建设创新型国家”，《党的十九大报告辅导读本》，人民出版社 2017 年版。

方院校如江西师范大学、四川农业大学、贵州财经大学等)几乎都在进行本科生导师制的探索和实践。分析这些高校实施导师制的经验,结合我国高等教育发展趋势,对于提高本科教学质量无疑具有积极意义。

目录

导论 …………………………………（ 1 ）

第一章 本科生导师制：共同研习学问的事业 ………………（ 15 ）

一、本科生导师制渊源 …………（ 16 ）

二、本科生导师制的理论探究 …（ 28 ）

三、本科生导师制的本质特征 …（ 43 ）

第二章 本科生导师制的理论基础 …（ 55 ）

一、古典教育的精神遗产：自我教育理论 ………………（ 55 ）

二、导师制的理论基石：自由教育 ……………………（ 65 ）

三、本科生导师制的现实需要 …（ 83 ）

四、本科生导师制的意义 …………………………（90）

第三章 多重角色的语言运用：学会语言表达 …………（109）
　一、书面表达能力的重要性 ……………………（110）
　二、本科生导师制有助于提高毕业论文的质量 ……（117）
　三、本科生导师制有助于规范学生课题申请书的撰写 …（119）

第四章 批判性思维能力与习惯：学会有效思考 ………（122）
　一、本科生导师制的核心在于培养具有批判性
　　　思维的创新人才 ……………………………（123）
　二、本科生导师制是培养独立思考能力的重要途径
　　　………………………………………………（124）
　三、本科生导师制有助于提高自主创新能力 ………（127）

第五章 增强道德意志：思想品德培育 …………………（131）
　一、新时期高校大学生思想品德培育的现状及
　　　存在的问题 …………………………………（132）
　二、实行本科生导师制的法律和政策依据 …………（138）
　三、思想品德培育是本科生导师制不可或缺的
　　　重要功能 ……………………………………（140）
　四、本科生导师制之思想品德培育功能的缺失 ……（145）
　五、进一步发挥本科生导师制思想品德培育功能的
　　　几点建议 ……………………………………（153）

第六章 回应大学生责任感缺失的挑战：培育合格公民 …… (160)
- 一、合格公民应具有的品质 ………………………… (160)
- 二、社会主义合格公民的基本行为要求 …………… (161)
- 三、培育合格的大学生公民是我国高等教育的首要任务 ………………………………………… (169)
- 四、成长为合格公民，是当前大学生成长成才的自身需求 ………………………………………… (172)
- 五、本科生导师制的理论依据与现实价值 ………… (174)
- 六、加强和完善本科生导师制在培育合格公民方面的基本策略 ……………………………………… (178)

第七章 培养合作能力：适应多元文化与全球化的素养 … (181)
- 一、适应多元文化的校园 …………………………… (182)
- 二、培养全球化素养 ………………………………… (187)

第八章 重新认识世界：培养广泛的兴趣 ……………… (193)
- 一、设计能激发学生学习兴趣和潜能的课程 ……… (194)
- 二、循循善诱，激发学生的兴趣爱好 ……………… (199)

第九章 个性化的学习规划：为职业生涯做准备 ……… (205)
- 一、大学生职业生涯规划现状及其影响因素 ……… (206)
- 二、个性化的学习规划 ……………………………… (210)

第十章 本科生导师制的现实需求与制度设计 ………… (217)
- 一、引入本科生导师制的必要性与紧迫性 ………… (218)

二、自由教育理念下的制度设计 …………………… (220)

三、本科生导师制的运行机制 …………………… (241)

第十一章 本科生导师制的成效与问题 …………………… (254)

一、本科生导师制兴起的背景 …………………… (255)

二、本科生导师制的进展情况 …………………… (260)

三、本科生导师制取得的成效 …………………… (265)

四、本科生导师制的现实境遇 …………………… (270)

五、传统书院教育制度的启示 …………………… (280)

六、本科生导师制的制约因素 …………………… (286)

第十二章 高原上的明珠——贵州财经大学本科生导师制经验 …………………… (296)

一、高原明珠：贵州财经大学导师制 …………………… (297)

二、本科生导师制的制度设计 …………………… (303)

三、导师制的运行保障机制 …………………… (311)

四、本科生导师制取得的成效、存在的问题及改进建议 …………………… (315)

第十三章 本科生导师制完善的思路与构想 …………………… (321)

一、完善本科生导师制的总体思路 …………………… (322)

二、本科导师制的目标模式 …………………… (328)

三、重构本科生导师制的设想 …………………… (335)

参考文献 …………………… (354)

后记 …………………… (365)

导　论

　　本科生导师制是新时期我国高等教育改革与发展的战略导向，是基于全员育人、全过程育人、全方位育人的体制机制基础之上、"精准导学"理念导向下的路径选择，是高等教育发展与人才培养模式创新下的认知提升，是"互联网＋"时代背景下的技术呼唤，是基于偏好的多样性特征，尊重人的意愿与志向，具有跨界融合、创新驱动、重塑结构、开放共享、互动共赢等特征的制度创新，是协作共赢视野下的资源优化配置，也是高等教育可持续发展的坚强保障。

一、本科生导师制兴起的背景

　　所谓本科生导师制就是在大学本科阶段为本科阶段学习的学生配备专业指导教师，基于每个学生的不同天赋与专业志向，在学业、科研、品德等方面对学生进行个性化指导，以帮助其增长知识和能力并最终取得学业成功的一种制度，其充分体现因材施教原则和育人为本的高等教育理念，是新时期高等教育人才培养模式的制度创新。这一制度最早产生于14世纪的英国，在英国的牛津大学率先施行，后来逐渐推广、流行于欧美发达国家，到20世纪初期才传入中国。

　　早在20世纪30年代，浙江大学就在全国率先引入本科生导师制,但因多种因素的影响,这种教学模式在中国并未得到充分发展。20世纪90年代末,随着我国高校的扩招,高等教育逐渐从精英教育转向大众化教育,大班教学所带来的教学质量问题逐渐凸显,促使部分学者开始对百年来中国高等教育的发展历程进行深刻的反思,社会各界也从不同角度指出中国当代高等教育的种种弊端,改革高等教育体制机制的呼声日益高涨。如何在高等教育领域体现中国文化的主体性、重建中国文化自信,已经成为当今社会共同关注的话题。这些因素综合作用的结果是本科生导师制的回归——本科生导师制又陆续在国内的一些高校(如北京大学、清华大学、浙江大学、湖南大学、厦门大学、武汉大学、华南农业大学等名校)试行,导师制的运行机制也呈现出多元化特征,如浙江大学继承20世纪30年代的导师制传统,实行的效法牛津大学模式的本科生导师制,湖南大学秉承中国传统书院文化传统,实施的岳麓书院本科生导师制。到了21世纪初,实施本科生导师制的学校不断增加,一些地方高校也开始试水本科生导师制,北京师范大学、北京化工大学、兰州大学、陕西师范大学、扬州大学、中南大学、大连理工大学、贵州大学、贵州财经大学、宁波大学、四川农业大学、广西右江医学院等一大批高校开始在部分院系尝试旨在改革人才培养模式的本科生导师制,目前已取得初步成效。

从政府层面来看,到了21世纪,国内各类高校改革现行高等教育制度与人才培养模式、旨在提高本科教育质量的本科生导师制探索与实践也逐步得到了官方的积极回应与认可。2005年1月7日,教育部在《教育部关于加强高等学校本科教学工作的若干意见》中指出:"有条件的高校要积极推行导师制,努力为学生全面发展提供优质和个性化服务"。这标志着本科生导师制已获得中央政府的支持和提倡。2010年颁布实施的《国家中长期教育改革和发展规划纲要（2010—2020）》中明确指出："关注学生不同特点和个性差异，发展每一个学生的优势潜能。推进分层教学、走班制、学分制、导师制等教学管理制度改革"。2012年教育部在《关于全面提高高等教育质量的若干意见》中，进一步提出要："改革才培养模式，实行导师制、小班教学，激发学生学习主动性、积极性和创造性，培养拔尖创新人才。"由此可见，我国已经将个性化人才培养提升到战略层面，而在大学教育的本科阶段即推行导师制，无疑是个性化人才培养的有益尝试。目前国内的各类高校（无论是国家重点大学如浙江大学、北京大学，还是地方院校如江西师范大学、南京大学、贵州大学等）几乎都在进行大规模探索和实施本科生导师制。分析这些高校实施导师制的经验，结合我国高等教育发展趋势，对于提高本科教学质量无疑具有积极意义。

2017年9月中共中央办公厅、国务院办公厅印发了《关于深化教育体制机制改革的意见》，作为新时期党中央、国务院推进教育综合改革的又一纲领性文件，进一步明确提出"健全全员育人、全过程育人、全方位育人的体制机制。"要求各类学校注重培养支撑终身发展、适应时代要求的关键能力。在培养学生基础知识和基本技能的过程中，强化学生关键能力培养。培养认知能力，引导学生具备独立思考、逻辑推理、信息加工、学会学习、语言表达和文字写作的素养，养成终身学习的意识和能力。培养合作能力，引导学生学会自我管理，学会与他人合作，学会过集体生活，学会处理好个人与社会的关系，遵守、履行道德准则和行为规范。培养创新能力，激发学生好奇心、想象力和创新思维，养成创新人格，鼓励学生勇于探索、大胆尝试、创新创造。培养职业能力，引导学生适应社会需求，树立爱岗敬业、精益求精的职业精神，践行知行合一，积极动手实践和解决实际问题。要建立促进学生身心健康、全面发展的长效机制。强调要创新人才培养机制，要求高等学校要把人才培养作为中心工作，全面提高人才培养能力。要求各类高等学校都要探索适应自身特点的培养模式，完善学分制，实施灵活的学习制度，鼓励教师创新教学方法。深入推进协同育人，促进协同培养人才制度化。毫无疑问，实施本科生导师制是实现上述目标重要的途径。

本科生导师制既体现了自由教育的大学教育理念，强调学生的自主学习、自我教育、同伴效应与教师的启发和引领的有机结合，从而实现追求卓越的目标。注重学生的全面发展，充分体现因材施教的原则为特征，基于自由教育理念，通过师生的交流与合作实现教学相长的目标。在这一点上西方的理念与中国古代书院教育传统不谋而合。因此。当前引入本科生导师制是高等教育大众化背景下旨在创新本科教育教学模式、提高人才培养质量的重要举措，也是对国家深化教育体制机制改革政策的积极回应。导师制的实施不仅有利于提高人才培养质量，有助于学生的身份认同和学业成功，而且更好地实现大学教育的目标；导师制有利于增强教师的归属感和责任心，有利于提升教师工作价值取向，培育更多事业型教师；导师制通过挖掘学生的潜能实现师生优势互补，从而实现高等教育资源的优化配置，提高人力资源配置效率。

二、本研究的基本思路

本课题大体分为六个部分：

第一部分（第一章），综述本科生导师制的相关概念界定，导师制的历史渊源和理论基础。

第二部分（第二章），以自由教育理论和自我教育理论为理论基石，通过对美国、德国以及中国古代自由教育理念与经验进行对比分析。基于高等教育使命的视角，立足于中国本科教育的发展现状，从多方面详尽阐述实施本科生导师制的现实意义。

第三部分，（包括第三—九章），基于大学本科教育的使命，从不同侧面阐述本科生导师制的职能与作用。

第四部分，（第十一十一章），客观地介绍国内本科生导师制的发展历程、模式类型。其中，第十一章首先阐述引入本科生导师制的必要性和紧迫性，继而介绍当前国内各类高校实行（试行）的本科生导师制类型，包括制度设计、运行模式与指导方式等，并对其进行简要的比较分析，从而为我校本科生导师制的制度设计提供必要的支撑。第十二章首先回顾了国内本科生导师制的发展历程、取得的成效，继而对当前国内本科生导师制实践遭遇到的现实困境——形式主义及其背后深层次的原因进行分析研究。

第五部分（第十二章），国内其他高校本科生导师制的经验，主要介绍贵州财经大学的本科生导师制，并将其作为国内地方高校导师制的典型经验。

第六部分（第十三章），在对当前国内本科生导师制探索的现状及制约因素进行系统分析的基础上，借鉴国内外本科生导师制的成功经验，提出了完善本科生导师制的思路与目标。最后，基于我校作为地方院校自身的特点提出了对地方院校本科生导师制的若干思考与建议，突出可操作性的要求，为我校及其他地方高校决策提供依据。

最后以附录的形式展示我院本科生导师制的制度设计。

三、本书研究的主要内容

在高等教育步入大众化、提高质量已成为国家和社会长远战略的新的历史阶段,其价值和意义愈加突显。本科生导师制基于自由教育与心智发展的思想,将古典教育理念和自由教育思想运用于高等教育实践,并贯穿于人才培养的全过程。借鉴十八世纪英国博雅教育学说与苏格拉底方法,基于自由教育理念,尊重人的天性,指导学生根据自身的天然禀赋、学习基础、兴趣爱好、个性及职业倾向等选择专业、课程,确立职业志向,实施基于个性差异的个别指导,促进学生个性的完美发展,培养批判思维与独立思考的意识与能力。建立在亲密的师生伙伴关系基础之上的导师制,为师生之间的气氛和谐融洽提供了良好环境,在师生之间与学生之间形成一个资源信息共享、优势互补的团队,通过学生自主学习激励机制的作用,促进自我教育发展,有利于学生的健康成长,也有利于导师发展与进步,从而提高大学人力资源配置效率。因此,从本质上说,本科生导师制就是师生合作共同研习学问的事业。

导师制教学所体现着后现代视野中的大学师生关系:平等、合作、交流、对话;其体现的理念与精神:鼓励师生间的平等交流、发展学生间的交往与合作、鼓励学生主动学习、给予学生及时的反馈、约束学生必须花时间用功学习、对学生给予厚望、尊重学生多种多样的才能和学习方法。这也是当今世界一流大学教学所遵从的七大原则。纽曼甚至认为,自我教育所体现的是自由教育理念和自主学习方式,对接受高等教育的学生而言,与大学或学院的其他教学方法相比,自我教育具有诸多的优势,其实际效果更具优势。

崇尚自由、追求理性的英国绅士文化传统，是孕育牛津导师制自由教育理念的文化土壤。从社会的角度来看，历史上的牛津导师制教学是回应当时社会对高等教育的需求——培养绅士而产生的。追溯中国教育的发展历程，可以看到，古代中国并不缺乏自由教育的基因。但是近代以来，随着对传统文化的否定与排斥，科学主义在国内盛行，特别是新中国成立后对文化的革命，导致中国连形式上的自由教育都已成为历史的记忆。

随着我国社会经济转型，培养创造性人才已成为高等教育界的一种意识形态，本科生导师制有其现实意义。导师制有利于实现大学教育目标，其主要表现在：导师制教学可以激发学生的努力，有助于学生的身份认同，进而促进学生学业的成功。毫无疑问，导师制有助于培育创新型人才；导师制有利于增强教师的归属感和责任心，从而更有利于提升教师工作价值取向，培育更多的事业型教师；年轻学子是大学宝贵的人力资源。导师制能够有效地调动学生和教师两方面的积极性，通过师生的平等互助合作、共同探讨学问，实现教学相长的目标，从而有利于提高人力资源配置效率。

所有的本科生都需要提高各种形式的表达能力，其中最广为人知的，是精确而优美的书面表达能力。这些是学生在大学期间和毕业之后都会广泛运用的能力，也是作为公民和一切从业人员所应具备的能力。长期以来，大学新生的表达能力十分欠缺。如今，越来越多的大学生来自于只重视应试教育的中学，他们语言沟通能力缺乏的问题非常突出。无论是否受到大家的欢迎，培养本科生准确、清晰、优美的文字表达能力是大学义不容辞的责任，同样也是作为以"育人"为根本目的的大学教师的责任。本科生导师制在学生"学会表达"方面发挥着重要作用，无论是平时的"写作课"教学，还是到创新性课题的申请书撰写以及最后的毕业论文，导师都会在从大一到大四对学生进行长期的专业化指导，提高语言运用能力。

学会有效思考。导师制的核心不在于简单传授已有知识，而是教会学生独立思考，培养学生批判思维的意识与能力。本科生导师制教学体现了高等教育对自由、理性精神的崇尚，并在教学手段上显出有利于心智培养的进步性。这种教学模式对我国的本科生教育特别是对学生独立思考能力的培养无疑具有重要的启示意义。同样，本科生导师制有助于自主创新能力的提高，因为培养自主创新能力其实就是在训练批判性思维，学会思考。但是作为提升人才培养质量、激发学生创新精神和独立思考意识的高预期教学模式，并未产生预期的"应然"效果，反而使其在目标定位、功能内容等方面因承担太多任务而不堪重负。所以本科生导师制的改进，除了制度方面，还需要通过自由教育培养学生批判性思维素养的思想共识。只有培育了本科生导师制生存且不被扭曲的沃土，本科生导师制的完善才会少有抵制与阻力，其功效呈现无疑会水到渠成。

近年来，高校的本科生思想品德培育工作取得了巨大成就，但在新的历史时期，本科生思想品德培育也出现了一些值得我们重视的问题，研究探索新时期本科生思想品德培育的新举措，对于确保实现全面建设小康社会，实现中华民族的伟大复兴，具有重大而深远的战略意义。

本科生导师制作为人才培养的一种有益探索，正在逐步被许多高等院校尝试和实施。从内涵上来说，本科生导师制指高等院校委派教学、科研人员，按照"因材施教、教书育人"的原则，依托专业优势，从大一到大四全程对本科生进行学习、思想、生活等方面进行全方位指导的制度。在部分高校实施导师制的实践中，导师制对于辅助教学、科研能力开发等方面起到了重要的作用，同时其对于高校的思想品德培育工作也发挥了不容忽视的作用。可以说本科生导师制是新时期本科生思想品德培育工作的新途径。

本科生导师制发源于英国牛津大学，其目标在于通过自由教育培养学生的心智和道德，其自由教育内在地包含着思想品德培育。国内一些高校由于对此缺乏应有的了解，因而在引进这一制度时导致了其培育学生思想品德功能的缺失。只有根据大学育人的首要任务要求，采取赋予本科生导师明确的思想品德培育的职能等措施，才能使本科生导师制在我国高校对经济社会发展所需要的合格人才的培养中发挥应有的作用。

随着经济全球化的逐步深入，培养什么样的公民、如何培养公民日益成为世界各国关注的重大问题。英国以培养"忠诚且有责任感的好公民"为目标；美国以培养"负责任的公民"为目标；法国以培养"资格公民"为目标；德国以培养"具有爱国心和高尚人格的公民"为目标；澳大利亚以培养"高尚的公民"为目标；新加坡则以培养"合格公民"为目标；联合国教科文组织在1998年首次世界高等教育大会上明确提出把"培养合格公民"作为高等教育的首要任务。2010年7月国我颁布的《国家中长期教育改革和发展规划纲要（2010—2020年）》中明确提出"加强公民意识教育，树立社会主义民主法治、自由平等、公平正义理念，培养社会主义合格公民"的教育目标。那么，究竟社会主义合格公民应该具有哪些基本行为要求呢？我们认为热爱祖国、遵守法律、行使权利、履行义务是社会主义合格公民的基本行为要求。

大学生正处于个体成长的关键阶段。他们由幼稚走向成熟，由国家和其他社会成员呵护的公民逐步成长为认知自我社会角色，确立责任意识，享有全面的公民权利，依法履行相应公民义务。因此，把自己锻炼成合格公民是大学生成长成才的强烈要求，但也存在着一些责任感缺失、义务意识相对较低、诚信自律意识减弱、集体观念淡漠等亟待解决的问题。本科生导师制由于其具有通过情感引导和潜移默化的人格熏陶等天然优势，基于平等互信的师生关系，实现了大学生成才与成人的相辅相成。加强和完善本科生导师制，推进公民教育，把公民教育融入日常教学，对于促进大学生合格公民的养成具有重要意义。

20世纪90年代以来，全球化进程加速发展，多元文化现象日益凸显，多元文化这个概念随着全球化的迅速发展应运而生。在全球化浪潮的冲击下，伴随着经济全球化的快速发展和信息时代的到来，世界文化多样性的发展以及不同文化之间的交流与碰撞，更是促进了不同文化共生共存的多元文化格局的形成。我国为五十六个民族组成的多民族国家，本身即为一个多元文化的国家。本章内容主要从适应多元文化的校园和培养全球化素养两方面分析本科生导师如何指导大学生适应多元文化和培养全球化的素养。培养学生适应多元文化的校园主要从建设多元校园文化、培养本科生导师多元文化素养和培养学生适应多元文化素养三方面进行分析，提高大学生的综合素质，未来成为合格的公民。

大学教育为学生敞开了一扇门，使他们有机会接触到新的思想，获得新的观点。大学课程里的经济管理学、法学、文学、天文学等领域的专业课程学习为学生今后从事该领域的工作打下了坚实的基础，选修课程有助于拓展学生在音乐、人类学或其他诸多领域的兴趣。然而，在现实中，当代大学生的学习兴趣存在着不同程度的匮乏状态，因此，提高大学生的学习兴趣，培养其广泛的兴趣爱好是现代教育的任务之一，更是对本科生导师的基本要求。要培养和激发大学生广泛的兴趣爱好，可以借鉴美国通识教育课程设置与实行的经验，精心设计适应我国且能唤起学生好奇心和学习热情的课程，同时了解学生的兴趣爱好和天赋。此外，本科生导师还应加以循循善诱，激发学生的兴趣爱好，帮助他们重新认识世界。

在大学阶段，不管是在本科生导师的指导下，培养和提高学生的语言表达能力、批判思维能力，使其进行有效的思考，还是对学生进行思想品德培育、为祖国培养合格的公民，亦或是引导和帮助学生适应多元文化、培养全球化素养，培养其广泛的兴趣，归根结底都是为了学生全面发展和综合素质的提高，为其今后的职业生涯做好准备。不管是十九大报告中提出的要"完善职业教育和培训体系"，还是"深化产教融合、校企合作"，都是为了提高学生的有效输出能力。因而，加强本科生导师对学生职业生涯规划能力的指导和培养，不仅是本科生导师制的基本要求，更是一项刻不容缓的艰巨的时代任务。本科生导师培养和提高学生的职业生涯规划能力，首先需要了解大学生普遍的职业生涯规划现状及其影响因素，这对本科生导师指导大学生的职业生涯规划具有重要意义。然后才能制定个性化的学习规划，为大学生的职业生涯做好准备，培养国家之栋梁。

进入 21 世纪以来，随着国内本科生导师制的引入与兴起，其试点范围不断扩大。到目前为止，国内绝大部分高校都在进行本科生导师制试点，一些高校导师制已经进入全面推广阶段，并取得了初步成效。纵观中国几千年的文明史，可以发现，中国古代并不缺乏自由教育的基因。传统书院教育制度与西方自由教育的理念不谋而合。书院教育制度给与我们的启示：注重品格培养、师生关系密切、重视因材施教、强调自主学习。

理性审视国内本科生导师制的发展，不难发现，当下我国的本科生导师制发展遭遇的现实困难——形式主义和试验田。其深层次原因在于本科生导师制在国内缺乏思想共识和文化土壤。本科生导师制的理论基础是博雅教育学说和自由教育思想，其目的在于培养学生的批判思维素养。高等教育在当前"就业至上"的现实环境中处境尴尬，只有高等教育形成自由教育、心智发展、理性思维等思想共识，才能够为本科生导师制教学提供文化土壤。

深入分析导师制在国内遭遇"南橘北枳"的困境，不难发现，目前制约本科生导师制的因素是多方面的，而且是多种因素错综复杂交织在一起。除了中庸之道的文化土壤制约导师制的实施效果之外，课程中心的教育理念、僧多粥少的资源配置、顶部沉重的高校治理、应试教育的路径依赖等，也都在一定程度上制约了导师制的发展。

纵观贵州财经大学导师制的发展历程，可以看到，与国内其他院校一样，该校的本科生导师制也经历了一个"研究探索—局部试点—逐步完善—全面实施—再逐步完善"的探索与实践过程。从 2008 年开始试点，其后逐步探索，对试运行过程中发现的问题、缺陷再进行研究、调整方案、完善制度，然后再付诸实践，并随着制度的优化逐步扩大试点范围，直至条件成熟时全面实施。目前该校已经探索出一条符合自身实际、具有鲜明的地域特色的本科生导师制发展之路，形成了较为完备的导师制制度体系及其配套的制度和保障机制。笔者以为，目前贵州财经大学的本科生导师制就其发展现状来看，大体可以用如下五句话来概括：全面覆盖、责权分明、制度完备、管理有序、成效显著。如果说牛津大学的导师制是英国乃至全人类的"教学瑰宝或不可侵犯的圣牛"的话，那么，贵州财经大学的导师制则堪称是镶嵌在云贵高原上的"明珠"，闪烁着智慧的光芒！其经验更加弥足珍贵，值得我们仔细研究、潜心学习与借鉴。

导 论

高等学校深入推行和全面实施本科生导师制,是高等教育改革的有益探索。当前大学教育普遍缺乏对学生不同特点和个性差异的关注,难以对学生进行有针对性的指导和帮助,从而有效发展每个学生的潜能和优势,满足其多元化的偏好和需求。本科生导师制能够以其独特的优势弥补当前大学教育在个性化培养方面的缺陷,有助于解决高等教育中的一些深层次矛盾和问题,这也是高等教育供给侧改革的主要体现。我们以为,转变理念是本科生导师制有效实施的基本前提,创新机制则是本科生导师制有效实施的根本保证。

转变观念,真正树立高等教育的自由教育理念,是化解当前高等教育存在的诸多问题的基本前提与客观要求。这就要求我们对目前的高等教育体制机制进行深刻反思,相关主体充分认识高等教育的本质属性,需要相关主体(包括政府、大学决策层、管理层、教师与学生)对自由教育的理念达成共识,并努力践行自由教育理念,这是完善本科生导师制的思想基础和基本前提。

"高等教育,无论是发生在哪个学科,都意味着个体交往能力及敏锐的批判意识(综合、分析和表达)的发展"。① 高等教育的目标是多元的,而不是单一地传授知识,要实现价值塑造、人格养成、能力培养、创新精神、批判思维等多重目标。前哈佛大学校长德雷克·博克认为,"经过严格选择,几个特别重要的大学教育目标变浮出水面。包括:表达能力、判断性思维能力、道德推理能力、公民意识、适应多元文化的素养、全球化素养、

---

① [英]大卫·帕尔菲曼:"高等教育何以为'高'",《牛津导师制教学反思》,北京大学出版社2011年版。

广泛兴趣、为就业做准备"[①]。显而易见，这样的多重目标仅仅依靠传统学分制下的教育模式是难以实现的。急需个性化、精细化教育的介入，本科生导师制无疑是实现多重高等教育目标的有益尝试。本科生导师制的实施是由若干学生与导师组成平等互助合作的团队，构建新型的师生关系，而这种亲密的师生关系不同于等级分明的师徒关系，它是建立在平等、尊重、自愿、友爱的基础之上的，是一种亦师亦友的亲密的师生关系。通过小组讨论、师生沟通交流，实现团队合作，达成师生共同研习学问、共同进步的目标。彻底改变目前以课程为中心的教育现代体制中，师生之间淡漠与隔绝的弊端。

本科导师制的目标模式应具备如下特征：供需对接的精准导学，灵活多样的个性指导，多重角色的良师益友，刚柔相济的绩效评价，赏罚分明的激励约束，权责明晰的职能分工和无缝对接的管理体系。

四、本项目的职责分工

本书的策划和框架设计由刘连环教授负责，导师制的制度设计经由河北经贸大学财政税务学院教授委员会充分论证。本书各章节撰写的分工如下：王晓洁教授负责前言、导论，吴峥负责第三、第四章，翟亚宁负责第五、第六章，张志超负责第七、第八、第九章，附录部分由王晓洁、刘连环合作完成，其余均由刘连环教授负责撰写。全书最终由刘连环、王晓洁审稿、定稿。

---

① ［美］德雷克·博克：《回归大学之道——对美国大学本科教育的反思和展望》，华东师大出版社 2012 年版。

第一章

本科生导师制：共同研习学问的事业

本科生导师制是高等教育大众化背景下的制度创新，也是培养造就高素质人才的有效途径和重要形式。在高等教育步入大众化、提高质量已成为国家和社会长远战略及现实政策选择的新的历史阶段，其价值和意义愈加凸显。就像华东师范大学前校长俞立中所言，"大众化高等教育并不意味着允许低质量的教育。我们需要不断探索一个能反映基本现实需要的人才培养目标框架，然后确立不同类型、层次大学教育在这个框架下质量指标权重和培养方案，现在，德雷克·博克的《回归大学之道》为我们归纳了一组具有参考价值的本科教育目标，同时对如何更好实现这些目标提出了大量具有建设性的校本行动建议[①]"。毫无疑问，在高等教育大众化背景下，对于任何类型、层

---

① 德雷克·博克著，侯定凯等译：《回归大学之道》，华东师范大学出版社2012年版。

次的大学本科教育而言,本科生导师制对于优化人才培养方案、提高高等教育质量均具有积极的现实意义。而科学合理定位、创新实践模式和健全体制机制则是深入推进本科生导师制的三大关键。

有研究发现,本科生导师制对于大学生提高学习成绩、增强实践能力、提升科研水平以及获得各种荣誉都有显著影响。从作用机制来看,导师的示范效应显著,年长、学位高、职称高、职位高的导师在一定程度上可以促进大学生的成长。在师生的互动效应中,学生的主动互动更有助于大学生的自身成长,而导师的主动互动则作用不显著[1]。

一、本科生导师制溯源

在高校实行本科生导师制是我国高等教育大众化背景下的创新教育,其以提高人才培育质量作为主要内容和目的,是近年来各界广泛关注和推崇的素质教育的重要组成部分,将古典教育理念和素质教育思想渗透到专业教育之中,并贯穿于人才培养的全过程。借鉴18世纪英国博雅教育理论与古典教育理念,基于自由教育思想,尊重人的个性,指导学生根据自身的学习基础、兴趣爱好、个性及职业倾向选择课程,实现基于个性差异的教育,促进学生个性完美发展。同时,注重能力培养,尤其是创新意识和能力的培养。在建立在亲密的师生伙伴关系基础之上的导师制,为师生之间的气氛和谐融洽提供了良好环境,在师生之间与

---

[1] 尉建文、陆凝峰:"默会知识与本科生导师制——基于大学生成长的视角",《高等教育研究》,2011年第11期。

学生之间形成一个资源信息共享、优势互补的团队，通过学生自主学习激励机制的作用，促进自我教育发展，有利于学生的健康成长，也有利于导师发展与进步，从而提高大学人力资源配置效率。导师虽然在理论知识和相关科研实践中处于相对优势地位，但是，和普通人一样，教师也并非"完人"，不可能在所有领域都是绝对权威。其在教学与科研领域同样存在着"软肋"，有人称之为"最近可发展区"，比如与年龄关系精力、体力有限，接受新事物的能力不足等等。在信息技术高度发达的今天尤其如此。教师的弱势领域或项目很可能恰好就是学生的强项，通过师生的密切合作实现优势互补，现实中这些区域的超越主要是在师生互动中完成的。导师制能够增进导师对自身"最近可发展区"的认识，强化导师的自我发展和自我完善意识。从而指导学生将所学知识转化为对事物的洞察力、概括力、抽象力，以及一个人看问题的世界观和方法论。这种思维方式并不是生来具有，而是需要通过实践训练，特别是思维训练转化而来的，即将知识转化成学生自己的能力。

那么，什么是本科生导师？什么是本科生导师制？这一制度有何历史渊源？其在实践中又是如何运作的呢？

（一）相关概念界定

1. 导师

众所周知，"导师"并不是一个新概念。历史上，在不同民族和文化中，都不乏"导师"的形象，如中国的孔子，古印度的释迦牟尼，欧洲的苏格拉底等，都是有着超凡智慧的"导师"。"导师"一词，依据360百科的解释其有三层含义：一是指高等学校或研究机关中指导他人学习、进修或撰写学术论文的教师或科研人员，例如：研究生导师；二是指在大事业、大运动中指示方向、掌握政策的人，革命导师；三是指［teacher；tutor］佛教语。导引众生入于佛道者的通称；四是指希腊语 Hierophant，古希腊宗教仪式的主祭司，主要工作是神秘宗教庆典中呈上圣物，并对初入教者解释秘义。昭圣者必须出身尤摩尔浦斯氏族（埃勒夫西斯的原始氏族之一），通常都是年高德劭、声音洪亮的独身男子。就职时，要象征性地把原先的名字抛入海中，此后只称昭圣者。导师象征有相当的知识和智慧，就这一点来说，是相当切合传统的 Hierophant 的特质的，他们是知识和道德的传播者，是诊疗人世伤痛的行医人；五是指某种特殊的学术头衔，如易学导师、佛学导师、神学导师、圣经导师等。

查字典对"导师"一词的解释：［teacher；tutor］佛教语。导引众生入于佛道者的通称；又指引路人和在政治、思想、学术或某种知识上的指导者；为一种事业指示方向、掌握重大决策的伟大人物。

（1）佛教语。导引众生入于佛道者的通称。《佛报恩经·对治品》："夫大导师者，导以正路，示涅槃径，使得无为，常得安乐。"唐代王维《西方变画赞》："稽首十方大导师，能於一法见多法。"清代钱谦益《憨山大师全身入五乳塔院》诗："崑山如乳五峰垂，一塔岿然掩导师。"

（2）指举行法会时担任唱导表白之职者。宋赞宁《僧史略·国师》："导师之名而含二义：若《法华经》中商人白导师言，此即引路指迷也；若唱导之师，此即表白也。"

（3）引路人。《百喻经·杀商主祀天喻》："入大海之法，要须导师，然后可去。"清袁枚《随园诗话》卷十四："余读其《天台游稿》，一路访求，如得导师焉。"

（4）在政治、思想、学术或某种知识上的指导者。罗惇曧《文学源流》："左氏雄才，文章千古，上揖三代，下启百世，辟编年之途径，为史家之导师。"《孽海花》第十六回："夏姑娘回国时，恰也坐萨克森船，所以得与雯青相遇，倒做了彩云德语的导师。"瞿秋白《〈鲁迅杂感选集〉序言》："大家都不免要想做青年的新的导师，而诚实的愿意做一个革命军导师的却是鲁迅 。"王统照《刀柄》："周二哥是富有工作经验的，在这古旧铺子里常常居于导师地位，戴着眼镜的老人。"

（5）指学校中负责指导学生思想和学习的教师。周尊攘《桂林寻梦》："我的班导师就是从桂林来的。"

（6）指在高等学校或研究单位指导研究生的教师。

2. 本科生导师

本科生导师是指高等学校中指导本科生在校期间的学习、科研、撰写学术论文、社会实践、专业实习等活动的教师，导师指导的真正目的就在于在轻松愉悦的交流中为学生答疑解惑、做他们人生的向导，从而构建亦师亦友的亲密师生关系。

哪些人有资格担任本科生导师，或者说本科生导师需要具备哪些条件？从目前我国的实际情况来看，各类高校对导师资格的认定条件没有统一的标准。总体来看，重点大学大多要求同时具备"副高级以上职称"和"在职教师"这两个条件，有些学校根据自身情况适度放宽了聘任条件，比如放宽到拥有硕士学位的讲师，或拥有博士学位的青年教师等；就职业条件来看，一些大学本科生导师除了强调专职教师为主，还将具备上述条件的行政、科研人员等非专职教师纳入本科生导师的遴选范围。而地方院校由于自身师资条件的限制，基于其师生比明显较重点大学低的现状，一般要求具有中级及以上职称且（或）硕士以上学位的在职教师。如河南大学本科生导师的资格条件是讲师及以上职称。在其《河南大学本科生导师制实施办法》中规定："教学经验丰富，懂得教育规律，熟悉本专业的教学计划，了解学校教学管理和学生管理的有关规定，具有一定的专业指导能力；全面理解学分制的运行机制，知识结构合理，专业水平较高，一般应具有讲师及以上职称"。

在我国，与企业文化中历史悠久的"导师制"传统不同，高等教育领域中的导师制仍处于探索阶段，其发展尚未达到普及与成熟的程度。我国高校试行的导师制是一种教育制度或称教学模式，与学分制、班建制同为三大教育模式。导师制由来已久，早在十九世纪，牛津大学就实行了导师制，其最大特点是师生关系密切。导师不仅要指导他们的学习，还要指导他们的生活。近年来，随着高校扩招，高等教育大众化背景下国内不少高校都在积极探索研究生教育以外的高等教育也能建立一种新型的教育教学制度——导师制，以更好地贯彻全员育人、全过程育人、全方位育人的现代教育理念，更好地适应素质教育的要求和人才培养目标的转变。

近年来我国高等教育之外的其他教育也在进行导师制探索，从而衍生出高等教育之外的"导师制"。比如高中导师制，它是高中阶段一种新的教学制度，把大学中的导师引入高中课堂。导师是学生所选科目的学者，他负责指导学生的学业和品行，协助学生安排学习计划，指导他如何进行深入学习。一般地，只有在广泛实行选课制、学分制等教学管理体制的条件下，才能顺利过渡到导师制。近几年，国内已有一些高中，如江苏南京市第一中学、浙江长兴中学、北京八十中以及佛山的一些学校相继进行了导师制的有效探索①。

这种制度要求在教师和学生之间建立一种精准的"导学"关系，针对学生的个性差异，因材施教，指导学生的思想、学习

---

① http://baike.baidu.com/item.

与生活。导师制从制度上规定教师具有育人的责任，使教师在从事教学科研工作以外，将对学生进行思想、学习、科研、心理等方面的教育和指导作为其工作的另一部分。要求全体教师关注学生从入学至毕业整个教育过程和学生的学习、工作、生活等各个教育环节，对学生的教育要有整体性和一贯性的观念，自始至终和任何环节都不放松对学生的教育和指导。

3. 本科生导师制

众所周知，本科生导师制最早起源于14世纪英国的牛津大学，这也是牛津大学津津乐道和引以为豪的标志之一。随后本科生导师制也在世界各国的高校中得以广泛推广。那么，什么是本科生导师制？对此理论界有不同的观点，比较有代表性的有：

所谓本科生导师制就是指经由指定导师个人或群体具体指导特定对象的个别化教育实践，以促进个体不断创新发展的制度。而这种个别化教育在西方可追溯到古希腊苏格拉底的教育思想，在我国可追索到先秦私学[1]。

本科生导师制是指在本科阶段为每位学生配备教师，在学业、科研、品德、生活等方面对学生进行有针对性的指导的一种制度。这一制度最早产生于14世纪的英国，在英国牛津大学率先实行，后来逐渐推广、流行于欧美国家，到近现代传入中国[2]。

本科生导师制的基本含义是指，根据学校（院）的统一组织，由具有相应资格的教师招收一定数量的本科学生，在注重学生个性发展原则下进行因材施教、个别指导的教学方法。本科生

---

[1] http：//baike.baidu.com/item.
[2] 杜智萍："牛津大学本科生导师制教学模式探析"，《大学教育科学》，2006年第6期。

导师制的目标是提高学生的思想道德修养和文化素质，培养学生的理性思维和创新能力，不断提高办学质量和教学水平。

本科生导师既不像研究生导师，也与班主任、辅导员不同，研究生导师重在对已经具备较强自主学习和自我管理能力的学生（已经本科毕业的研究生）进行科研能力的培养，而班主任、辅导员则主要负责行政班级的纪律、后勤事务和学生思想工作，但目前班主任、辅导员管理的大多是几个行政班甚至是一个年级的数百名学生，很难有足够的精力去关注每个学生的个性化发展。有学者坦言，在目前的制度之下，班主任、辅导员只能关注20%的学生，即班级前10%和后10%的学生，而对于班级中的大多数则无暇顾及。本科生导师制恰恰解决了这个问题。作为"顾问教师与合作伙伴"，每个本科生导师只负责每个年级的几个学生，有足够的精力和激励关注自己本科生团队的每一个成员。本科生导师的义务是帮助学生全面成长，其工作重点和最终目的是学生自主学习能力的增强和创新能力的提高。当然，在不同的年纪，导师指导的侧重点也是不同的，在低年级主要是帮助学生尽快适应大学阶段的学习环境，对学生的学习习惯和方法进行个性化指导，同时注重学生自主学习能力的培养；而在高年级阶段则要适时转变为注重学生创新能力的加强。在目前这种混合式教学的语境下，导师的辅导课提供了一个独特的机会和人生体验，使更多学生（尤其是那些难以得到辅导员关注的学生）在得到高度的个别关注的情形下，从事他们的学习和研究。这对于他们发展更广博的学习方法和专业技能，对于他们敏锐地觉察新思想并捕捉稍纵即逝的信息，对于他们进行交互式学习（而不是单打独斗的"独学而无友"），都是极为重要的。

（二） 本科生导师制溯源

相传，导师制源自伊斯兰教，系伊斯兰教苏菲派师徒相授的宗教传承制度。亦称师承传系制度。阿拉伯语"尼扎姆·伊尔沙德"的意译。导师在伊斯兰世界称谓不一，阿拉伯语称"穆尔希德""谢赫"，波斯语称"辟尔"，突厥语称"巴巴"，中亚和中国新疆称为"依禅"。导师是苏菲各教团高品位的精神领袖，是以扎维叶（道堂）为中心传授苏菲神秘教义和精神修炼的指导者。苏菲派认为，导师是达到认主、近主之途的引路人，一般穆斯林非经导师的指引，无法获得经典的奥义及秘传的真知，实现人主合一的最高精神境界。中国汉文译著《天方正学》谓："五功本自然之功，无为之为也。但有明师启迪，方能透彻机微，则隐显机微，甚是分晓，触类旁通。"《道行究竟》曰："是以君子当修身明道，清心显性，庶不负真宰特生之意耳。欲求清心显性者，须得真人为师，方能得乎真宰之真光。"《归真要道》云："道有内外，外凭计较者的学问看守，内凭行道的筛核引领长存。"导师一般由年高德劭、学识渊博、通晓苏菲神秘学理、创有独到的功修方式的苏菲高级修士充任。据《天方道程启经浅说》谓："穆勒师德乃受主慈悯，从身命割断，恶欲无干。内受真学知识，外感美行诚实，堪为世人表率。"导师的职责是，向道堂的穆里德（寻道者）讲授《古兰经》的隐秘奥义和苏菲学理，指导门弟子领悟道乘精神修炼要旨和循级而进的阶梯；秘传自己精神修炼的直觉内心体验；点授念诵迪克尔的内容和仪则；秘传该教团的道统谱系，使门弟子获得真传的依据。各教团的导师除讲经传道外，注重功修仪式，多为心传口授，以个人的内在经验为依据。门弟子入道堂修行时，必须举行严格的收徒授道仪式，奉行沐浴、斋戒、祈祷和避俗，经过见习期严格考察才被收为正式门徒。门弟子受教之后,按照导师所规定的禁律和功修程序,潜心领悟和苦修,循级而进,经过若干年,完成各项道乘功课,达到所谓"欲尽理纯,功到大定,道合自然","由渡己的地位,上升到渡人的地位"时,方可称为"得道者",成为苏菲高级修士,即有资格独立宣教传道。导师根据各个门弟子学习和功修的品级,将学业优秀者留道堂作继承人或派往各地作哈里发,领导和组建教团分支组织,并秘传道谱,封授道号,授以"依扎孜"(意为"凭证",即证书、印信、经典、信物等),使道统得以传继。一般门弟子可隐居独修,或到各地云游苦行传教。历史上各教团的道统传承,一般为传贤制,有的为父传子受。导师在教团内享有崇高的地位,其教诫,门弟子必须绝对服从,其著作、传道词和祈祷词被奉为经典,并汇集传播。导师被尊称为谢赫、吾里、古土布。导师去世后,其陵墓被尊为圣墓,信徒如期前往祈祷和拜谒[1]。

本科生导师制教学管理模式源于 14 世纪的英国牛津大学,由温切斯特主教威廉·维克姆首创。牛津大学建立于 13 世纪早期,其自身就是一个法人实体,拥有大约 40 个独立学院。所有这些学院作为法人实体共同组成联邦制或学院制大学各学院的主要任务是承担本科生的教学工作,大学的学系(academic department)则主要负责研究生的教学及学术研究工作。作为世界最为著名的教学型大学,牛津大学本科教育质量一直居于世界首位。著名高等教育学者弗莱克斯纳认为,牛津大学本科生中相当多的人已达到美国和德国研究生的层次。牛津大学本科教学是以导师制为基础的,它不仅是牛津大学本科教育始终保持卓越教学质量的关键所在,而且也成为牛津大学根深蒂固的教学传统。导

---

[1] https://baike.so.com/doc/6912938-7134802.html.

师制被视为牛津大学的核心特征。长期以来，导师制一直都被学者称为"牛津皇冠上的宝石"。牛津大学导师制的核心思想就是：在教学方式上强调个别指导，在教学内容上强调德智并重，在学习环境上营造和谐、自由和宽松的氛围。我国的本科生导师制的兴起于20世纪早期，最早由前浙江大学的费巩教授将这一教学模式从英国带入我国[①]，费巩教授曾于1929—1931年在英国牛津大学学习，对牛津大学、剑桥大学秉承古典教育理念颇为认同，对这些世界名校推行的建立在师生亲密的伙伴关系基础之上的本科生导师制赞赏有加，还对中国古代的书院教育与牛津大学、剑桥大学的导师制进行了比较，其在《施行导师制之商榷》一文中指出："英国牛津剑桥等大学之学制，与吾国现行大学学制完全不同。学生作业，不重于上课听讲，而重于导师指导。大学生依其所专攻，随指定之导师之研究，课业品行均由导师负其全责。"[②] 从这段描述中我们不难发现，牛津、剑桥大学的导师肩负着教书、育人的双重职责。在对牛津、剑桥导师制与中国古代书院制度进行对比分析之后，费巩教授发现牛津导师制与中国传统的书院制度具有诸多相似之处，教师同时肩负教书、育人的双重职责，教师将学生视为自己的孩子，对学生深入了解，不仅教学生以学识，而且有的放矢地对学生的品德加以引导，从而形成亦师亦友的亲密师生关系。1937年，浙江大学在竺可桢校长和费巩训导长的大力支持与倡导下，开始实行本科生导师制。从结果来看，浙江大学凭借着雄厚的师资力量、天资聪颖、勤奋好学的学生基础以及相对稳定的环境，在师生的通力合作下，赢得了社会各界的赞誉，初步取得了积极的成效。可以说，那一时期

---

① 胡国富、胡宝忠、李凤兰："边疆经济与文化"，2010年第2期。
② 刘永：《Discovery探索世界名校：牛津人的辉煌》，延边大学出版社2001年版。

浙江大学的导师制，是对我国高等教育教学管理模式改革的探索和有益的尝试，改变了大学中"教而不育，即专重知识的传授而缺乏道德的修养"①的状况。竺可桢认为"一味灌输书本知识、轻视训练理智的教学方式"培养出来的学生容易轻信与盲从，不足以担负起救亡图存的大任。而国家危亡之际，需要的是能够"担当大任，主持风气、转移国运的领导人才"，要造就这样的人才，仅仅依靠学业上的培养和深造是不够的，还必须引导和树立学生的品格。

  但是由于国民政府对学校的行政干预，浙江大学导师制的实行遭遇了尴尬。由国民政府教育部颁布的《导师纲要》中规定了"各组导师对学生之思想与行为各项应负责任。学生在校或出校后在学问或事业方面有特殊贡献者，其荣誉应同时归于原任导师。其行为不检、思想不正如系处于导师之训导无方者，原任导师亦应同负责任"等内容。② 这项规定意味着将导师与学生强制捆绑成利益共同体。这样的连坐规定给导师与学生之间的关系制造了压力，使得师生之间在交往时不免顾虑良多，这恰恰违背了实行导师制的初衷—密切师生联系、加强对学生的德育教育。同时由于时局不稳，当时的学生对政治的兴趣远远大于对学术和思想的追求，加上各派系政治力量对大学控制权的争夺，导师制日渐衰微，最终成为一纸空文。

  新中国成立后，我国高等教育制度完全引入苏联模式，在本科教育阶段采用的是苏联式的学年制教学管理模式，导师制一般只用于研究生教育，本科生导师制一度退出了中国高等教育的舞

---

  ① 杜祥峰、何亚平："竺可桢与浙江大学导师制"，《现代大学教育》，2003年第6期。
  ② "中华民国"国史档案资料汇编，《教育部办法之中等以上学校导师制纲要》，南京江苏古籍出版社1997年版。

台。学年制模式的最大弊端在于无视人的自然禀赋与偏好的多样性，硬性要求所有的学生在统一的教学计划下完成学业，忽视了学生在天然禀赋、兴趣爱好、职业志向、知识基础、接受能力等各方面的差异，这一制度既抑制了天赋较高、潜力大、接受能力较强、基础知识较为扎实的学生的进一步发展，又让那些天赋资质较差、基础薄弱的学生疲于奔命，无形中给那些基础相对较差的学生造成了很大的压力。

起源于14世纪的牛津导师制在世人心中长期享有崇高的地位，其最大特点是密切的师生关系。在过去的几百年间，这种师生之间定期进行的小规模甚至是一对一的交流，这种教学模式一直被誉为镶嵌在牛津皇冠上的璀璨明珠。导师不仅要指导学生的学习，还要指导他们的生活，导师在学生在校期间的理性、学业、生活、美德、品格、人生观与价值观等各个方面都给予指导与帮助。然而，随着席卷全球的高等教育大众化趋势愈演愈烈，英国政府对高等教育投入日趋减少，教师科研压力越来越大，牛津导师制教学也已悄无声息地发生了变化——从"一对一"指导向"小组教学"转变。伴随导师制教学模式的转变，英国国内对导师制也是争议不断，甚至有一种观点认为导师制教学模式与高等教育大众化的现实不相适应，是一种劳民伤财的制度安排，已经落伍、过时。

导师制之所以有如此强大的生命力，根本原因是它符合教育的基本规律，尊重学生个体的差异性和多样性，从而有利于人才素质的提高、培养效果的优化。它与现行班主任制具有迥然不同的运行方式，可实现教师对学生的有效指导和教育。但由于经费和人力的限制，一般只在研究生教育中实行"导师制"。随着各国经济和教育的发展，一些实力较为雄厚的大学也开始在本科教育中实行"导师制"。北京大学2002年已在本科生中试行导师制，而浙江大学2002年已在本科生中全面实施导师制。此外，一些国家也在中等教育的某些特殊领域采用导师制。如英、美等国在中学职业指导过程中采用导师制，一些私立寄宿制小学尤其是进行宗教教育的学校对学生的生活指导也采用导师制，还有针对研究性学习项目或天才学生加深学习的导师制等。

二、本科生导师制的理论探究

（一）导师制的理论渊源：博雅教育学说与苏格拉底方法

1. 博雅教育学说

众所周知，博雅教育的理念可以追溯到古希腊，而"博雅知识"（liberal）一词最早是由爱尔兰天主教大学的创始人约翰·亨利·纽曼于提出的，纽曼本人也明确将这一教育学说追溯至亚里士多德。17世纪至19世纪，一些英国教育学家将这一概念发挥到极致，形成了独具特色的博雅教育理论。其中，最为知名的当属约翰·亨利·纽曼。纽曼在其1859年出版的《关于大学教育目的与本质之演说》一书共八讲，其中有五讲的标题均包含"博雅知识"这一概念。1929年，纽曼关于大学的演讲曾被柯克兰（T. Corcoran）编为《纽曼：关于博雅知识的演说》一书出版，这也从一个侧面反映出博雅教育学说在纽曼大学教育思想中的核心地位。纽曼在其教育学巨著《大学的理念》中，在英语世界第一次提并系统论述了大学理念，并系统阐述了博雅教育的理想。《大学的理念》一书最核心的部分就是关于博雅教育的论述，该书"堪称博雅教育学说的集大成之作，在所有论述博雅教育的著作当中，纽曼的论述最为详尽深入。在很大程度上，纽曼几乎成了博雅教育思想的代名词。"①

在"博雅知识"这一概念中，"liberal"一词最为关键。在纽曼看来，"liberal"一词到底是什么意思至关重要，当我们将这个词用于知识或教育时，就表达了一种特殊的理念。纽曼在解释"liberal"这一概念时引用了亚里士多德《修辞学》中的一段话来阐述其博雅教育思想：

> 在此所说的一切可以用那位伟大哲学家的几句很有特色的话来总结。他说："在人拥有的东西当中，那些会结出果实的就是有用的；而那些倾向于使人喜悦的就是博雅的。说会结果实，我指的是会带来收益；说使人喜悦，则是在有用之外不会产生任何东西。"②

由此可以发现，纽曼所说的"liberal knowledge"可以视为亚里士多德《政治学》一书中"自由人科学/绅士科学"（eleutherion epistemon）一词的翻译③。与此同时，纽曼赋予"liberal knowledge"一词非常丰富的内涵，在《大学的理念》一书中，他先后用"非专业的""普遍的""与有效相对""绅士的""博大的"等词语来阐述"liberal"一词的含义，并指出"liberal knowledge"是"哲理性的知识"和"善的知识"。

> 教育确实一个高级的词，它意味着对我们的心智性质的一种作用，意味着一种人格的形成，它是某种个人的和永久的东西，人们谈到它的时候通常会联系到宗教和美德。因此，当我们把知识的传递作为教育来谈论时，我们确实是在

---

① 约翰·亨利·纽曼著，高师宁等译：《大学的理念》，北京大学出版社2016年版。
② 亚里士多德：《修辞学》。
③ 约翰·亨利·纽曼著，高师宁等译：《大学的理念》，北京大学出版社2016年版。

说，知识是一种心智的状态。而且，既然心智的培育确实因它自身的缘故而值得追求。我们就只能再次得出结论：有这样一种知识，尽管不产生任何东西却十分值得向往，因为它自身就是一种财富，就是对多年辛苦的一种充分的报偿，这个结论正是"博雅"一词和"哲学"一词已经指明了的。[1]

纽曼认为，博雅教育的宗旨是"理智的培育"（cultivation of intellect），又称"心智的训练""心智的培育""理智的训练""心智的拓展"等。在纽曼看来，大学的目的不在宗教，而在于理智的培育或心智的训练。心智的训练不是简单地获取知识或信息，而是将知识的客观对象从主观上变成我们自己的东西。这就要求我们养成一种哲学的心智习惯，不能仅仅停留在静态的知识层次上，而是要把握知识之间的内在联系，用全局的、联系的、整体的眼光看问题。大学教育的根本目的是"思想，或作用于知识的理性，或所谓的哲学"，简言之，就是形成哲学的心智习惯，造就绅士。这种哲学的心智习惯包括良好的判断力、批判思维、理性、正直、公正、自制、冷静的头脑、精致的品位等等，这种哲学的心智一旦养成，可以广泛地用于各领域。

博雅教育并不能造就基督徒，不能造就天主教徒，而只是造就绅士。做一个绅士是很好的，拥有受过教养的心智，精致的品位，正直、公平和冷静的头脑，以及生活行动中的高贵而又有理性的姿态，等等，也是很好的——所有这些，都是一种博大知识的固有性质。它们正是一所大学的目标。[2]

---

[1] 约翰·亨利·纽曼著，高师宁等译：《大学的理念》，北京大学出版社2016年版。

[2] 同上。

从1816年入学，到1845年底离开牛津大学，纽曼在牛津大学度过了近三十个春秋。作为一位牛津大学的学生再到牛津大学的教师，纽曼经历了从导师指导下自主学习者到指导学生自主学习的导师，毫无疑问，他是牛津导师制的全程参与者、受益者。由此可知，牛津的古典教育模式对纽曼的高等教育理念无疑具有决定性的影响。

2. 苏格拉底方法

苏格拉底（公元前469—339）是一位古希腊哲学家，其著作并非直接留存下来，而是间接由他的一位身为历史学家的门徒色诺芬①及另一位他最喜爱的学生柏拉图②通过"苏格拉底对话"（各种会话、演说）记录下来的。苏格拉底方法曾被用来对传统意义上的正确判断及各种设想提出质疑和挑战，它通常被界定为一直很类似获取真理的途径，通过精心地设计问题，然后再对得到的答案进行批驳。这种不断地提问及回答——甚至在导师辅导课上也是如此——被希腊人称为"辩难"（elechus）。在牛津大学出版社出版的"名家简介"丛书中，C. C. W. 泰勒（C. C. W. Taylor）在《论苏格拉底》（1998）中对苏格拉底方法是这样评介的："苏格拉底方法通过与学生辩难来检验他们的信念，通过论证来修订这些信念，然后通过对所呈现的材料进行批判性反思来找到解答。事实上，每个从事教师职业的人都会与苏格拉底方法产生某种默契。"③

我们从柏拉图的学说和著作了解到"产婆术"这一重要概念。苏格拉底将自己比作"接生婆"，意为引导、帮助他的学

---

① 色诺芬（Xenophon），公元前430—335年，古希腊历史学家。
② 柏拉图，公元前428—347年，古希腊哲学家。
③ 大卫·帕尔菲曼：《高等教育何以为"高"——牛津导师制教学反思》，北京大学出版社2011年版。

生、门徒或其他与其对话的年轻人提出自己的观点,并对这些观点进行检验:"与产婆一样,这至少对我来说是真实的……上天做主让我成了一个产婆……引导那些与我交往的人……起初一些人似乎愚不可及,但随着交往的深入,上天保佑所有人最后都取得了惊人的进步……他们从未从我这里学到什么。更确切地说,他们已经从自己的内部发现了许多优秀的东西并要把他们生产出来。至于生产,上天和我就是负责此事。"① 由此可见,苏格拉底方法就其本质特征而言,其实就是一种以教师指导下的自主学习和自我教育为主的教学方法与模式。

(二) 古代社会的知识观:"大道之知"的教育精神

古代先哲主张,求知的目的不是自利,不是谋生,而是仰望星空、探索真理,是一种"为大道而知"的信仰。他们关注的是知识的目的,而不是解决问题的实用技术和方法。在他们看来,知识的本质就在于掌握知识所启示的天道人伦,在于君子修身立人与安身立命。宋代学者胡瑗《周易口义·卷四》中有所谓"大其知识"之说:"君子之人,则当求圣贤之道,学圣贤之事业。广其视听,大其知识以充己之道。上思致君,下思利民而成天下之事业,则君子之道毕已。"也就是说,知识的最高目标是为了"成天下之事业"、得"君子之道"。由此可见,在古代先贤那里,知识是世间万物之中唯一广达博厚的东西。他们并不在意知识的科学价值,而是在意人的思想、品德、眼光和境界。②

---

① 大卫·帕尔菲曼:《高等教育何以为"高"——牛津导师制教学反思》,北京大学出版社 2011 年版。

② 吴福秀:"中国古代的知识观念与传统知识体系的构建——基于古文献视角的考察",《中国林业科技大学学报(社会科学版)》,2011 年第 2 期。

在中国古代早有"大道"之说,所谓"大道"即为"天下之道"。《礼记》中描绘了孔子对大道消隐的担忧和重建大道之世的探索。倡导"大道"理念,所谓"大道之行也,天下为公",而对人们追逐私利的行为和倾斜表示忧虑,所谓"大道之隐,天下为家"(礼记·礼运篇)。感叹世道衰败、道德滑坡,引发其对"天下为公"的大道之道沦落为"天下为家"的私人之道的思考与探究。在孔子看来,教育不等于"大道","大道之知"是教育的使命和终极目的,而追求"大道之知"是教育的使命,真正的教育就应当培育"天下为公"的理想、美德、信仰和实现这一理想的能力。

大道之知是一种形而上的哲学思考和追问,大道之知的信仰表达了古典教育叩问天命、追求卓越、通达世道人文的大道精神[1]。伟大的时代造就了伟大的知识和卓越的教育。在古希腊的先哲看来,任何以私人目的为目的的知识都应受到鄙视。一切以城邦为目的,公民生活的信念中没有私人问题。古典教育理念为教育确立了高贵的性格,其深刻意义就在于打开了教育的眼界,唤起人们追求不带私人目的的公共精神。这是在那个崇尚"大道之知"的知识观和教育观的时代,形成了不同于今天的知识类型和教育理念,也构建起让世人无法企及的那种博大的胸襟和至高无上眼界。

(三) 导师制的牛津传统:批判思维与独立思考

如前所述,本科生导师制最早出现在英国的牛津大学,学生在整个大学生涯中都能得到导师的悉心指导,学生在校期间,导

---

[1] 薛晓阳:"知识类型和教育形态:'大道之知'的古典教育及其精神遗产",《高等教育研究》,2017年第4期。

师在生活、道德、行为、学业等各个方面都给予支持与帮助。每周和同学见面聊天，一次大概一小时，地点则灵活多样，可以是教室、宿舍、操场甚至咖啡厅，氛围非常轻松和谐，以至于坊间有一种说法说在牛津大学，导师向学生喷烟，喷了四年，学生就成了个成熟的学者①。如牛津大学高等教育政策研究中心主任大卫·帕尔菲曼所言："在过去的几百年间，牛津的导师制教学方法一直被誉为镶嵌在牛津皇冠上的一颗耀眼的宝石。1909年，作为牛津大学名誉校长的寇松勋爵（Lord Curzon）曾宣称：'如果牛津确实有什么东西特别值得自豪，并标志着一代又一代牛津人的生活和品格，此外还刺激了其他国家难以掩饰地表示羡慕……'"那么，作为牛津导师制主体的牛津大学的本科生导师们对这种教学模式的看法是什么呢？"他们从自己的经验出发表达对牛津导师制的个人看法，并且一致认为这种导师制的教学方式对牛津大学所有的学位课程而言但是完全必要的。导师制教学模式实施的整个过程，既应强调师生间的'团队力量'，但又不应是一成不变的固定形式。在导师制教学模式的具体实施过程中，导师和学生可以按照实际情形的需要去适度改变其性质已达到最佳效果。"②

根据《牛津英语词典》的解释，"大学"一词——正如九百余年前的情形一样——是教师和学生聚集在一起探讨高深学问的地方。……或许，只是"教师和学生面对面交流"这一点才表明大学具有统一性？也许，无论教师教什么或学生学什么，师生们都相信，有一种适合他们传递、接受和利用不同知识及技术的

---

① http://wenda.so.com/q/1383272517060474?src=150.
② ［英］大卫·帕尔菲曼：《高等教育何以为"高"——牛津导师制教学反思》，北京大学出版社2011年版。

共同方法。……当今,"为了追求高深学问"的人们聚集在一起,形成了多元的价值观和思想。① 而这种人们为了追求高深学问聚在一起的教学方式就是牛津大学本科生导师制!由此可见,大学应教会学生如何去学习,帮助其掌握思考和学习的方法。换言之,教给学生批判性思维和独立思考正是高等教育的目标。毫无疑问,牛津导师制教学模式是高等教育本质和过程的完美体现——基于自由教育思想的导师制的牛津传统所秉持的批判思维与独立思考的高等教育理念。大卫·帕尔菲曼认为,"这种教育是在学生内心进行一种谆谆教诲的过程,使之形成那种能够让他们终身受益的、至关重要的批判性思维和独立思考的思想,这正是高等教育何以为'高'最本质的体现。并且,这种教育就是应该在大学里继续进行的、有别于大学之前的其他学校教育阶段的教育目的和形式"②。这也就不难理解:为什么长期以来,牛津大学的导师制教学模式已经成为世人心中令人敬畏甚至顶礼膜拜的地位。

(四)导师制的思想基础:自由教育与心智发展

"自由教育"作为一种正统的教育观念,发端于古希腊。最早提出"自由教育"概念的是亚里士多德。他主张的自由教育是奴隶主贵族才能享有的以自由学科为内容,以满足奴隶主贵族的需要为目的的教育。中世纪,在神学笼罩下的"七艺"被认为体现了"自由教育"的观念。文艺复兴时期,人文主义教育家从反对宗教束缚和要求个性解放的目的出发,提出了以古典语

---

① 齐格蒙特·鲍曼著,侯定凯、赵叶珠译,《大学:历史、现状和差异性》,安东尼·史密斯 弗兰克·韦伯斯特:《后现代大学来临》,北京大学出版社2014年版。

② 大卫·帕尔菲曼:《高等教育何以为"高"——牛津导师制教学反思》,北京大学出版社2011年版。

言和文学为主要内容的教育。到18世纪末,"自由教育"一般被理解为一种以古典著作学习为基础的教育,"自由教育"与"古典教育"成了同义词①。

那么,什么是自由教育?不同领域的学者对自由教育的内涵有不同的见解。

乔治·多明戈(Jorge Dominguez)认为,"自由教育就是在你已经忘记了受教育时所学到的那些事实后还能留下来的东西。"迈克尔·奥克肖特(Michael Oakeshott)认为,"自由学习"就是"能够学会对伟大的学术探险所发邀请作出回应。正是在这种探险中,一个人开始渐次露出对其身处世界及其自身的种种认识"。

乔治·弗里(George Fallis)在《巨型大学、理念及民主》中认为,"对苏格拉底而言,自由的学习产生于心存怀疑的质询、理性的运用以及对话之中,我们所有的知识,以及我们所有观察及处置事物的方式,不管是个人的还是集体的,都应该经过审慎的推理。通过公民间的对话,各种问题提出来,然后在寻求这些问题之解答的过程中,不同的意见和观点能够相互交流或交锋,真正的知识就会显现出来。因此,大学生应该勇于挑战权威和传统;他们不应只是接受现有的思想,而应该为自己独立的思想负起责任。"戈登·格雷厄姆认为,自由教育能对技巧与技术的东西进行提升,使其在法学、医学、工程之类的学科培塑出某种职业性的品质。

保罗·埃克斯罗德(Paul Axelrod)在《冲突中的价值观:大学、市场化及自由教育的尝试》中提到:"大学中的自由教育指的是这样一些活动:它们被设计来开发学术的创造性、自治性

---

① http://wenda.so.com/q/1383272517060474? src=150.

以及适变性；同时发展和批判性思维；并将学术的广博程度与专业知识有效结合起来；从而加深对不同形态的观点和经验的包容和理解；进而使学生能够随意自如地参与到群体生活中以培养其在学习和生活等方面行之有效的交流技能。"①

在大卫·帕尔菲曼看来，在诸多有关自由教育的理论表述中，纽曼的大学理念或许是对自由教育最完美的表述。纽曼对自由教育所做的最广为世人称道的论断，大致就是在如下所引述的段落中："心智的培养是为着心智本身，是为了理解自己的恰当对象，是为了给自身以最高的修养。心智的这种培养过程叫做'自由教育。'制定正确的标准，按照这样的标准进行培养，依据学生不同的能力帮助他们向这个目标前进，我认为，这应该就是大学的职责。"如此，经由自由教育，"就形成了一种伴随着终身的心智习惯，这种心智习惯所包含的品质有自由、公正、冷静、适度及智慧……（所有这些）我冒昧地称为一种哲学的习性"。纽曼及其反感那种因思想狭隘而形成的观念，该观念在当时如我们今天一样广为散播，所信奉的是"教育应该受到限制，它应指向一些确定性的且专业化的最终目标，并且应该导出一些确定的结果，能够进行标准的测量或精确的检验"，在这些确定的结果中教育一定是"有益的"，必须具有"效用"。纽曼深感忧虑的是，一些人全无可能发现"市场上被称为'自由教育'的商品的真正价值所在，因其认定的想法就是，这种教育并没有明确地教会我们如何去发展我们的制造业"。②

纽曼认为，"如果一定要给大学课程确定一个实际的目标，

---

① 大卫·帕尔菲曼：《高等教育何以为"高"——牛津导师制教学反思》，北京大学出版社 2011 年版。

② 同上。

那么我认为,这个目标就是为社会培养良好的成员。它所培养的技艺应该是社会生活的技艺,它的最终目标应该是使受教育者适应这个世界"。"大学教育是一个通向伟大而平凡之目标的伟大而平凡之手段。它的目标是提高社会的心智水平,培养公民的心智,提高国民的品位,为大众的热情提供真正的原则,并为大众的愿望制定明确的目标,宣传和把握时代的理念,促进政治权力的运用,使个人的生活变的更高雅。这种教育使人能够有意识地看清自己的观点和判断,给人以发展自己观点和判断的真理、表达自己观点和判断的口才和强调自己观点和判断的力量。这种教育教会人实事求是地看待事物,直截了当地切中要害,干净利索地理清纷繁的思绪,明辨诡辩的成分,扬弃无关的东西。这种教育能如何向别人提供服务,如何进入别人的思想状态,如何向别人展现自己的思想状态,如何理解他人,如何与他人共同进退。他在任何社会都能驾轻就熟,他与每个阶级都有共同点;他知道什么时候该说话、什么时候该沉默;他既能交谈,又能倾听;他问必切题,也能在无以传授的时候恰当地吸取教训;他能时刻做好准备,但绝不会成为绊脚石;他是一个愉快的伴侣、一个你可以信赖的同志;他有张有弛,他肯定具有风度翩翩地开玩笑的技巧,也绝对具有严肃认真、办事有效的能力。他的思想能够保持平静,因为他的思想尽管在处理世事,却能保持自我,而在无用武之地时亦能保持愉快。他具有一种禀赋,这种禀赋为他在公开场合提供服务,在他隐退之时又能支撑他。没有这种禀赋,万贯家财不过是庸俗的东西;有了这种禀赋,失败与失望反倒具有了魅力。就目标而言,这种倾向于把人塑造成全面的人之艺术与追求财富或健康之技艺是同样有用的,尽管它在方法上还不那么灵敏，在结果上更难捉摸，更无把握，更不完整。"①

在纽曼看来，自由教育的本质就是一种心智的发展，在这种心智之中蕴含着美德，正是这些相互平衡中的美德在规训心智。自由教育的目标就是培育心智，而自由教育的过程造就出具有如下品德的"绅士"："他们具有教养得当的才智，优雅的情趣，为人坦诚公正并且头脑冷静、心智平和，高贵而彬彬有礼的举止——这些品质都是渊博的学士所固有的属性，它们也是大学教育应该追求的目标"。②

毫无疑问，科生导师制完美体现了纽曼所推崇的自由教育理念，由具有不同天赋、兴趣、爱好、文化、宗教、信仰、志向的学生和教师组成一个团队，每个人的文化、偏好都得到同等尊重，大家一起探讨感兴趣的话题，每个人都可以质疑他人的观点，或为自己的观点辩护，必然营造出具有浓浓的学术气息自由教育氛围，就像纽曼所描述的："那些热衷于他们自己的学科而又彼此竞争的饱学之士组成了一个集体，他们由于十分熟悉的相互交流并因为在思想上维持和睦的缘故，一起协调着他们各自的研究科目的种种主张和种种关系。他们学习相互尊重、相互咨询并相互帮助，这样就造就了一种单纯而明净的思想氛围，学生们也可以在其中呼吸，尽管他们自己仅仅从事那许多学科中的很少一部分。学生们从一种思想传统中获益，这种思想传统独立于特定的教师，指引学生选择科目，并对他已经选择的科目作出恰当的解释。"③

一百多年来，本科生导师制的成功实践已经充分展示出其在

---

① 约翰·亨利·纽曼：《大学的理念》，北京大学出版社2016年版。
② 雅罗斯拉夫·帕利坎著：《大学理念重审》，北京大学出版社2008年版。
③ 约翰·亨利·纽曼：《大学的理念》，北京大学出版社2016年版。

自由教育与心智培养方面的独特的魅力。1966年弗兰克斯委员会（Franks Commission）调查了牛津大学的运作状况，并对导师制教学模式大为肯定："导师制的核心是一种教会青年学子独立思考的理论。导致放手让学生去独立探索……并且清晰地表达对某一论题的理解……在导师制的讨论中，学生应该能够从其对自我立场的竭力辩护中受益匪浅。"① 正如纽曼所言："如果心智收到了训练，而趋于自身各种能力的完美，它就能够认识，又能够在认识时加以思考，它能够学习用理性灵巧的力量去松动各种事实和事件那紧密的结构。这样的一种心智就不可能是片面的，不可能是排他的，不可能是鲁莽的，不可能张皇失措，而只会是耐心的、考虑周全的、庄重而安宁的，因为它可以在每一个开端当中看到终结，在每一个结局当中看到起源，在每一次扰乱当中看到法则，在每一次延误当中看到限度。因为它总是知道自己身在何处，而且知道自己从一处走向另一处的道路。"②

（五）导师制的现实起点：现代知识论的堕落与古典教育的回归

近代以后，随着知识专业化运动的兴起，知识观发生了由"哲学"（形而上的想象）到"科学"的转变，知识的意义在于获取科学的结果，而不再是理性自身的自由活动。这一知识转型为科学的发展带来了巨大动力，但也意味着"大道知识"的退场，因其将知识局限于科学和专业范畴，人类的广博眼界被有限的技术世界所支配和主导。知识重心的转移所造成的最根本的教育转变是对"大道之知"的精神追求的消失。知识不再是思想

---

① Franks Commission, 1966, pp. 101–102.
② 约翰·亨利·纽曼：《大学的理念》，北京大学出版社2016年版。

启蒙、人性解放的武器，知识生产失去了自由探索的性质，构建起科学化和专业化的规范体系，近现代大学的诞生和发展，正是在这一体系的产物。正如哲学家华勒斯坦对近代以来的知识转型所做的评价，"19世纪思想史首要标志就在于知识的科学化和专业化，即创立了以生产新知识、培育知识创造者为宗旨的永久性制度结构。①" 而在这一过程中，学校扮演了象征神性权威的角色，它把知识局限于科学的范畴之内，把对世界的广播限定于对技术世界的钻研。这种知识态度逐渐演变成为现代教育的基本信仰。这种被扭曲的知识价值不仅改变了知识本身的结构和性质，而且也极大地改变了人们对世界的认知。古希腊式的博雅教育和古代中国先哲（如孔子）所倡导的浪漫主义和理想主义教育消失了。应试教育或许恰恰是人类进入科学时代后知识观转型的产物。有学者对此的评价道："由应试教育向素质教育转轨并非是重视知识与轻视知识的问题，而是怎样看待、理解知识的问题。"②

在失去大道知识的信仰之后，知识走向专业化和技术化的方向，本质上就是知识价值的狭隘化，这是对古典知识观的否定。有学者对此做出的评价是："知识的制度化产生了专业化和专门化的科学家，取代了过去广泛涉猎的通才。"③ 正如有学者所言"无论科学知识为人类在事实上带来多少福祉，都不能说明这种

---

① 华勒斯坦等：《开放社会学——重建社会科学报告书》，生活、读书、新知三联书店1997年版。
② 李润洲："知识与教育——兼评由应试教育向素质教育转轨所引发的争论"，《全球教育展望》，2005年第2期。
③ 胡春光："大学学科知识的演变：知识转型的历史社会学分析"，《中国高教研究》，2011年第7期。

知识转型是人类知识立场的进步。①"后代现代知识论的代表认为利奥塔认为，现代社会知识已经堕落，知识已经沦为商品，知识的创造已经退化为商品生产者和消费者的关系。在他看来，纽曼为代表的传统知识观已经不复存在，"知识不再以知识本身为目的"②，知识的神圣性已经彻底消失。

中国的知识转型有别于西方社会，中国的现代知识论是从西方引进嫁接过来的。中国古代的知识观只能衍生出伦理和文化知识，而不是科学知识。中国古代的教育也最终走向对伦理知识的向往和追求。然而，中国古代远离科学和理性的教育传统，却产生了与西方教育哲学相同的"大道之知"教育理念和教育信仰。在向现代知识转变的过程中，中国与西方的道路不尽相同，中国的形而上知识转变为伦理知识，而西方的形而上知识转变为科学知识。但其对教育产生的后果却大体相同。东西方先贤们都在追问这个世界的本源问题，尽管其探索世界的方式不同。

伴随着知识类型的转变，知识转型引致的教育退化——"大道之知"向"识记之学"退化，最终导致现代教育的价值变迁。教育形态的改变引发了对教育价值的争议与对抗，带来了教育信仰的变迁与困惑，从而陷入构建、摧毁、重建之中。其中，教育领域的文化战争——科学与人文的争夺与对抗时至今日仍未平息。在科学世界观之下，技术信仰已经取代博雅理性，从而陷入技术真理的现代知识论——技术精英取代古典"绅士"，无论基础教育还是高等教育，支配教育的主流价值都是科学。然而，随着社会发展，特别是当知识社会和信息化时代来临，现代知识

---

① 薛晓阳："知识类型和教育形态：'大道之知'的古典教育及其精神遗产"，《高等教育研究》，2017年第4期。

② 让·弗朗索瓦·利奥塔：《后现代状况——关于知识的报告》，湖南美术出版社1996年版。

论的局限性日益凸显,与此相伴的是建立在现代知识论基础上的应试教育模式越来越难以适应社会发展。生命哲学的代表人物狄尔泰站在精神科学的立场,认为对于精神科学来说,所谓客观知识只是心灵生活与历史文化的一部分,具有完全不同于科学实施的规则和原理。从这个意义上说,教育尽管不可能将科学知识排除在教育之外,但对于今天的教育来说,重要的是重建教育的精神价值、人文信念,以及社会文化体验[①]。

古典教育的启示不在于是科学知识重要还是人文知识重要,而在于大道之知的教育信仰。处于知识社会中的教育,必须重新定义知识的性质和意义。面对知识社会的知识爆炸,教育需要的不是愈加强大的接受能力,而是学会在洞察知识的过程中体验知识的社会功能和精神意义。这既是对教育的呼吁,也是对我们这个时代的呼唤。

三、本科生导师制的本质特征

(一) 历史悠久的牛津大学导师制

牛津是英国泰晤士河谷地的主要城市,传说是古代牛群涉水而过的地方,因而取名牛津(Oxford)。牛津只是一个中等城市,其居民结构的一大特征是学生人口占相当大的比重,包括牛津大学和牛津布鲁克斯大学的学生,共有3万多人。来到牛津,你会看到主要街道两旁漂亮的古典建筑、数量众多的咖啡店和餐饮店以及各类兴隆的酒吧和俱乐部。牛津的地铁和快速列车每小时都

[①] 钱厚成:"哈贝马斯的知识类型观",《兰州学刊》,2006年第9期。

有几个班次到达伦敦，行程时间会根据交通情况发生相应变化，但从牛津到伦敦的维多利亚可以控制在一小时以内。据悉早在1096年，就已有人在牛津讲学。到12世纪末的时候，牛津已经成为一个重要的教育中心了。那个时候来自欧洲大陆与其他地方的学者陆续来到牛津并在此定居、讲学。

1. 英语世界中最古老的大学

牛津大学（University of Oxford，简称：Oxon.）位于英国的牛津市，是英语世界中最古老的大学。牛津大学是一所公立大学，创建于1167年，堪称英语世界中最古老的大学。牛津大学享有世界声誉，它在英国的社会和文化中均具有举足轻重的地位，在高等教育领域更是蜚声世界，对各国的高等教育发展都具有一定的影响。直至今天，世界各地的年轻人都以能够进入牛津大学深造作为自身的追求与理想。该校设有号称"全球本科生诺贝尔奖"的罗德奖学金，每年从世界各地选拔80名最优秀大学本科生送入牛津大学深造（去牛津大学攻读硕士或博士学位）。这些学生学成之后被称为罗德学者，他们在全世界都有相当大的影响力。

牛津大学是世界上现存第二古老的高等教育机构。因其独树一帜的风格和顶级办学水平，在全球高校排行榜中屡获殊荣，被各类机构一致评为世界一流大学及最著名的高等院校之一。一直以来，牛津大学都是以一所在世界上享有顶尖大学声誉和巨大影响力的知名学府而存在的。

牛津大学在英国社会和高等教育系统中也极具影响力。它与剑桥大学时常被合称为牛剑，它们是英格兰最古老、最著名的大学。同时，牛津大学是英国顶尖大学联盟——罗素大学集团的核

第一章 本科生导师制：共同研习学问的事业

心成员。①，也是其他顶级大学联盟诸如欧洲顶尖大学科英布拉集团、欧洲研究型大学联盟的重要成员。九个世纪以来，牛津大学一直是全英国乃至于世界级的顶尖学府。拥有杰出的教研质量。在历年的英国大学排行榜中，牛津大学和剑桥大学交替着占据第一和第二的位置。牛津的研究力量雄厚，在其教师队伍中，就有83位皇家学会会员，125位英国科学院院士。在数学、计算机科学、物理、生物学、医学等领域，它都名列英国乃至世界前茅。牛津大学享有蜚声世界的国际声誉：在近800年的历史中，牛津大学培养了5个国王、26位英国首相（其中包括格莱斯顿、艾德礼、撒切尔夫人和布莱尔）、多位外国政府首脑和要员（如美国前总统克林顿）、近40位诺贝尔奖获得者以及一大批著名科学家、学者。不仅如此，牛津大学还拥有一流的教学和科研硬件设施、资源，牛津共有104个图书馆，其中的博德利图书馆是英国第二大图书馆（仅次于大不列颠图书馆），藏书600万册。牛津出版社举世闻名，是世界上最大、最著名的大学出版社。②

---

① 罗素大学集团是由英国24所顶尖高校结盟而组成的大型集团，其组建的目的是为了整合高等教育资源并推动大学的进一步发展。作为创立最早、声望最高英国高校联合自治组织，罗素大学集团的产生源自当代英国高校的共同需求。20世纪90年代以来，英国对高等教育进行了持续性改革，在这一系列改革中，最令人瞩目的是英国政府极力倡导的高等教育院校自主性及地区性中介组织的组建，并强调高等教育机构相结合的自治模式。在英国各类高等教育自发联合组建的团体中，以罗素大学集团最具代表性。其网罗了英国最顶尖的大学，聚集了世界范围内大批精英教师及大量优质教育资源，在英国甚至全球高等教育领域影响巨大，在各类教育活动中获得了极大的发展契机。其旗下的成员院校在数量上占全英国大学总数的15%左右，但却囊括了全英国大学校65%以上的科研经费与教育赞助资金，并占据着全英国最充沛的高等教育资源。详见张睦楚："英国罗素大学集团发展契机与面临的危机"，《比较教育研究》，2017年第4期。

② 详见牛津大学官网中文版。

2. 皇冠上的明珠——牛津导师制

导师制最早起源于英国牛津大学。它从中世纪一路走来，虽然始终饱受大学内外的各种争议，但至今仍然是牛津大学本科教学的核心和基础，也是其一流本科教学质量的关键所在。

（1）导师制的产生与历史演变。牛津大学导师制最初创设于14世纪。温切斯特主教威廉·威克姆在由他亲自创建的新学院中，首次实行付薪的导师制。当时的制度是从学院的基金中留出100先令作为导师的报酬。导师接受学生父母和学校委托，履行对学生的监管职能，主要是作为学生道德和经济方面的保护人，具有学生监护人的某些特征。威廉·威克姆推动的这一改革就标志着制度化的导师制在牛津大学的最初确立。在宗教改革时期，随着牛津大学各学院成为以本科为主的教学机构，导师制也在各学院普遍建立起来。

但是，直至19世纪以前，牛津大学的导师都不被认为是学院的正式教师，而只是私人导师。此时的牛津导师制教学的定位是"拾遗补缺"的配角——只是作为学院正规教学的补充，仅此而已。导师对学生的指导不以学生的学业为主，而是涉及道德、经济等多个方面。而现代意义上的牛津大学导师制，则是19世纪大学考试制度改革之后才建立的。此时的牛津导师制开始成为一种以学院为依托，以本科教学为主旨，以基于学生的天然禀赋和偏好的导师的个别或个性化教学为主要特征的教学制度。此后，牛津大学导师制逐渐向学科化、学术化和多元化的方向发展，本科生导师也发展成为一种真正的学术性职业。

（2）导师制的教学理念。在过去相当长的时间里，牛津大学的导师制教学由导师和学生一对一地进行。牛津大学导师制以学生为中心，强调对学生的个别辅导，关注学生个体的智力水平和兴趣爱好。虽然这种一对一的导师制教学在当今的牛津大学并不多见，更多的是两三名抑或三四名学生一起，与导师面对面地交流与合作，接受导师的辅导、帮助，但是关注每个学生的天赋和志向，实现对学生有益的个别指导，实践"因材施教"的理念，一直是牛津导师制的核心和灵魂之所在。

在牛津大学的导师制教学中，学生不是消极的消费者，而是积极的参与者。师生双方的协作和互动对于导师制教学的成功与否至关重要，导师制教学过程的核心是师生对于学习观念、各种问题的不同理解之间的相互影响和相互促进作用。在这个过程中，双方共同思考同一个问题，双方的交流与合作使他们获得"单打独斗"的独自学习所无法获得的成效。

导师制教学的核心目的是培养学生批判性思维和独立思考的能力。牛津大学导师制教学的过程重在培养学生如何看待事物，如何评价证据，如何将事实联系起来进行分析的习惯和相应的能力。学生在准备周论文的过程中，能够学会如何独立搜集资料，并进行连贯表述，同时在导师制教学的过程中，学会如何在导师的批评面前捍卫自己的观点和立场。

（3）自由教育传统的核心体现。牛津大学最为典型地保留了中世纪大学的特点，在七八百年的历史变迁中仍然保持了其古典特色。导师制作为牛津大学自由教育传统忠实的实践者，在不断的变革和发展中，使牛津大学的自由教育传统也不断发扬光大。

"自由教育"作为一种正统的教育观念，发端于古希腊。最早提出"自由教育"概念的是古希腊哲学家亚里士多德。亚里士多德倡导的"自由教育"是奴隶主贵族才能享有的、以自由学科为内容、以满足奴隶主贵族的需要为目的的教育。中世纪，在神学笼罩下的"七艺"被认为体现了"自由教育"的观念。文艺复兴时期，人文主义教育家从反对宗教束缚和要求个性解放的目的出发,提出了以古典语言和文学为主要内容的教育。到18世纪末,"自由教育"一般被理解为一种以古典著作学习为基础的教育,"自由教育"与"古典教育"成了同义词。

在牛津大学,学生不会屈服于任何标准答案和学术权威。正如法国现代史教授马蒂亚斯·夏尔曼所说:"在牛津大学,我们不培养绵羊,而是培养具有负责精神的人。"这些人今后无论在什么形势下,都能作出正确的选择。

对学生进行道德指导的牧师和学术教师在导师身上的结合,以及古典课程教学形成了牛津大学典型的自由教育传统。这种自由教育并不是为了传递大量信息,而是通过分析古典作品对学生进行必要的智力训练,培养其成为有独立思想的人。

早在19世纪初,牛津大学林肯学院院长爱德华·塔汉姆就提出,大学是探索普遍学问的学府,是传播普遍知识的场所,传授普遍知识是大学首要的职责。一个世纪以后,牛津大学新学院院长史密斯也指出,"本科生的学习是培养理解问题和解决问题所必需的耐性、坚韧和决心;对于真理真诚坚定的思想以及从容、沉静的品质。"史密斯院长的继任者艾伦·赖安将牛津大学导师制置于自由教育的广阔背景之下。艾伦·赖安认为,自由教育并不具有非职业的性质。在历史上,自由教育只适合于人们在文科范围寻找职业,如教会、法律或医学。但是,现在自由教育将给予学生对于生活的所有方面几乎都有益的技能。自由教育提供的是一种可迁移的技能,如阅读、再现的能力;获得信息的能力;流利而清晰地说和写的能力等。自由教育与职业教育的区别在于它提供的是一种宽泛的职业技能还是适用于某种职业的训练。赖安认为,自由教育所鼓励的并不是对研究的尊重,而是对学问的尊重。艾伦·赖安院长的观点可以被视为今日牛津大学自由教育传统的新发展,而这种发展又必然与其导师制教学理念的变化密不可分。①

(二) 导师制的本质——共同研习学问的事业

牛津大学新学院院士大卫·帕尔菲曼认为，高等教育的关键就在于其所包含的"自由教育"（liberal education）的意蕴。高等教育无论在哪个学科，都意味着交往能力及敏锐的批判意识（综合、分析、表达）的发展。"这一发展要高于或超越任何学位课程所涉猎的知识库：高等教育要将关键放在这样一种能力的发展上，即掌握如何更新这种不可避免地会因时代的发展而变得落伍过时的知识库的能力。从本质上说，高等教育是通过自由教育的过程发展批判性思维的过程。"

帕尔菲曼在对高等教育内部"自由教育"和"职业教育"之间关系及其二者之间可能存在的潜在冲突进行分析时指出，"高等教育是为人们的终身学习能力及职业变更做准备的，是让人们以受过教育的公民身份奉献于社会（而不仅仅是作为掌握技能的训练有素的员工服务于经济）。正因为如此，高等教育得以成为一种自由教育并超越了职业教育……高等教育有可能是通向某一固定职业的路途之起点，这一职业通常被称为专业，比如医学或法律等。不过，它应该意在为这些专门性职业培育具有反思意识的从业者，如对医学和法律的发展现状要保持清醒的认识并积极钻研，知道什么时间及怎样着手进行专业提升或更新"②。

牛津大学最为典型地保留了中世纪大学的特点，在七八百年的变迁中仍然保持了其古典特色。导师制作为牛津大学自由教育

---

① "牛津大学导师制与自由教育传统"，《科学时报》，2009年第11期。
② 大卫·帕尔菲曼：《高等教育何以为"高"——牛津导师制教学反思》，北京大学出版社2011年版。

传统忠实的实践者，其自身也处于不断地变革和发展过程中，使牛津大学的自由教育传统不断发扬光大。在牛津大学的导师制教学中，学生处于核心地位，学生不是被动、消极的消费者，而是主动、积极的参与者。师生双方的心有灵犀、默契配合、良性协作和积极互动是决定导师制教学的成功与否的关键，导师制教学过程的核心是师生对于学习态度、观念、方法、习惯等方面的不同理解之间的相互碰撞、影响和作用。在这个过程中，师生对一个主题或问题共同综合、分析、表达、思考、辩论，通过团队成员的互助合作达到他们各自单打独斗所无法企及的高度，最终使他们获得独自研习无法获得的成果。这种师生在平等自愿的基础之上建立起密切的伙伴关系（团队），大家一起努力共同研习学问的事业就是本科生导师制的灵魂之所在。

对于本科生导师制的本质特征，牛津大学赫特福德学院英语院士爱玛·史密斯将其概况为"共同研习学问的事业"。爱玛·史密斯在《英语教学：共同研习学问的事业》[①] 一文中，对于本科生导师辅导课是这样描述的："我曾经写过一张卡片来安排与一位新生的初次会面，我用的是这样的语句：'我期待着本学期和你一起共同研究马洛'。尽管存在这种语言表达上的含糊，我仍坚持用"共同研习"（working with）这种说法，因为我认为，它差不多表达出了我对于好的导师辅导课的认识，也就是说，好的导师辅导课意味着共同努力、一起进步和合作活动，它们可以说是我曾经历过的最能激发能量的导师辅导课的特征，无论是我当学生时还是做导师时都是这样。"

爱玛·史密斯追寻了本科生导师制的内涵，并对导师制教学

---

① 请参见大卫·帕尔菲曼：《高等教育何以为"高"——牛津导师制教学反思》，北京大学出版社 2011 年版。

与传统的教学模式（如课堂教学）进行了比较、分析与评判，对于完美体现"因材施教"的教学理念、形式灵活多样、有别于单一模式的传统教学的导师制教学，史密斯进一步分析道，"导师制教学从根本上反对单一雷同的教学文化，而这种教学文化在其他地方的高等教育中居于主导地位。对新生普遍适用的建议便是要求他们具有灵活适应的能力。有的导师会要求学生提前写好论文；有的导师会要求新生把论文大声地读出来，而要求另一位学生把论文交上去；还有的导师会对学生人数较多的小组进行较长时间的辅导。在有的导师辅导课上，讨论的主题集中在一份已经写好的学术论文上；另一些课上，要探讨的内容学生还没有完成，碰到这种情绪时导师辅导课就只好延期了。某一个学期可能是由一位教授来辅导你，而下个学期可能是由一位快完成博士学业的研究生来指导你。有时候你可能单独一个人上课，有时候是与同学结对子一起上课，但很少有超过三个人一组的。如此种种，总之，形式多种多样。不可避免的现象是，有些辅导课以及有些导师比其他辅导课及导师更对学生胃口。不过，一旦向任何一群学生打听他们心目中的最好的导师和辅导课，就很容易看出，你不可能令所有学生在所有的时间里都满意。这种多样性特征内在于牛津的导师制教学之中，因此既是其拥有的最大优势，又是其潜在的巨大弱点。"

文中，爱玛·史密斯表达了他自己对本科生导师制的看法，同时还介绍他自己在牛津的教学生涯中的导师制教学经验。他充分肯定了导师辅导课的巨大价值，他对自己的导师制实践中总结的经验是：

- 对学生进行单独辅导。从积极的意义上说，每个学生在阅读和研究方面都有独特的方法，因此，我就想在具体技巧、个人自信心及广博的知识积累等方面帮助他们改进阅读和研究方法。从更消极的意义上来看，学生可能会遇到某种困难或者某些领域表现欠佳……，这件需要对他们的研究过程施以具体的且不间断的干预性指导，从而激发出他们的全部潜能。

● 在辅导课的间隔时段里注意监控学生的学习和研究习惯。了解他们阅读了哪些内容、他们读后的感受是什么、阅读中遇到哪些困难或存在哪些问题、他们去听了什么讲授课、说了什么研讨课等，并与他们一起探讨如何才能高效地、更有乐趣地学习，或探讨如何才能学到更多的东西。

● 向学生传递我对自己所从事的专业的热情及兴趣，但不要表现出自己对本专业无所不知，进而激发起学生的学术热情。

● 鼓励学生进行辩论或讨论，并管理他们在导师辅导课上创建新观点，而不是仅将时间用来反思或评论在别处达成的观点。

● 设法与先前业已完成或仍需继续进行的研究任务衔接起来，以便在研究某具体问题的过程中密切关注学科中更具普遍性的观点。

● 综合包括教师研讨课或讲授课以及学生个人的研究等在内的诸多不同类型的教学和学习方式，以便将导师辅导课定位于更广阔的学习语境中。

● 为下一次导师制教学周会安排具体的研究任务并商定共同的预期目标。

● 通过考试或其他方式让学生意识到他们最终将接受评估。

如前所述，在导师制教学中，学生是主角，在师生互动中学

第一章　本科生导师制：共同研习学问的事业

生始终处于核心地位，没有学生积极响应，师生之间的心有灵犀、默契配合、良性协作和积极互动都无法实现，导师的任何指导都将失去意义。那么，在导师制教学中，学生应该做些什么来提高他们的导师辅导课的成效呢？对此，爱玛·史密斯给出的建议是：

- 课外务必充分准备并且合理地寻求帮助，以便导师辅导课的时间能够成为进行反思、深入思考及进一步讨论的精深学习时段。
- 确保你上辅导课时带上了学习笔记或任何相关资料，以便在辅导课上作参考。
- 尽管礼数上可能有所不同，但主动提出一系列你想要探讨的要点、疑问或问题是很必要的，这样你就能部分地控制你的导师辅导课，并使其循着你的学习日程行事。
- 在辅导课上，要善于认真倾听导师和其他学生的观点，对于他们正在谈论的问题要积极地提问并仔细的思考。我们所有人都想要一种每个人能够参与其中分享彼此思想的导师辅导课——在这种辅导课上，我们能与那些热衷于学习、辩论、研究并能尽情享受文学之美的其他人一起，探讨那些倾注了我们的专业生命的观点。

最后，史密斯对本科生导师制在整个牛津大学教学体系中的地位和作用进行了补充说明，并对学生提出期望。他明确指出，"导师制教学中的辅导课并不是牛津大学里唯一的教学形式，它只是许多不同的学习机会中的一部分，而学生所面临的挑战就在于要充分利用其中的每一节课。在目前这种混合式教学的语境中，导师的辅导课仍是主要的方式，并且在牛津大学本科生的英语专业教学中"共同研习"的风气正是通过导师制教学的方式得到弘扬的。这种辅导课提供了一种独特的机会，使你们能够形成自己的文学判断力，对其进行讨论，并为之辩护，并能使你们在得到高度的个别关注的情形下来从事你们的个人研究。我希望你们在牛津的学习生涯期间，能以各种不同的方式去享受与众多的师门共同研习学问的乐趣。"[1]

---

[1] 爱玛·史密斯：《高等教育何以为"高"——牛津导师制教学反思》，北京大学出版社2011年版。

第二章　本科生导师制的理论基础

本科生导师制的理论基础

崇尚自由、追求理性的英国绅士文化传统，是孕育牛津导师制自由教育理念的文化土壤。从社会的角度来看，历史上的牛津导师制教学是回应当时社会对高等教育的需求——培养绅士而产生的。追溯中国教育的发展历程，可以看到，古代中国并不缺乏自由教育的基因。但是近代以来，随着对传统文化的否定与排斥，科学主义在国内盛行，特别是新中国成立后对文化的革命，导致中国连形式上的自由教育都已成为历史的记忆。

一、古典教育的精神遗产：自我教育理论

古往今来，对于什么是自我教育，人们从各个角度对其进行了界定，从而形成了其不同的内涵。有自我警醒、自我约束、自我品德修

炼，等等。360百科的解释：自我教育，广义是指受教育者以一定的世界观和方法论，认识主观世界和教育自己的全部过程，又称自我修养。即人们以自己已经形成的思想品德为基础，而提出一定的奋斗目标，监督自己去实现这些目标，并评价自己实践结果的过程。狭义是指自我批评，是德育的一种方法。

有一种观点认为自我教育是教育的制高点，自我教育体现了教育的核心价值和本质特征。中国的教育家叶圣陶曾说过"教是为了不教"，认为"不教而教"可称为教育的最高境界。苏联教育家苏霍姆林斯基也曾说过"只有能激发学生去进行自我教育的教育，才是真正的教育"。自我教育具有不依赖于外在约束，独立自主学习方式的特征，能够培养学生良好的学习习惯和能力，使学生自觉、主动地进行创造性的学习；同时，也有利于学生形成良好的品评习惯，培育优秀品德，实现自我发展。显而易见，自我教育在整个教育领域占有十分重要的地位。

（一）纽曼的自我教育理论

对于自由教育和自我教育的讨论，通常被认为是因约翰·亨利·纽曼的那本并不厚重却堪称杰作的小书《大学的理念》而起[1]。纽曼认为，大学是一个自由而负责任的教学共同体，大学理念的这一定义的一个重要含义就是，在其工作计划和远景之中，大学必须留出自我教育的空间。纽曼显然反映出了他自己在牛津大学当本科生时的经验[2]，他说："我的设想如下：当一大群年轻人，敏锐、开放、富有同情心、善于观察（年轻人就是

---

[1] 艾伦·赖安：《高等教育何以为"高"》，北京大学出版社2011年版。
[2] 雅罗斯拉夫·帕利坎著：杨德友译：《大学理念重审》，北京大学出版社2014年版。

这样)，来到了一起，并且自由地相互交流，他们肯定就会彼此学习，即使没有一个人来教他们；所有的交谈就是对每一个人的一系列讲座，日复一日地从他们自己那里得到了种种新的观点和观念、新的思想材料、独特的判断原则和行动原则。这是在一个较小的范围内，以很容易的方式来看世界。因为学生们来自许多不同的地方，带着许多不同的观念，所以在这个过程中，有许多东西值得概括，有许多东西有待适应，有许多东西需要消除，还有许多内部关系需要确定，有许多习惯规则需要建立。凭借这个过程，这整个的集体得到了塑造，并且获得了某种基调和某种特征。"他继续写道："这样的年轻人的团体必定会构成一个整体，它会体现出某种特定的理念，它会代表某种理论，它会实行某种行为准则，它还会提供思想和行动的原则。它会产生出一种活生生的教学，这种教学随着时间的推移会采取一种自我延续的传统的形式。或者如人们有时所称的那样，采取某种'风气'的形式；这种东西在它出生的地方久久萦回，并且或多或少地，一个一个地，浸淫和塑造着每一个先后被带到它的影响中来的个体"。于是，他得出结论说："正是这种传统独立于由师长实施的直接教诲，在新教的英格兰的学术机构中才存在着一种自我教育。在这种学术机构中可以发现一种独特的思想基调，一种公认的判断标准。这种独特的思想基调或者说公认的判断标准在投身于其中的个人身上得到发展，变成了个人的力量的一种双重来源。也就是说，个人的力量既来源于个人心智中独特的思想基调或者说公认的判断标准所打上的独特印记，又来源于这种独特的思想基调或者说公认的判断标准在个人与他人之间所造成的那种联合的纽带——它所在之地的权威们也受到了这种影响，因为他们自己也一直受教于其中，也一直置身于它的道德氛围的影响之下。"①

雅罗斯拉夫·帕利坎赞成纽曼关于自我教育的观点，在此基础上，他以当今美国的大学教育为例进一步分析了高等教育的三个组成部分："借用一个粗略的数学公式，可以这样说：学生对学生的教导占本科生教育的1/3，教授对于学生的教育占另外一个1/3，每个学生独自在图书馆、实验室和宿舍所做占最后一个1/3。如果这三个部分之中的任何一个严重偏离规范，接近一半，就造成了非常不健康的失衡。"②

纽曼甚至认为，自我教育所体现的是自由教育理念和自主学习方式，对接受高等教育的学生而言，与大学或学院的其他教学方法相比，自我教育具有诸多的优势，其实际效果更具优势。与主要依靠来自外部约束的课堂教学相比，自我教育更有利于培育学生的自我约束能力，自主研究、学习高深学问的良好习惯和能力，与课程教学的"考过就忘"不同，自我教育所获得的知识使学生受益终身。他认为"在那些巴别之塔③里，更少人在无人帮助的情况下愿意建立起一种自力更生或自我尊重的约束，而这不仅仅在道德上是不好的，而且会严重地妨碍人们获得真理。那些人不得不让自己的脑子里填满几十门科目去应付一门考试，那些人双手拿得太多，以至于无法享受思考和探究。他们把前提和结论一股脑囫囵吞下，他们把各门学科整个地至于信仰之上，他们把各种证明全盘交给记忆，而且，可以预见，当他们受教育

---

① 约翰·亨利·纽曼，高师宁等译：《大学的理念》，北京大学出版社2016年版。
② 雅罗斯拉夫·帕利坎著、杨德友译：《大学理念重审》，北京大学出版社2014年版。
③ 此处系用《圣经》中巴别之塔的故事，比喻大学和学院中各门互不相干的知识杂然并存的状况。

的时期过去之后,他们常常就会把厌恶之中所学到的一起通通抛掉,结果,也许除了应用的习惯之外,在千辛万苦之后却一无所获①"。

(二) 中国古代的自我教育思想

中国古代教育家历来重视自我教育、自我修养。比如,古代教育家孔子就非常推崇自我教育,《论语·述而》中就有"三人行,必有我师焉。择其善者而从之,其不善者而改之。"的表述,提倡自主学习他人的美德,并以他人为镜鉴,加强自身修养。强调立志,要求人们"志于道","择善而固执之"。他还提倡"内自省,内自讼",要求人们自觉地改过迁善。《大学》说的"君子必慎其独",也是一种自我修养的功夫。孟轲强调德性涵养要依靠"自得",他说:"君子深造之以道,欲其自得之也。自得之,则居之安;居之安,则资之深;资之深,则取之左右逢其源。故君子欲其自得之也。"曾子也曾提出:"吾日三省吾身:为人谋而不忠乎?与朋友交而不信乎?传不习乎?"的自我教育观点。

1. 古代中国的私塾教育

追溯教育发展的历史,不难发现,从教育实践来看,我国早期的教育是从私利教育机构——私塾开始的。私塾乃我国古代家庭、宗教或者教师个人所设立的教学场所。它在我国两千多年的历史进程中,对于传播祖国文化,促进教育事业的发展,培养启蒙儿童,使学童在读书识理方面,起到重要的作用。

私塾是私家学塾的简称,古代很少把"私"和"塾"两个字直接连起来使用。私塾成为一个社会常用词汇是近代以后的事

---

① 约翰·亨利·纽曼著,高师宁译:《大学的理念》,北京大学出版社2016年版。

情,以示与官立或公立新式学堂的区别。古人称私塾为学塾、教馆、书房、书屋、乡塾、家塾,等等,这些字眼都带有几分文雅气或亲情味。古代学校的班级设置,是纵向混合班。纵向混合班,就是不同年龄的学生在一起学,蒙馆学馆从3岁到18岁都在一个班上,县学府学从15岁到50岁都在一个班上。古代教育的授课方式分为授书、背书、复讲几个步骤,通俗地讲就是老师讲解、学生复习、教师检查。第一步,授书。这是从先生的角度来说的。从学生的角度,叫"上书"。因为学生要拿着书自己上到先生的桌子那里,所以叫"上书"。授书又分三个小阶段。第一个阶段叫"点书",就是学生拿着书,翻到要学习的这一页,教给先生。先生给他点出句读。第二个阶段,叫"读书",就是先生范读,学生跟着读。第三个阶段,叫"讲书",就是先生要讲解。第二步,是背书,学生下去自己复习。复习的内容不仅仅是典籍本身,还包括典籍的注疏和老师的讲解。古人授课的第三步,叫复讲。复讲就是学生背好书后,举手告知学生,于是再次上去先生那里,要检查。从授书,到背书,到复讲,这样就完成了一次课堂教学。于是再次授书。其实老师授课的时间不长,每个人一次授书也就是几分钟到十几分钟。一天下来,老师还有很多空闲时间,因为学生是自学为主的,老师只引导、点拨。

当然,除了课堂教学的授课、复习、考试之外,还有会讲。这些都是读书的内容。除了读书,还有别的学习内容,像习字、作文、唱歌、弹琴、跳舞、游戏、武术、农耕、下棋、学医等等。所谓的"会讲"就是讨论课。出一个题,大家讨论,检验学习成果,发表个人高见。切磋和讨论,也是学习得真知,尤其是创新的重要途径。《论语》"子路曾晳冉有公西华侍坐篇"就是会讲。会讲最后,老师点评。朱熹与张栻在岳麓书院的会讲,朱熹与陆九渊在鹅湖寺的会讲,都是历史上的著名盛事。史载,

第二章 本科生导师制的理论基础

各地的学子们得到消息,纷纷骑着快马从四面八方赶来听讲。路上的人流络绎不绝,讲堂内外围得水泄不通。饮马池的水一下就被学子们的马喝光了。台上台下的辩论连续三昼夜不辍。①

至于私塾的教学原则和方法,在蒙养教育阶段,十分注重蒙童的教养教育,强调蒙童养成良好的道德品质和生活习惯。如对蒙童的行为礼节,像着衣、叉手、作揖、行路、视听等都有严格的具体规定,为我国教育的传统。在教学方法上,先生完全采用注入式。讲课时,先生正襟危坐,学生依次把书放在先生的桌上,然后侍立一旁,恭听先生圈点口哼,讲毕,命学生复述。其后学生回到自己座位上去朗读。凡先生规定朗读之书,学生须一律背诵。师生关系建立在学生对教师的无条件遵从的基础之上,教师时绝对的权威,拥有对学生惩处与体罚的权力。古代私塾一般班级容量都较小,所以均十分注重因材施教,课堂教学时间很短,其余大部分时间交给学生自主学习,让学生在这种自我教育中学习知识、修炼美德,从而实现自身的发展与完善。

2. 古代中国的书院教育

自唐宋兴起到晚清废除,书院历经千余年的发展,在中国文化史、教育史上产生了深刻影响。书院是介于官学与私学之间又兼具私学与官学某些特点的独特的文化教育组织。在中国传统社会后期,书院在培养人才、创新学术、积累文化、传播儒学、教化民众等方面都发挥了重要作用②。

书院是中国历史上一种独具特色的文化教育机构,书院文化在中国教育史上具有重要地位和作用,书院遗风余韵能够有机地

---

① 徐健顺:"中国古代私塾如何教学",http://blog.sina.com.cn/s/blog_5fbcb8e70101asiq.html。

② 肖永明、潘斌:"书院教育与现代大学教育的融合——岳麓书院实施本科生导师制的探索和思考",《大学教育科学》,2017年第2期。

融入现代教育体制中,这是许多教育学者的共识。与早期的私塾相比,古代中国的书院教育更好地体现了自由、平等、尊重、包容等价值理念。那么,古代中国的书院教育具有哪些特点呢?对此有人进行了总结①。

(1)教学活动与学术研究相结合。古代中国的书院既是教学机构,又是学术研究机构。与古代中国的私塾一样,书院也大多为私立性质的非官办教育机构。正因为如此,中国古代书院教育体现着独立的精神,这种独立包括独立组织、独立进行教学和学术研究。组织方面,中国古代书院在大多数情况下(并非完全如此),官方对其的干预相对较少。教学方面,学生"进德广业"是书院教学要达到的教学目标,因此,老师和学生都不大受科举的影响。老师可以自由讲学,学生可以自由读书、学习、思考、辩论。学术研究方面,由于书院是从古代的"精舍""精庐""学馆"发展来的,本是私人读书治学的场所,以后,一直保留了这个传统。书院里坐堂讲学、研修的学人一般都不是急功近利的人,他们奉行达则兼济天下,隐则独善其身的原则,在一个依山傍水,风景幽静的环境里,专心教学——培育人才、治学——提高修养。

况且,历代书院出任山长的人几乎都是学坛巨子,学有专长,不少人在学术上自成流派。他们在书院里把自己的所思所想、所悟所学以他们自己的方式传达给学生,这样就把教学和学术研究结合了起来。比如,被理学家奉为圭臬的《朱子语类》,就是朱熹的讲学语录。它影响了我国思想一千余年。

(2)学术辩论。朱熹创立了讲会制度,即学术辩论制度。

---

① 刘瞻予:"中国古代书院教育的教学特点",http://blog.sina.com.cn/s/blog_4dc207880100baor.html。

不同学派的学者可以往来讲学，进行学术交流，使不同的思想出现在同一书院的讲坛上，体现了求是的精神。而且，求是精神历来是书院所秉持、所追求的精神品格。

什么是求是的精神？胡适先生的解释是"只认真理，不肯调和"。

宋明理学分作不同的学派。比如，在象山书院主持教学的心学大师陆九渊主张"尊德性""心即理也"，属于主观唯心主义学派；在白鹿洞书院主持教学的理学大师朱熹主张"道问学"和"即物而穷其理"，属于客观唯心主义学派，两人对一些问题长期争执不下。但朱熹在白鹿洞书院主讲"君子喻于义，小人喻于利"的孔子义利观时，恰逢陆九渊率众弟子前来，于是就请陆九渊同讲，并举行了隆重的讲学仪式，随后，又把陆九渊的讲义刻在石头上，彰显学术辩论的意义，体现了求是的精神。从此，形成了中国古代书院教育的一个传统。实际上，这种书院讲会是从佛教集会而来，有宗旨、有规约、有规定的日期和隆重的仪式。这种讲会制度，对促进学术交流和理学发展，起了积极的作用。

求是的前提是怀疑。中国古代书院的师生之间以道相交，切磋学问，质疑问难，他们的怀疑是不唯书，不唯圣贤，唯事是从的精神。这种怀疑的精神的本质就是理性思维与独立思考。抗战时期，著名学者竺可桢主政浙江大学时曾说："大学就是'求是'之地。"近代，毛泽东在长沙求学，他本人非常推崇岳麓书院的"实事求是"这条院训，由于他的推广，直至现在"实事求是"这一原则依然发挥着不能替代的作用。

（3）开放教学。书院讲学，学生可自由听讲，不受地域的限制，也不受学派的限制，书院允许学生中途易师。这些都体现了中国古代书院教育自由教育精神和兼容并包的理念。

总体而言，中国古代书院教学与学术研究相结合教学特点，体现了书院教育理性、独立、开放、包容之精神；学术辩论，体现了书院教育的求是精神和怀疑精神；开放教学，体现了书院教育的自我教育理念、自由教育精神。传统书院注重品格养成，师生关系密切，重视因材施教，强调学生自主学习与教师精神引领的结合，可以为本科生导师制的完善提供借鉴与启示[①]。可以说，古代中国的书院教学凝聚了中华民族悠久、灿烂的文化精髓，堪称中国教育史上璀璨的明珠，为中国古代教育事业的发展以及学术文化的创新与繁荣做出了重要贡献。

（三）导师制对自我教育理念的诠释

自我教育是否一定意味着像约翰·亨利·纽曼或雅罗斯拉夫·帕利坎所描述的那样：学生独自在图书馆、实验室或宿舍凝神思考高深学问时，以潜移默化的方式产生的一种美德或学问呢？或者学者在办公室、实验室、图书馆独自埋头苦读以便能够达到之前未曾企及的巅峰呢？事实上，自我教育并非大学的专利，自我教育是与生俱来的。教育本质上是一种贯穿终身的学习过程，而不应是18岁或22岁就终止的事物。既包括一个人接受学校所提供的正规教育，也包括学校教育等教育机构所提供的正规教育之外的其他教育，如从通过观察他人的行为中习得知识和技能，通过读书、看报、观看影视、浏览网页等活动而学习所需的知识。也就是说，教育本身就包含着自我教育。

纽曼所描述的大学里的学生自我教育场景就是本科生导师制教学方式的重要组成部分。导师制教学所体现着后现代视野中的

---

① 肖永明、潘斌："书院教育与现代大学教育的融合——岳麓书院实施本科生导师制的探索和思考"，《大学教育科学》，2017年第2期。

大学师生关系：平等、合作、交流、对话，其体现的理念与精神：鼓励师生间的交流、发展学生间的交往与合作、鼓励学生主动学习、给予学生及时的反馈、约束学生必须花时间用功学习、对学生寄予厚望、尊重学生多种多样的才能和学习方法。这也是当今美国大学课堂教学所遵从的七大原则。美国大学的教学都是建立在学生想学什么而不是教师想教什么的基础上。密歇根大学前校长杜德斯达认为，教师想教的与本科生想学的知识之间出现了越来越大的差距，它主张把课程建立在学生需要什么而非教师想要教什么的基础上①。担任本科生导师的教师都非常重视了解自己团队学生的状况，通过课下聊天、讨论等多种形式的导师辅导课了解学生的兴趣和需要，导师的个性化指导精准对接学生的差异化需求，使教学更贴近学生实际，增强学生对团队和学校的认同感，从而获得更好的教学效果，学生更容易获得学业的成功。

二、导师制的理论基石：自由教育

在不同的时代自由教育有不同的内涵。最早提出这一概念的是古希腊哲学家亚里士多德。他认为自由教育是"自由人"（即奴隶主贵族）所应享受的，以自由发展理性为目标的教育。

在各类学术文献中，不同领域的学者基于自身的理解，对"自由教育"这一概念有各不相同的界定。主要有：

1. 所谓自由教育，是指不拘成说旧见，以探索求新为务的教育，其要义在于发扬理性的批判精神。古典教育对批判精神格

---

① 裴予峰、王蔚主编：《中美教育比较》，上海大学出版社2014年版。

外崇尚。

2. 指属于自由教育（博雅教育）的科目或课程，是早期的人类知识系统，又称为"博雅七艺"，其内容包括文法、修辞、逻辑、算术、几何、天文和音乐。那时的高等教育称为自由教育，它只适合与奴隶和工匠相对的自由人。

3. 通识教育的别称，通识教育在中世纪称为"自由教育"，是美国现代本科课程体系中的骨干课程。如美国哈佛大学就始终坚持在本科阶段实施通识教育，从而形成了具有特色的传统。相应的教育则称为自由教育。英国最负盛名的牛津大学、剑桥大学一直坚持着自由教育的精神。

4. 英文 liberal education，纽曼又称其为"博雅教育"，是一种真正的心智开启。纽曼在《大学的理念》中提出的：大学的作用在于培养人的心智。自由教育的目的不仅仅是知识，而应该是对知识，或者说是对可以称之为哲学的东西的思考或论证，其目标是提升社会的思想品质以及开启民众的智慧。强调高等教育重在对大学生人格层面的品性熏陶。

（一）古典自由教育理论

1. 纽曼的自由教育思想

在纽曼看来，大学必须是学者的共同体，这是符合大学在其教学活动中乃是学者自由而负责任的共同体这样的大学理念的。这意味着教师与学生、教师与教师之间具有内在的关系。耶格尔（Werner Jeager）回顾了苏格拉底作为教师的独特才能的主要组成部分。核心是教师对学生的尊重和师生双方对一种信念的培育，即：他们一起从事的是对学问的共同的追求。教师的天职不是给学生灌输知识，而是允许本来已经留驻在那里的知识见到光明；用苏格拉底耳熟能详的比喻来说，教师不是真理的父亲，而是产婆。苏格拉底通过参与共同探索来教学的方法也是教师与学生乃是共同体这一实情的有力表现（在学术和智识探索各领域中，也存在一些并非微不足道的变异）。

但是，就大学的理念而言，在智识探索的各领域，苏格拉底的方法中有一个含义是没有变异的：教师应该教导学生，而不是招募门徒。在一种健康的关系中，应该服从于——真正的共同体、师生之间日益加深的共事合作关系，最后也许达到老师对学生的依赖超过学生对老师的依赖。对于有这种经历的人，作为老师也好，学生也好，或者二者也好，对于全部有关的人来说，这都是一种旅途的礼仪，旅途中充满了喜悦与成就之感，但是也充满了深深的忧虑。但是，如果这种共同体在这一过程开始的时候没有出现，则不会在独立性到来的时候简单地出现；从事物的性质上看，促成其形成的责任主要在于老师。①

2. 亚里士多德的自由教育理论

最早提出这一概念的是古希腊哲学家亚里士多德。他认为自由教育是"自由人"（即奴隶主贵族）所应享受的，以自由发展理性为目标的教育。

亚里士多德的自由教育有两个突出的互相联系的涵义：①以受教育者具有闲暇为前提，又以受教育者充分利用闲暇为手段；②目的在于探索高深的纯理论知识。亚里士多德认为，实施自由教育适合于"自由人的价值"，可以获得智慧、道德和身体的和谐发展；自由教育与职业训练截然不同，前者高尚，后者卑下。他认为各种行业的实际操作是奴隶们的事务，它有损于智力的发展。亚里士多德又认为，在法律上虽属自由人，但若醉心于狭隘

---

① 雅罗斯拉夫·帕利坎著、杨德友译：《大学理念重审》，北京大学出版社2014年版。

的功利，学为干禄，必然妨害对纯理论的钻研，同样也是不自由的。亚里士多德关于自由教育与职业训练的区分，反映了在古希腊不同阶级和阶层的人只能享受不同的教育。亚里士多德的自由教育与其哲学、伦理学密切相关。他认为，非物质的形式是宇宙中的最高主宰，它是自然存在、终极目的和至善至美的始因，只有自由人的理性才能洞察其奥妙。全部事业中最高尚的、最自由的或最文雅的是理论的沉思和探索，这正是自由教育所崇尚的目标。亚里士多德的自由教育思想对后世影响颇为深远。

　　自由教育的内涵在中世纪发生了变化。当时基督教教会利用亚里士多德的哲学来解释神学，改组了古代希腊、罗马学校中的一般文化学科，提出了七艺（即七种自由艺术）的教育。教会认为：七艺是为进一步学习神学以达于神明的基础学科。中世纪的七艺渗透着神学的内容，其"自由"不是指充分发展人的理性，而是指摆脱尘世的欲望，皈依基督的神性。待至文艺复兴时代，由于人文主义者要求冲破教会的束缚，倡导解放人性，把谋求个人的自由视为教育的要务，所以意大利人文主义者P.P.韦杰里乌斯在论述"自由教育"的理想时，提倡的是个人身心的自由发展。他把人文学科，主要是希腊文和拉丁文，作为自由教育的主要内容。他认为，"自由教育"是一种符合于自由人的价值的教育；使受教育者获得德性与智慧的教育；是一种能唤起、训练与发展那些使人趋于高贵的身心、最高的才能的教育。18、19世纪以来，自然科学兴起，并逐渐与人文学科并驾齐驱，使自由教育的概念又有所发展。1868年，英国生物学家、教育家赫胥黎在其著作《论自由教育》中，把自由教育解释为文、理兼备的普通教育，中国通常把这一时代的"自由教育"意译为"通才教育"或"文雅教育"，以别于学习各种专门知识的专业教育。当前欧美有些国家的教育学者正对高等院校究竟应实施专业教育还是自由教育依然存在争论①。

3. 卢梭等人的自由教育理念

卢梭的教育思想的核心是自然教育理论,自然教育的目的是培养自然天性充分得到发展的"自然人",这种人实际上就是自食其力的小资产阶级上层人物。这种思想强调教育必须顺应人类天性发展的自然历程,即遵循人类身心发展的特点,同时还要尊重人的个性化差异。卢梭将教育理解为由"自然的教育""人的教育"和"事物的教育"三部分组成的一个有机体,后二者在遵循前者的基础上实现三者的协调一致。卢梭的自然教育理论蕴含着天性至上的自由教育理念,把教育视为自然生长的观点,在当时的历史条件下无疑具有巨大的进步意义,这种把学生作置于教育的核心地位的以人为本的教育思想,开辟了现代教育理论的先河②。

斯宾塞把人类活动分为五大类,并按它们在个人生活中的重要程度排列如下:一是直接保全自己的活动;二是为获得生活必需品而间接保全自己的活动;三是目的在护养教育子女的活动;四是与维护公民合理行使自己的职责和权利相关的活动;五是生活中闲暇时间满足爱好和感情的各种活动。斯宾塞认为这些活动是教育应该重视的,教育就应该为生活做准备,学校的课程设置也应尽可能与丰富多彩的生活发生联系,这意味着教育必须要考虑与生活相关的课程。既然智力发展是有规律且不断变化的过程,教学内容和方法必须符合智力发展的规律。直觉、天性和兴趣爱好在个体生活中具有重要作用,在教学中就要尊重学生的兴趣、偏好和天性。像卢梭一样,斯宾塞等人严格区分"自然"

---

① https://baike.so.com/doc/5034619-5261132.html.
② http://wenda.so.com/q/1371537270069959.

和"人为"教育的界限。"自然的"教育方式是让学生通过各种感知、直觉直接认识事物,从而获得反映直接经验的观念;而"人为的"教育方式则是把学生看成被动接受知识的"容器"。显而易见,与人为的教育方式相比,自然的教育方式以其遵循人的本性而提供的个性化教育,既有助于促进人的不断完善,又有助于培养人的竞争精神。①

4. 自由教育的中国传承

谈到自由教育,许多人都会自然而然地想到英国、德国、意大利等欧洲国家的悠久历史,以及当代的美国的经验。一个鲜为人知的事实是:中国的自由教育传统丝毫不比欧美国家逊色,同样具有悠久历史和很好的传承。自由教育思想所反映出来的独立探索、自主人格、不崇拜权威、批判思维等,这样一些传统在中国历史上都可以找到,只不过办学的形式具有自身的特色。比如和意大利同时出现的宋代书院所体现的自由教育理念。作为中国古代四大书院之一的岳麓书院,创办于北宋开宝九年(公元976年),至今已有1040年的历史,其人格培养的教育目标、务实的治学精神、博学多思的教育方法是其主要特征,书院注重广博知识的学习和品行修养、重视思维训练、师生共同成长等自由教育思想与牛津大学导师制教学有许多共同之处。

中国的自由教育传统不仅具有悠久的历史,而且得到了很好的传承。事实上,自书院改为新式学堂以后,带着对书院精神的怀念,旨在继承和弘扬书院文化教育传统的大学教育改革探索从未停止过。1925 年,陈衡哲、任洪隽曾联名发表《一个改良大学教育的提议》,特别标举中国的书院精神,希望将其与欧美大

---

① 沃特·梅兹格(Walter P. Metzger)著,李子江、罗慧芳译:《美国大学时代的学术自由》,北京大学出版社 2010 年版。

学制度尤其是导师制相结合①。如果说当时这一提议是以中国书院精神为主体，建议兼采牛津导师制，那么接下来的浙江大学的导师制则很明显地以借鉴牛津大学的制度为主。虽然后来浙江大学的导师制因种种原因而中途放弃，但其有益的探索仍有可借鉴之处。1950 年在香港成立的新亚书院，其教育宗旨，上溯宋明书院讲学精神，旁采西欧大学导师制度②，成为中国文化复兴的重要基地。

这种自由教育的传统同样可以从近代的很多中国内地大学（如清华大学、北京大学、南开大学、西南联大等）当中找到它们的影子，也可以从高等教育探索的先行者（如蔡元培、张伯苓、梅贻琦等）身上得到启示。至今人们仍津津乐道的西南联大所具有的自由和民主，蔡元培时代的北京大学以研究高深学问为宗旨，提倡学术自由、思想自由，强调大学的独立性，改革科系与课程体系及课程设置，实施兼容并包的办学方针等，使民主与科学的大学精神蔚然成风，使北大成为新文化运动的中心和五四运动的发祥地。而且直到今天，这些传统和理念依然熠熠生辉、弥足珍贵，他们所探索和开创的学术风气和大学精神至今依然符合我们的高等教育发展，符合创建一流大学、一流学科的规律。

令人欣喜的是，国内有识之士在呼吁要关注我们自己的传统，中国特色的自由教育传统和大学理念在一些大学得以弘扬和传承，比如北京大学考古学院，就在山东的"尼山书院"设立

---

① 陈衡哲、任洪隽："一个改良大学教育的提议"，《现代教育评论》，1925 年第 2 期，转引自殷慧："思想共识与文化自信——岳麓书院传统教育与本科生导师制"，《大学教育科学》，2016 年第 5 期。

② 钱穆、新亚遗铎：三联书店 2004 年版。

了他们的研究基地,湖南大学岳麓书院①作为长期的文科研究重镇,而且在这些方面出了很多的成果。这些成果不仅涉及文科,也涉及医科和其他一些学科。在这样的探索中,对我们现行教育当中的一些弊病也找到了中国的解决方式。有教育学家就提出,中国高等教育的发展和改革,不仅需要借鉴国外的先进经验,更需要挖掘我们很好的传统②。

(二) 自由教育的当代内涵

古往今来,来自不同领域的学者对自由教育的内涵有着各自不同的理解和解读。起初,自由教育是指赋予"一个自由的人"以价值,强调的是品格的培养——培养绅士,关注的是全面智慧的提升。至于自由教育的学科领域或称内容——自由知识(liberal knowledge),也就是亚里士多德在《政治学》一书中所说的"自由人科学""绅士科学",被纽曼赋予了非常丰富的内涵,他认为那些"非专业的"、"普遍的"与"奴性相对的"、"绅士的"具有哲理性的知识,那些除了使人愉悦之外不能带来任何收益的东西。古典自由教育理论秉承"知识本身就是目的"的理念,自由教育的内容主要是指所谓的"博雅七艺",其内容包括文法、修辞、逻辑、算术、几何、天文和音乐。侧重于人文学科,将现代科学技术研究、职业技能培训等所谓"有用的"、能带来收益的东西排除在自由教育之外。

---

① 岳麓书院是湖南大学下属的二级学院,承担着湖南大学历史学和中国哲学的人才培养和科研重任。具有从本科、硕士、博士到博士后人才培养的完备体系,这一具有千年历史的古老学府实现了与现代高等教育的接轨。肖永明、潘斌:"书院教育与现代大学教育的融合——岳麓书院实施本科生导师制的探索和思考",《大学教育科学》,2017年第2期。

② 程方平:中国大学本科教育中存在的严重问题,http://www.sina.com.cn。

而随着社会发展、时代变迁，人们对自由教育的认识也在发生着某些转变。牛津大学新学院院长艾伦·赖安认为，自由教育并非高等教育所专属，而是早在未来的本科生考虑要申请上大学之前就已开始。自由教育也并非只有学校等教育机构所能提供，家庭、社会所提供的非正式教育同样可以是自由教育。他认为自己的自由教育在七岁的时候就正式开始了。在他的教育生涯中，七岁时每周两次光顾公共图书馆借书、还书的经历就是自由教育形式。他以自己的教育经验说明，自由教育既不是神秘莫测的，也不像纽曼说的那样，是一个把年轻人培养成绅士的过程。他对于在教育讨论中将职业性教育与自由式教育"非此即彼"的区分与对立感到惋惜不已，对于这种有悖常理的区分与对立的教育观念却为人们所接受而深感困惑，并提出了这样的疑问："人们到底期望教育应该是职业性的还是自由式的？我们受教育是处于功利心的目的还是为了实现教育自身的价值呢？这也相当于在追问，自由教育的理念本质上是保守的还是应该激进呢？自由教育是否本质上就是隶属于文学或历史，以至于我们必须将人文和科学对立起来？"

在以往的年代，自由教育通常与高深学问相联系，适合那些渴望从事牧师、律师、文学家、哲学家等具有高深学问的职业的人。但是，随着人类社会的历史发展，自由教育将赋予人们一些几乎能够适用于各种职业的能力，就像我们今天所说的迁移性技能——自由教育的功能之一，在现代社会信息化、知识经济时代表现的日益明显，也受到了来自各方的关注。毫无疑问，自由教育所提供的这种技能增强了人们获得成功（获取收益）的能力。正因为如此，艾伦·赖安认为自由教育在本质上并不必然是非职业性的，自由教育并不拒斥科学。"那种能够准确阅读并快速掌握各类信息且加以创造性利用的能力，能够进行流程清晰的口头表达及书面记录以便于新的信息或对问题讨论的新进展能够以明白无误的形式在一代人之间传承下去的能力，能够读懂大量数据中隐含的意义并能够清楚地从各种表现形式中将其抽离出来的能力，都是接受过自由教育的人有能力做到的，而且也差不得是任何一个白领行业都用得着的一些本领。"他进一步指出，"在自由教育与培养学生就业能力的教育之间并不存在对立，而是在为就业提供一种宽泛的普适性能力的教育与为某一特定职业而进行的训练之间存在着分野。"① 最后他得出结论：自由教育旨在实现学术自由的教育。

随着商品货币经济发展，产权制度得以确立并日臻完善，知识产权保护已经受到世界各国的普遍认可和重视，自由知识和专业知识的分界已经十分模糊，和其他知识一样，那些以往被认为是"没用的""不能带来收益的""只能使人愉悦"的自由知识，比如一部小说、一个剧本、一幅油画、一个音乐作品等等都是能够用货币衡量的有价值、有效用的东西，都能够给拥有者带来收益。当人类历史进入到21世纪，学历、颜值、情商已经成为人力资本的重要组成部分，一个人接受良好教育"从而获得一种连贯的见解和对事物的领悟力，表现为"健全的见识、清醒的思维，理性、公正、自制和稳定的见解②"，以及由此所形成的睿智的思想、批判性思维、善良、宽容的美德、超人的判断力和理解力等品性和能力，都是导致其人力资本增长的重要因素。不管他未来从事什么工作，都需要学习和积累这些特定的知识和经验，反过来说，一个人一旦拥有了这些美德和习惯，他就能够比较轻易地进入任何思想主题或领域，胜任任何学科或专业

---

① 大卫·帕尔菲曼：《高等教育何以为"高"》，北京大学出版社2011年版。
② 纽曼著，高师宁等译：《大学的理念》，北京大学出版社2016年版。

的工作，更容易获得事业的成功，从而给他带来利益。因为如此，在知识经济高度发达的今天，有必要对古典自由教育理论进行重新认识，赋予具有其时代特征的新内涵，不能将自由教育与专业教育、职业教育严格区分开，自由教育与职业（专业）教育更不是对立的，自由教育可以是专业教育或职业教育，同样，自由教育与科学技术也不是对立的，自由教育包括自然科学、工程技术和人文科学等涵盖各领域的所有人类文化遗产的各类知识，从本质上说，自由教育就是旨在实现学术自由的教育。

（三）自由教育的现实发展

谈到自由教育或学术自由，首先令人想到的是19世纪德国著名的学术自由理论家费里德里希·包尔生（Friedrich Psulsen）的至理名言："大学教师只对自己的教学负责。他的教学对象——学生享有接受或拒绝他的观点的充分自由，有权批评教师的教学并提出改进的意见。师生双方只有一个目的：真理；只有一个标准：不服从任何外部权威，而只服从于客观真理。"

传统的"学术自由"，指的是大学学者（包括教师和学生）可以不受约束、不受限制和不受威胁地探索学术问题（高深学问）、发表自己的学术观点、传播自己的学术思想。从大学的组织和管理来看，学术自由指的是个人或组织在教学和研究活动中有追求真理的自由，在这一过程中不管研究者的教学和研究延伸向何方都不用害怕惩罚或因为触犯政治、宗教、社会传统而被解雇，即学术自由被视为大学教师和研究者的一项特权[①]。

1. 自由教育的德国经验

[①] 骆四铭、柴世思："大学自治与学术自由的力度及其实现"，http://blog.sina.com.cn。

把大学作为一个研究机构的概念在很大程度适应归功于德国的贡献。19世纪德国高等教育的发展水平为世界翘楚,德国大学以其遥遥领先的地位、特有的结构优势和学术思想为欧美其他国家的大学(其中不乏一些历史悠久的富裕大学)所追捧和效仿。

从教学环境和学术氛围来看,德国的自由教育(或称学术自由)包含多重含义:从教师和学生的角度考察,可分为学习自由、教学自由和学术研究自由。学生的学习自由是指学习活动不受学校的行政强制约束。德国学生的学习自由主要体现在选择学习地点的自由,选择学习的课程和课程学习顺序的自由,自己决定是否去听课;除了期末考试以外,他们可以免于参加其他任何考试;他们享有选择住宿地点和私人生活不受干预的自由。教师的教学自由包含两层含义:一是指大学教师可以通过讲座或出版的形式发表自己的各种研究发现而不受限制和审查,即教授享有学术自由;二是指教学活动不受行政干预的自由,即教学自由;就是可以不受指定的教学大纲的限制,能够自由履行教学职责,能够对教师感兴趣的任何话题发表演讲。因此,德国大学的学术自由或者说自由教育,不仅是学生自主选择并体验不同的大学生活、乐享自然的教育、自主学习、自由探究、个性发展和快乐成长的保障,同时也使教师得以灵活多样地开展个性化教学、不受行政干扰自由地进行学术研究、公正无畏地表达个人观点,而且是贯穿整个高等教育研究与教学全过程中的一种自由氛围。

从师生关系的角度来看,19世纪德国大学的师生关系是一种互谅的协约关系,而不是一种强迫性的同盟关系,所以研究者的灵感因为学生的存在受到破坏的风险更少一些;由于门徒习惯的复兴,师生心灵自由交流的机会更多一些;正因为如此,德国的大学被所在的州视为财富和骄傲。德国的大学致力于培养和支持它们的科学家和学者。"讲授"作为传播新的研究成果的教学方式，代替了古老的中世纪延续下来的讲解经典教科书的方法；"研讨班"这种曾经作为训练僧侣辩论技巧的教学范式被广泛采用；实验室成为科学实践的基地，用沃特·梅兹格（Walter P. Metzger）的话说就是"学生与他们的老师在知识的葡萄园里一起工作，由此学会了教师的科研方法，并培养了独立从事科学研究的能力。"[①]

2. 自由教育的美国模式

（1）美国大学的学习自由。南北战争之前，美国的学院与宗教机构有着千丝万缕的联系，盛行古雅之风，追求训练智力和塑造品格两大目标。学生在课堂内外的行为都受到严格的约束，学生的行为准则都有详细的成文规定。教师的大部分精力用于执行这些规定，对违规的学生进行惩戒。课程都是统一的必修课，通常包括逻辑、英语、古典语言（拉丁语或希腊语），尽管许多学院也开设了诸如天文学、植物学等自然科学课程，但主干课程仍然是帮助学生领会亚里士多德等智人的思想的，而不是讲解实验、传授自然科学的研究方法。到了19世纪末，传统课程已经尽显疲态，实验科学与现代语言文学逐步在课程体系中占有一席之地。教师们开始抱怨自己的精力不应该浪费在执行行为规范上，学生们则用开始纷纷逃离校园，以此表达自己的不满。随着南北战争的结束，美国高等教育开始了一次前所未有的改革。得益于联邦政府的赠地以及企业界的慈善捐赠，开办了一批新的大学，原有大学也相继进行了改革。这些高等教育改革先锋大多有

---

① 沃特·梅兹格（Walter P. Metzger）著、李子江、罗慧芳译：《美国大学时代的学术自由》，北京大学出版社2010年版。

在德国留学的背景①,推崇德国大学的模式——在大学开展科学研究活动,将自然科学纳入学科体系,开设博士学位课程,最终让教师们拥有了学者兼教师的双重身份。在本科教育领域,传统的古典课程开设让位于新兴的实用课程,不仅物理、化学、生物课程随处可见,许多大学还开设了商务、工程等职业课程。到19世纪末、20世纪初,诸如教育学、工商管理、工程学、医学、家政学等非传统学科已经在一流大学占据一席之地②。

对学生的管理也开始松动,学习自由度明显提高。一方面,宗教势力失去了对学校的控制权,人们已经认识到摆脱宗教控制有利于大学的发展,坚定的宗教信仰不再被视为学生品德发展的核心,许多大学不再强制要求学生参加宗教活动。另一方面,大学的课程设置也进行了重大改革,将原来的统一必修课制度改为自由选课制度,这一改革由美国最顶尖的大学率先发起而后迅速在全美蔓延。1909年哈佛大学的必修课只剩下一年级新生的英语写作课和外语课,二、三、四年级的学生可以完全自由地选择课程。康奈尔大学等其他名校也采取了类似的做法。1809年美国普通高校中有80%的课程为必修课,到了1901年以及与超过1/3的高校选修课的比例达到了70%以上。

(2) 美国大学的学术自由和教学自由。第二次世界大战以后,大学再一次经历了巨大变革。适应美国社会经济发展需要,大量年轻人涌入大学校园,本科生人数的快速增长意味着高等教育由精英化向大众化发展,许多学生及其家长对于如何培养就业

---

① 19世纪,在德国大学学习进修的美国学生超过9000人。通过这些学生提供书籍中介绍的德国大学的情况,以及偶尔到德国旅游所了解到的情况,德国大学的教学思想和方法被介绍到了美国。

② 德雷克·博克著,侯定凯等译:《回归大学之道——对美国大学本科教育的反思与展望》,华东师范大学出版社2012年版。

能力更感兴趣，广博的通识教育课程受到冷落。为了回应社会的这一需要，越来越多的高校开始开设职业课程。与此同时，伴随着高等教育发展，教师人数也成倍增长，依靠联邦政府的资助，自然科学和社会科学领域的科研成果剧增，新兴专业及学术期刊不断涌现，学术的专门化趋势凸显。教师们对于高等教育发展作出了回应，随着新知识的增加，将原先研究生层次的知识引入本科生课程，处于满足学生群体多元化的需求，许多教师尝试着用多学科视角研究、解读社会问题（如妇女问题、种族问题等），建立起研究中心和跨学科的项目，教学自由得到了极大提升。

学术自由是大学不可或缺的特征。在美国传统上，教授的考核和聘任一直是学院董事会的特权，学院在争取学术自由的斗争中，开始对董事会是否具有这种特权以及在多大程度上行使这种特权提出质疑。对学院管理权进行限制的理由，主要是基于学术管理需要专业资质的思想。这些思想产生的实际影响就是：大学成立了不计其数的教授委员会，确定教师的聘用、终身任期以及晋升。成立临时的教授听证会，决定教师能否继续留任。美国大学教授协会还成立了长期的调查委员会，调查委员会成员由大学教授组成，受理被解雇教授的申诉，并进行调查、取证，公布调查结果。美国学术自由与终身教职工委员会认为学术自由的存在有如下三个方面的原因：学术研究的需要、高质量教育的需要和为公众提供专业化服务的需要[1]。

3. 自由教育的中国现实

从学生学习自由的角度来看，中国的本科教育随着20世纪末高等教育的扩招完成了由精英教育向大众化教育的蜕变，随之

---

[1] 沃特·梅兹格（Walter P. Metzger）著，李子江、罗慧芳译：《美国大学时代的学术自由》，北京大学出版社2010年版。

而来的师生比急剧攀升，加之高等教育行政化及其评价体系的诱导，使学校不愿意把精力放在本科教育上，导致本科教育质量下降，引起了人们的关注和高等教育界的高度重视，于是各高校开始借鉴西方的"学分制""班导师制""选课制""辅修制"等教学经验，进行旨在提高本科教育质量的各种改革，学生的学习自由得以改善，但从自由教育的视角来看依然与欧美发达国家的大学有较大差距。师资相对匮乏是制约本科教育质量的重要因素。以美国为例，美国文理学院实施小班制教学，通常每班有十几到二十名学生，有的甚至仅有几名学生，在这里每个学生都能受到教师的关注、都有机会与教师交流，教师能够及时为学生解决课堂上的问题。学生也能够得到教师的及时反馈，有较高的学习积极性和浓厚的学习兴趣。而教师也因为学生少而比较了解学生，学生更容易从教师那儿得到私人指导，教师也能够根据学生实际情况，及时调整教学，使不同层次的学生能够得到相应层次的辅导，真正做到因材施教，从而有效地保证了教学质量。这种制度也完善了选修制，可以避免学生选修的随意性，在尊重学生学习自由和指导控制之间搭起了一座桥梁①。中国大学的高等教育继承苏联模式而来，忽视小型大学的理念。由于学生人数过多，许多课程采取百人以上的大班教学形式。这样大学越来越大，机构越来越臃肿，管理越来越官僚化，学生和教师之间的交流越来越少。

从教学自由的角度看，我国各类高校历来都十分注重教学规范化，大学从课堂教学内容、程序、进度到学生考核、论文指导等诸多方面都有成文的规范化要求，这些要求就是都必须严格遵

---

① 刘伟伟、张智华：《中美大学本科教育之比较》，王蔚：《中美教育比较》，上海大学出版社 2014 年版。

守并贯彻于教学的全过程。比如，大学要求教师严格按照学校规定的本科毕业论文写作指导规范进行本科生论文的指导，实施的程序、步骤、内容、标准等都有严格规定且教师必须无条件遵从；课程教学遵循"无纲不教学"的原则，必须严格恪守教学大纲、教学进度计划；考试与成绩评定也必须中规中矩，试题类型、覆盖面、标准答案等都有明确要求，试卷的拟定要有系（教研室）、学院、大学教务处的多级审查、签字，多人承担的同一门课程要用统一试卷，试卷批阅与成绩评定要流水作业，试卷分析报告要有系（教研室）、学院领导的审查并签署意见，甚至连成绩公布的时间都须按学校的规定执行，不可越雷池一步。

从资金来源的角度看，中国高校以公办为主，高校运转所需资金主要依靠财政拨款，其次是学杂费。除此之外的社会团体和公民个人办学经费、捐赠资金、校办产业收入等其他收入在高校经费总额中所占比重微乎其微。此外，我国公办高校杠杆率也比较高，贷款规模高达2000—2500亿元，几乎所有高校都有贷款。也就是说国内高校经费来源单一，主要依靠财政拨款、银行贷款和学生收费，大学的发展难以摆脱对政府的依赖。大多为单一的国有产权，造成高等教育实际上处于国家垄断的状态，既存在制度性高等教育产品供给效率低下，又存在高等教育产品需求假象[1]。

从学术治理中的权力配置角度来看，我国大学普遍存在权力配置失衡的问题，高校教师在学术决策中的参与率与影响力均严重不足。行政权力一权独大甚至一手遮天的现象较为普遍。以二级学院为例，有研究表明，我国院系学术治理呈现出权力圈层结

---

[1] 刘伟伟、张智华：《中美大学本科教育之比较》，王蔚：《中美教育比较》，上海大学出版社2014年版。

构,教师在学术治理中的参与率普遍低于意向参与率,说明在院系学术治理中,普通教师的参与渠道窄、参与机会少;教师在学术决策中的影响力普遍较弱,说明普通教师即使参与决策过程,其话语权和影响力也都比较微弱,对决策难以发挥实质性作用;从教师参与率及影响力的综合表现看,院系学术治理呈现出一种"权力圈层结构",即党政核心领导居于学术权力的中心,其他行政领导位于学术权力核心的外围,而普通教师则处于学术权力的边缘,这是一种典型的学术权力等级模式①。

从社会管理走向社会治理是一场深刻变革,并已上升为国家层面的改革意志。在高等教育领域,学术管理也面临着走向学术治理的转型要求和发展任务。学术治理区别于学术管理,重在强调理念的转变,即改变传统的"管理只是少数人所拥有的特权"的观念,倡导平等、共享、协商、责任等价值在学术事务管理中的作用,以区别于学术行政管理所固守的权力、等级、服从、效率等价值。学术治理的理念丰富了学术管理的内涵,契合了学术管理改革趋势,有助于建立更加符合学术组织本质要求的学术管理体系。

总体而言,中国高等教育已经完成了从精英化向大众化的转型,但高等教育行政化的状态并未因此而改变。中国大学从未脱离政府办学的道路,不管高校的教育目标如何变,始终反映的是政府的价值目标。政府办大学最核心的目标,一是为国家和社会发展培养人才,二是为国家和社会建设提供科技知识。而大学最核心的目标是追求科学的真谛和高深的学问。两者看起来似乎并不矛盾,但是别忘记政府的担心,政府担心的不是在学术上的自

---

① 张继龙:"院系学术治理中的权力圈层结构——基于教师参与的视角",《高等教育研究》,2017年第4期。

由探讨是否能给国家和社会带来帮助，而是怕带来麻烦。只有学术上的自治，大学才能得到发展并达到目标。而政府为了维护高校稳定和社会稳定，会限制高校学术自由。而大学自治和学术自由不仅是大学的传统，也是现代大学理念的两根支柱。由此可见，中国的大学自治与学术自由任重而道远。

三、本科生导师制的现实需要

（一）本科教育的现实问题

哈佛大学前校长德雷克·博克[①]在其教育学名著《回归大学之道》中分析了当今美国一流大学普遍存在的"五轻五重"问题[②]，即重学术，轻教育；重科研，轻教学；重研究生教育，轻本科生教育；重教师学术的博大精深，轻教师的品德对学生的影响；重市场功力对学校的要求，轻学校对学生人格尊严的培养。更为严重的是，这些问题并非美国的一流大学所独有，事实上这些现象已经演变为世界性问题。

德雷克·博克认为，大学存在的最主要问题不是现有的激励机制让教授远离教学，让学术领袖无视学生的学习成效。通常情况下，教师和他们的领导们都具备足够的职业责任感，不会对学生视而不见。其问题的关键是，"无论教师还是院长、校长，都

---

① 德雷克·博克是教育界的理论专家、踏实的实践性教育家，曾任哈佛大学校长 20 年。
② 语出中国科学院院士、前华中科技大学校长、教育部高等学校素质教育指导委员会主任杨叔子，参见德雷克·博克著，侯定凯等译：《回归大学之道》，华东师范大学出版社 2012 年版。

确实没有感到必须不断寻求更新、更好的教育方法的压力,也没有体会到应该尽可能提高教育质量的紧迫性"。认为大学和教师创新教学方法、提高教育质量的紧迫感确实可能导致严重的后果,诸如导致大学失去大批生源,或者遭遇其他严重后果。他进一步指出,当前大学和教师"至少暴露出以下六大方面的问题,包括:对大学角色的不同认识、缺乏合作、忽视教育目的、过于强调通识教育、忽视教学方法、忽视课外活动①"。并认为这些问题产生的严重影响值得外界关注。

当前我国的大学不仅改进教学方法、提高包括进行质量的动力和压力均缺失,而且教授潜心教学的激励同样不足。无论是来自大学外部的教学评价还是内部教学评价,以及对教师的评价都过于注重学术研究成果及水平,对大学和教师教与学的质量如何缺乏应有的重视。正如博克所分析的,在教师行为中确实存在着一种不易察觉的现象——无论教授(或学术领袖们)对教学的关注程度如何,没有任何外界力量迫使他们在常规任务之外对教学倾注更多心血,也没有任何报告公布过学生学业的进步情况及大学在其中的贡献有多大。

大学教师与学生对"价值观教育是否是大学职责"这一重大命题的认识也存在很大差异。在许多学科的教师认为价值观不过是个人的观点而已,学者们无法用科学的研究方法去验证价值观教育的有效性,而且还认为自己没有足够的能力传授价值观。然而,许多学生对这类问题充满兴趣。博克提到"最近一项针对11.2万名本科生的调查表明:2/3的大学新生认为,培养个

---

① 德雷克·博克著,侯定凯等译:《回归大学之道》,华东师范大学出版社2012年版。

人价值观是大学的'根本任务'或'非常重要的任务'①"。其结果是,在过去的一个世纪里,道德推理和公民教育这两大内容很容易被传统本科大学所遗忘。

与美国大学一样,我国的大学同样存在道德推理和公民教育被忽视和遗忘的问题。此外,当前高等教育领域普遍存在的其他问题,如教师之间缺乏合理的分工与合作,即使是承担同一门课程的教师也是如此。按照现行规定,不同院系和教授之间并没有合作的义务,尽管他们之间的合作有利于教育。教师们更愿意将精力花在自己的学术研究上,对教学投入不足的现象极为普遍,无论是课程设计还是教学评价中都程度不同地存在论证严重不足的问题。就像博克所指出那样:"本科教育评估往往没有对教育目的与方法做深入讨论,却对教学工作有盲目的自信。结果,多数所谓的"教育目标"顶多只是些"美好的愿望"——偶尔可能实现,但通常情况下不能,因为大学在制定这些目标前缺乏充足的论据"②。课程体系设置同样缺乏充分的论证,而且过于强调通识教育、重视同时课程、轻视专业课和选修课的现象极为普遍。在所有大学,教师们都认同学生应该有充足的机会自由选择一些课程,以寻找自己的特殊兴趣,满足个人的需要。在决定赋予学生选课自由和灵活性后,大学和学院往往就撒手不管了,很少有人认真思考学生应该怎样利用这一自主权——比如,是否应该选修一些简单(或考试容易过关)的课程,以便有更多时间参与课外活动?应该选择哪些课程以匹配个人的职业规划?是否应该利用这一自主权,让学生寻找专业之外的其他兴趣点?自由

---

① 德雷克·博克著,侯定凯等译:《回归大学之道》,华东师范大学出版社2012年版。

② 同上。

选修课是否应该分散于各个领域，以扩大自己的知识面，还是应该集中于某个领域，进行类似于"第二专业或第二学位"的学习？应该让哪些学生参加本专业的高级专深课程，进一步强化专业能力？当学生毕业时，他们是否认为自由选修课比通识课程、专业必修课程更有价值？只有在获知了这些问题的答案后，教师们才可以更好地决定：自由选修课应该增加还是减少，怎样的选课方式更有利于学生的发展，由谁以及如何对学生的选课进行指导。然而，在现实中，很少有人思考这些问题，结果是专业课交由各学院自行评估，自由选修课则完全听由学生自行安排。

过于注重教学内容而忽视教学方法。如博克所言，对教师来说，讨论学生应该掌握哪些知识就足够了，谁也不愿涉及"怎样授课"这一敏感问题。他们宁愿关起门来反思自己的教学方法，也不愿让同行们说三道四。过分重视教学内容的做法存在着一个关键问题，即他必须具备一个前提——学生能记住课堂教学的大部分内容。但事实上，学生记忆的效果和记忆保留的时间，与教师们的主观期望相去甚远。例如，研究者发现，人们对具体信息的记忆往往会很快消退。据计算，一名普通学生对讲座课程上具体内容的记忆，在一堂课结束后只能维持15分钟。与之相反的是，兴趣、价值观、认知技能则更容易维持。同理，学生被动接受的概念和知识很容易遗忘，主动参与的学习内容则容易维持。因此，不管今天的授课内容多么重要，讲师也不能假设学生只要来到课堂，就一定会记住大部分的教学内容。学习结束后学生能记住多少知识、能形成怎样的思维习惯，并不取决于他们选修了哪些课程，而取决于这些课程是如何讲授的、教授的质量如何。但是，所有的课程报告几乎都在回避这样的问题：当前使用的教学方法是否适合于大学所追求的教育目标？如果不适合，应当如何改进？

现实中我们的大学本科教育在教学方法上做了哪些改进？成方平在一次演讲中曾提到《中国青年报》有一个记者写过一本书叫《逃离大学》，讲的是大学生对大学的厌学现象，而其中有一个非常典型的例子，大学本科教育和高中教育没有区别，很多学生戏称高四、高五。这种情况在我们的高校当中普遍存在，尤其是大学的一、二年级的基础课和专业基础课，要求学生死记硬背，背知识点，在考试当中超越知识点的个人发挥一律被判为错。于是他慨叹，我们现在高中教育、初中教育和小学教育都在向研究性学习、探索性学习，注重方法，把学习主要的时间和空间还给学生。在这样的高等教育当中，我们怎么能够培养有独立见解、有创新意识甚至有独立人格的人才[①]？

尤其是大一、大二的基础课和专业基础课教育，我们前面讲了，教学方法、考试方法、评价方法都非常僵化，通过纵向比较，忽视课外活动是大学本科教育存在的另一个问题。进行本科教育评估的教师们或许都认同课外活动的作用，但他们只愿意探讨正式课程的问题，而把课外活动的问题交由学生事务主管和其他行政人员负责。然而，人们最终还是发现，把课外活动完全交由行政人员负责是不行的，因为课堂学习与课外活动应该相互交织、不可分割。学生在课堂中所学的知识往往会影响到他们的课外活动，而后者也会反过来促进前者的学习。

德雷克·博克认为，"大学问题的根源，主要在于如今的高等教育系统缺乏提升教育质量的强大压力，我们在评价大学的发展时，仅仅考虑了学生的入学成绩、教师在科研方面的声望。这一系统是由许多力量共同造就的，有些来自高等教育外部，有些

---

① 程方平："中国大学本科教育中存在的严重问题"，http://www.sina.com.cn。

则是高等教育本质属性传承。问题在于大学是否能充分挖掘学生的潜能，是否为学生提供了充分的发展机会。"①

（二）大学本科教育的使命

古往今来，对于大学本科教育的使命或职责和任务是什么，或者说大学本科教育究竟该干什么，学者们见仁见智。早期的主流观点是心智的培养——培养具有良好教养的"绅士"。随着时代发展社会进步，这一理念也发生了变化。有学者提出②，当今高等教育的任务主要不在于把学生打造成为知者（knowers），甚或批判性的思想家那样的学生，也不在于把他们造就为行者（doers），而在于更多地把他们造就为人，使他们在变幻不定的世界中能够深谋远虑、历经考验。

德雷克·博克将大学的职能概括为8个方面：表达能力、判断性思维能力、道德推理能力、公民意识、适应多元文化的素养、全球化素养、广泛兴趣、为就业做准备。

表达能力。所有本科生都需要提高各种形式的表达能力，其中最广为人知的，是精确而优美的书面表达能力，其次是清晰而有说服力的口头表达能力。这些是学生在大学期间和毕业之后都会广泛运用的能力，也是作为一个公民和一切从业人员所应具备的能力。

判断性思维能力。大学的另一大目标是提高学生的清晰思维和批判性思维能力。近期的研究表明，只需掌握一些常见的思维方式和习惯，日常生活中的许多问题便可迎刃而解，培养这些思

---

① 德雷克·博克著，侯定凯等译：《回归大学之道》，华东师范大学出版社2012年版。

② 兰劲松·罗纳德·巴尼特著：《高等教育理念》，北京大学出版社2012年版。

维方式和习惯将使每位学生受益终身。这些思维方式包括：搜集相关材料，并分析不同材料之间的相互联系；围绕某一问题尽可能多地提出可行的解决方案；分析证据并运用推断、类比等常见的推理方式考察各种方案，最后提出合理的判断和最佳方案。

道德推理能力。道德问题包括两方面，第一方面包括三种能力——严谨地思考如何处理道德两难问题的能力、评价各方观点合理性的能力、判断正确行为的能力；而第二个方面则是将以上思考的结论付诸实践的愿望和自律性。就第二个方面而言，尽管经验告诉我们，生活的方方面面都可能影响其发展，但它更多还是父母的责任。至于第一方面——帮助年轻人认识到道德问题的存在并严谨地思考这些问题，则是大学义不容辞的责任。

公民意识。另一个被广泛忽视的教育目的是，把学生培养为"民主自治进程"中有知识的积极参与者。大学必须思考：怎样才能培养学生更强的公民意识，以便他们履行公民责任。

适应多元文化的素养。大学所面临的挑战是：如何教会学生相互理解、尊重、充满正义感，同时当矛盾出现时又能适当处理、灵活面对。

全球化素养。信息传递方式和交通工具的改变，极大地提高了国际交流的机会。环保危机、毒品贩运、贸易战、核武器等各种问题，促使美国政府与其他家建立起合作关系。所有这些改变都意味着：今天的学生需要比他们的前辈了解更多的国际事务、外国文化知识。因此，大学面临的特殊挑战是：如何构建一套知识基础，以便让学生有效地适应任何可能出现的国际问题，把握任何可能出现的机遇。

广泛兴趣。另一个比较传统的大学教育目标是，让学生掌握一定的知识、能力和广泛的兴趣，使他们能享受丰富多彩的人生。

为就业做准备。本科教育最后一个目标充满了争议：为学生的职业生涯做准备。亚里士多德在《政治学》中曾提出过这样的问题："我们的教育应该是传授生活中的实用技能、良好的道德还是高深的知识？"围绕这一问题的争议延续至今。三十多年前，哲学家罗伯特·保罗·沃尔夫（Robert Paul Wolf）也曾呼吁废除职业性课程。在他看来，只有掌握纯粹的学科知识，年轻人才能发现自己是谁、想成为怎样的人。

四、本科生导师制的意义

随着我国社会经济转型，回应社会，培养创造性人才已成为高等教育界的一种意识形态，本科生导师制有其现实意义。导师制有利于实现大学教育目标，其主要表现在：导师制教学可以激发学生的努力，有助于学生的身份认同，进而促进学生学业的成功。毫无疑问，导师制有助于培育创新型人才；导师制有利于增强教师的归属感和责任心，从而更有利于提升教师工作价值取向，培育更多的事业型教师；导师制能够有效地调动学生和教师两方面的积极性，通过师生的平等互助合作、共同探讨学问，实现教学相长的目标，从而有利于提高人力资源配置效率。

（一）导师制有利于提高人才培养质量

本科生导师制是新时期我国高等教育人才培养的战略导向，是高等教育大众化背景下要求高等教育资源优化配置和发展质量提升的政策回应，是对接学分制、选课制、课程体系改革、教学范式改革以及二级学院改革的新举措。现阶段我校已推行的学分制，已与选课制、学籍管理制度、学分互通换制以及与之相适应的学生工作管理模式等有机地结合在一起。而导师制是学分制顺利实施的重要保障。

从国内高校实行导师制的实际情况看，本科生导师制的实施对于提高人才培养质量已经取得了明显成效，主要表现在以下几方面：

第一，导师制有利于引导大学新生尽快适应大学的学习和生活。导师可以帮助学生制定适合其自身的学习方案，缩短学生的适应期。学分制的实行，使大学无论在教育体制、教学方法、学习方法和生活方式等各个方面与中学相比迥然不同，跨度更大了，这使得大学一年级新生更不容易适应大学阶段的学习，绝大多数新生无法独立设计出适合自身发展的学习方案。导师可以帮助学生制定适合其自身的学习方案，缩短学生的适应期。

第二，导师的指导有利于学生构建合理的知识结构。在学分制下，学生可以在一定程度上自主安排自己的学习内容，学生可根据社会需要、自己的实际情况来选择课程，有利于学生的个性化发展。但由于学生自身的知识、能力、社会经验有限，对课程体系内各门课程之间的关系、不同学科知识的内在联系不甚了解，在选课时比较盲目和随意。有些学生过分迎合自己的兴趣，看到课程名称觉得好玩就行；甚至有学生选修了内容完全一样只是课程名称略有不同的两门课程；还有部分学生学有余力，希望能横向发展或是纵向发展，由于对专业有关的一些交叉学科和边缘学科的特点了解不够，往往不能够构建合理的知识结构；也有的学生因为急功近利，片面地追求学分，从高年级学生那里获取信息，选择那些内容简单、考试容易通过、容易混学分的课程或要求不严的老师开设的课程。这样必然导致学生所学知识的支离破碎和社会共同价值的失落。导师的个性化指导可以大大减少其在专业、课程选择方面的盲目性，有利于学生构建合理的知识结构。

第三，导师制有利于培养学生的自学能力和创新能力。导师制有利于培养学生的自主学习能力和创新能力。实行导师制后，学生有机会参加导师的科研项目和课题，学生必须在导师的指导下完成一些带有科研性质的任务，而要完成这些任务仅靠课堂上学到的知识是不够的，学生就会带着问题去寻找自己已有的知识进行创新性思维，使之系统化、条理化、清晰化，才能针对具体问题进行思考、论证，需求问题解决。这些实质上就是培养一个人的创新能力的基础。

第四，导师制有利于因材施教。本科生导师制基于小组教学或一对一指导，导师与学生由于经常接触而相互了解，教师在教学过程中的指导更加精细化、更有针对性，因而可以把因材施教的原则落到实处。每个学生都能够得到导师的关注，学生在导师的指导下，可以按照个人的兴趣、特点、志向，选择适合自己的发展方向和职业规划，并按照既定的方向构建自己的课程体系，精准选择课程、申请课题、参加比赛/竞赛、服务社会的活动，经过良好的训练，培养科学素质，从而充分发挥自身的潜力，更容易取得事业的成功。

第五，有利于教书与育人的有机结合。导师制有利于教书与育人的有机结合。学生在参加科研活动和参与讨论的过程中，从导师的教诲中所获得的不仅仅是要学习的知识，还有研究事物和带着批判精神从事学习的态度及影响其一生的思维方式，并在与导师交流的过程中达到心灵与精神的契合，使学生在保持尊严、施展能力的同时形成履行社会职责所需要的知识、修养、表达能力、性格、风度以及各种相当均衡和成熟的品质。

（二）导师制有利于学生的身份认同和学业成功

威尔利兹（Wehlage）等人引入教育参与和学校成员身份认同的概念，并将这两个概念作为促进在校学生个人和社会发展的重要变量。教育参与可以激发学生的努力，进而促进学生学业的成功。在学校情境中，当学生与同伴、教师生成一定的社会关系纽带时，成员身份认同越强的学生获得成功的可能性越大，反之，学生则容易辍学。纶姆博格（Rumberger）和莱森（Larson）认为，学生参与有社会参与和学业参与之分，两种类型的参与都是理解学生辍学的必要要素，两种参与水平越高，学生辍学的概率越低[1]。

本科生导师制本质上就是师生共同研习学问的事业，将双向选择机制，学生、教师组成平等、互助的团队，学生与同伴、教师组成的关系亲密的社会关系纽带得以确立；导师制团队成员彼此熟悉、了解，大家一起学习知识、共同进行学术探究，一起成长与进步。在导师制的实施过程中，导师基于尊重个体差异的个性化指导使得真正意义上的"因材施教"得以实施，基于学生的个体禀赋、兴趣、爱好的个体成长计划、专业选择、课程体系构建、学术研究计划、创新创业计划等由于教师的指导和同伴的论证而更加精准与适用，很大程度上避免了"随波逐流""盲人瞎马"的误打误撞，极大的提高信息质量，又可以增强学生的归属感，进而促进学生的学业进步和未来的事业成功。

---

[1] 曾家延："指向大规模测量建构的学生参与研究评析"，《比较教育研究》，2017年第4期。

（三）导师制有利于增强教师的归属感和责任心

在过去 30 年里，美国高校教师的雇用结构发生了明显变化。第一，终身制和终身制轨道教师的比例从 1975 年的 56.8% 下降到 2007 年的 31.2%，终身制教师已经从多数群体变成了少数群体。第二，非终身制教师比例大大增加，目前已接近 69%。非终身制教师和终身职教师的主要区别是，终身职教师同时承担教学、研究和服务三项基本任务，是大学的学术力量核心。非终身制教师只从事教学，基本不从事研究与服务。也就是说美国出现了一大批专门教书的教师，其数量已经超过教师总数的 2/3。美国高校 78% 的教师以各种形式参加管理活动。这表明美国高校大学教师普遍参加学校及院系管理。如在招聘过程中设置的招聘委员会等。美国大学普遍有要求和保障教师参与管理的制度。69% 的教师每周参加 1—8 小时的管理活动，这是美国大学学术自治和同行共治的制度基础[①]。

不同于美国，中国高校大多数为体制内的专职教师，这一点类似于美国的终身制教师，但他们通常只负责教学和研究，不参与管理，也没有办公场所，通常是拎包上课、下课走人，组织忠诚度很低。这一点与美国的非终身职教师相似。目前中国高校普遍缺少支持教师参与管理的制度，学生与教师之间的联系一般仅限于课堂教学，学生管理（育人的职责）完全由行政人员负责。其恶果是导致教师与管理者之间权力利益关系失衡，权力利益向管理者方面倾斜，破坏建立健康组织文化的基础。因此，建立教

---

① 赵炬明：《美国大学教师管理研究》，陈敏、张俊超主编：《全球化时代的高校人力资源管理——中国高等教育学会院校研究分会第四届国际学术研讨会暨年会论文集》，华中科技大学出版社 2012 年版。

师普遍参与管理的制度，不仅可以为实行同行共治奠定基础，也可以为基层学术组织创建一个良好的组织文化。

发达国家的经验表明，如果想要切实促进学术民主，防止管理不善，就必须把教师参与管理作为一个基本制度建立起来，使管理成为每一个教师的基本职责。群众性管理参与不仅可以促进学术民主，还可以在基层学术单位中建立健康的组织氛围。本科生导师制在学生与专职教师之间架起了一座桥梁，师生的交往与合作、互动既可以为学生的学业发展提供有力的支持，同时也为专职教师参与学生的管理提供了一个平台。这一制度将教学与管理密切联系在一起，把学术管理、学生管理等管理活动作为教师应尽的义务，对于增强教师的责任感和归属感从而提高其组织忠诚度具有积极意义，一定程度上可以为建立一套符合中国高等教育管理实际的教师参与机制经验积累，虽然它不能解决高校民主管理中的所有问题且需要长时间摸索，但从改善组织文化、提高管理质量来说，这是值得尝试的。

（四）导师制有利于提升人力资源配置效率

导师制对大学人力资源配置效率的提升作用主要通过两种方式来实现：一是促进大学教师队伍专业化分工，通过"术业专攻"的方式挖潜教师的潜能，以此提高教师资源配置效率；二是动用大学的闲置资源——年轻学生，通过挖掘学生的潜能实现优势互补，实现高等教育资源的优化配置。

在管理学中关于多目标岗位，一个公认的法则是：多目标必然导致低效。所谓"一心不可二用"讲的就是这个道理。这是劳动分工的基本依据，各行各业概莫如此，大学亦不能例外。教学、研究、服务社会是大学的三大功能，但不一定是每所高校的功能，更不一定是每个教师的职责。如果千篇一律地把三大功能解释为每所高校的功能，甚至变成每个教师的职责，就变成了一种教条和僵化。

纽曼在《大学的理念》中引用了大量例证来说明心智劳动分工的必要性与合理性。他认为："发现和教学是不同的过程，它们也是两种不同的禀赋，但却很少并存在同一个人身上。一个人致力于向后来者传播他现有的知识，就不大可能还有闲暇或余力来探寻新的知识。人类的常识已将对真理的探索与一个宁静隔绝的状态联系起来。最伟大的思想家都是专注于自己的研究而容不得任何打扰的。他们往往神游天外，我行我素，并且或多或少想避开教室或公共学校。总的说来，教学所涉及的是外部的活动，而实验和思考则需要隐居的生活。"①

和其他人一样，大学教师也是天然禀赋各异的群体，有些教师对教学有更加充沛的精力和敏锐的洞察力，同时他们对教学又有强烈的偏好，但这些人可能在其他方面如科研工作却不擅长；而另一些教师对科研表现出极高的天赋，他们往往也对学术研究一往情深，这是一种天然禀赋的展现，他们很可能对教学并不在行。那种对各领域工作都天赋极高的"天才"毕竟是极其稀缺的"奢侈品"。大学人力资源管理的最优策略应该是：人尽其才。顺应天赋的多样性现实，适应偏好的多样性，将那些在教学中表现出极高天赋的教师承担本科生导师，令其担负教书育人的职责，从而培育一支对教学工作热情高、能力强的专门教师队伍——教学型教师，充分发挥其擅长教学的优势并支持其潜心教学；让科研能力强又偏好学术研究的教师醉心于学术研究，充分发挥其研究能力上的优势，主要承担科研职责从而形成一支科研

---

① 约翰·亨利·纽曼著，高师宁等译：《大学的理念》前言，北京大学出版社2016年版。

型教师队伍，做到人尽其才、物尽其用。

美国大学近二十年来的实际发展趋势是，教师队伍专业化分工趋势越来越明显。能够同时承担者三种职责的仅是部分核心教师。这个发展与传统的大学教师工作理念渐行渐远，但与普遍的劳动分工法则却越来越近。美国大学 40% 的教师不从事研究。如果计入每周只从事 1—4 小时研究的教师，基本不从事研究的教师高达 70%。这就是说，大部分教师基本不做研究。在这 70% 的教师中应当包括研究型大学中专门从事教学的教师及教学型高校中的大部分教师。60% 的教师没有从事社会服务，这些教师包括专门从事教学的教师及教学型高校中的大部分教师。

当前中国流行的看法是：大学教师应该同时承担教学、研究、服务三项职能。与此相适应，目前中国几乎所有高校对教师的考核都有教学和科研的要求，所有高校都要求教师做研究，并把申报课题、发表文章作为教师年度考核和职务晋升的基本条件，即使在教学型高校中也是如此。这种做法的危害是使教师不能专心从事教学，严重地妨碍了学校教学质量的提高。这是因为一个不争的事实，目前中国绝大多数教学型高校中并不存在做原创性学科研究的条件，要求这些学校的教师发表学术论文实际是人力资源的巨大浪费。其结果是使教师不得不去撰写低水平重复论文，浪费了大量宝贵的时间与精力。反之，如果不对他们做硬性的研究约束，而是鼓励他们潜心教学、专注于学生培育，围绕自己的教学开展教学研究，特别是教学方法的改进，时常问问自己：当前使用的教学方法是否适合于大学所追求的教育目标？如果不适合，应当如何改进？如此，则对学生的学业和学校发展都大有裨益。引入本科生导师制这样一个教师参与管理的制度，大学就多了一个重要的管理资源和力量，使得管理不再仅仅依靠管理者，既有利于密切师生关系，又能够一定程度上提高高等教育管理水平，提升人力资源配置效率。由此观之，缺少教师参与管理制度才是中国大学行政权力与学术权力失衡的主要原因之一。

年轻学子是大学宝贵的人力资源。然而，当前的现实情况是：长期以来，这样一个重要理念却被社会和大学普遍忽视！当前中国一个比较流行的看法是：学生是大学教育和管理的对象，是大学灌输已有知识的对象。普遍认为大学生心智不成熟，需要专门的行政机构和人员去管理、约束、教导；学生知识匮乏，需要专门教师去教育，也就是对其灌输已有知识。然而，现实却是，在知识经济高度发达的后工业化时代，知识浩如烟海且瞬息万变，其数量之大、更新速度之快难以形容！没有人能够掌握人类已有的所有知识，即使是天才也不可能穷尽如此海量的知识和信息。在经济、社会、科技高度发达的今天，教师在知识领域的绝对优势地位已经不复存在，传统上将教师作为学术权威的观念应该改变了。尽管相较于年轻学生，教师的阅历和知识积累相对丰富，但年轻人有其自身独特的优势，就像美国威斯康斯大学校长约翰·巴斯克姆（John Bascom）对女大学生所发表的看法一样，他认为"年轻的女大学生才思敏捷、热情奔放……她们有着灵敏的记忆力、丰富的想象力、良好的领悟力……她们的加入犹如一股清泉，给死气沉沉的校园注入了新鲜的血液，唤醒了那帮懒散的男生，促使她们更好地展示自己的能力，同时也唤醒了她们封尘已久的梦想。"[①] 事实上，除了约翰·巴斯克姆"唤醒了那帮懒散的男生"之外，上述独特的自然禀赋是所有年轻学子普遍的特征。与教师（特别是中老年教师）相比，年轻学生充满朝气，精力充沛，记忆力和理解力更强，能够更快地接受新

---

① 德雷克·博克著，侯定凯、梁爽、陈琼琼译：回归大学之道——对美国大学本科教育的反思和展望，华东师大出版社 2012 年版。

事物，对技术进步和知识更新具有更高的领悟力和适应力，对现代信息技术工具能更快地掌握并熟练运用。他们是大学巨大而宝贵的人力资源，不是大学灌输已有知识的对象。长期以来，由于观念落后，我们的大学并未很好地开发和利用学生群体这一宝贵资源，而是任由其闲置、浪费。本科生导师制可以调动年轻学子投身学校发展与建设的热情，激励充分发挥自身优势与导师合作，积极开展教学、科研和社会服务活动，两代人优势互补，从而实现大学人力资源配置的帕累托最优。

正如迈克尔·威舍（Michael Wesch）所描述的那样，"着手于如此深度地探索和学习者的社区指导比任何授课都要花费更多时间和精力。你在奉献你的生命和精神，但是他也会给你数倍的回馈。就像弗洛姆富有表现力地描述道'通过发现他的生命，他丰富了其他人的生活，在提升自己生存感的同时，他也提高了他人的生存感。在奉献中，他不可避免地给他人的生活带来了一些东西，而带去的这些东西会反射回来，他们会一起分享他们彼此带入生活中的快乐。'"①

当然，要实现这些目标，首先需要顶层设计，构建适合高等教育目标的大学评价机制，允许高校探索适合自己情况的教师使用模式，而不是教条地用高校三大职能来要求和考评每一所学校和每一个教师。其次是引入人力资源管理理念。人力资源管理的要点是把员工、学生看成大学的宝贵资源，从组织战略角度规划实施人力资源建设，改变把员工、学生当成监管对象、把人员开支当成成本、把人员管理当成局部管理业务的传统人事管理思想。在这方面，发达国家的经验值得借鉴。近二三十年来，尤其

---

① 埃恩·海（Lain Hay）主编、邢磊译：教学的智慧——来自世界最好的大学教师的经验，华东师大出版社 2013 年版。

是 20 世纪 90 年代起，人力资源管理思想开始大规模引进欧美国家高校管理。一个明显的标志是，高校争先恐后地把"人事部"改名为人力资源部，人力资源的规划与建设纳入学校发展战略。于是，一种系统的规划、建设、培育和发展教师队伍的思想开始出现。

（五）导师制有利于提升教师工作价值取向

1985 年美国社会学家 Bellah、Madsen 等人的《心灵的习性》（Habits of the Heart）一书中首次提出了谋生—职业—事业（job – career – calling）三分法工作价值取向的理论。区分谋生、职业或事业三种工作价值取向的直观的判断标准是人们所追求的工作目标；深层次的原因和标准是人们对自己工作价值与期望的主观定位。可以细化为三个方面的指标进行测量：第一，个体对工作和生活所起作用的认识；第二，个体对工作的感觉与在工作中的行为；第三，个人期望通过工作实现的目标。其中，前两者较为集中地表现在后者中。所以，当某个人把工作作为谋生的一种手段，所追求的工作目标是经济收益与物质回报时，可以认为其持谋生型价值取向；当他把工作看出个体在某个行业中取得进步和获得成就的途径，所追求的目标主要体现为职位、权利、名誉、地位等的提升时，我们认为他持有职业型工作价值取向；当他对工作价值的追求仅限于工作本身带来的意义，只看重工作本身，并把工作看成是他与他人、他与整个社会连接的关键纽带时，我们认为他持有事业型的工作价值取向。事业取向型教师最本质的特征是为工作本身而工作。他们工作的目标不是经济收益，也不是个人发展，而是完成工作本身所带给个人的成就感和满足感。对他而言，工作和生活是融为一体的。美国学者 Paula Mcgree（2003）说，真正把工作当事业做的人应该在工作中感到一种热情，并在工作中能从内心深处感受到真实的自我。他们面对工作应该是一种"24—7—365"的态度，即工作已经与生活的点点滴滴不可分割，融入一天24小时、一周7天、一年365天所有的生活中①。事业趋向性教师完全把学校的目标作为自身工作的目标，他们与教师制度的关系是一种理想的内化关系。不仅自觉自愿地遵守学校的各种制度，而且将学校的文化、价值、目标内化为自身工作的目标、意义和追求。

Wrzesniewski 等人的研究证实，个体对工作价值取向并不是一成不变的，三种工作价值取向组成一个动态的系统，随着个人工作经验的积累、工作认识的深化及工作环境、人际关系等外部条件的变化，个体会改变对自己工作价值的理解与追求，进而改变自己在工作中的行为表现。②

导师制实施中采用"双向选择"原则，促进教师的良性竞争，能充分发挥高校教师在教书育人中的积极性和主动性。弥补了辅导员体制的缺陷，有效地改变了长期存在的专业教师与政治辅导员各自为政的局面，而且还密切了师生关系。

本科生导师制确立的教师与学生的定期交流制度，使教师看到自己工作的长久效应，当他们看到自己的学生在学业、人品、习惯等诸多方面的改变时，一定会非常欣慰。导师制团队运作过程中体现出来的尊重个性、包容他人缺点、精诚团结、互助合作、平等友爱的精神，团队成员之间建立起来的深厚友谊，这些在学生的大学生涯中都是弥足珍贵的，由此形成的同学之间、师生之间的浓浓的情意持久不衰，甚至会伴随一生。当导师看

---

① Paula Mcgree: "Is your carrer Your Calling?",《Black Enterprise》, 2003 (2).
② 赵敏、何云霞:《从谋生、职业到事业：教师发展与培养的制度策略》, 陈敏、张俊超主编:《全球化时代的高校人力资源管理——中国高等教育学会院校研究分会第四届国际学术研讨会暨年会论文集》, 华中科技大学出版社2012年版。

到自己的学生在学业上获得成功的时候,这些看得见、摸得着的"绩效"会带给他们成功的喜悦和巨大的满足感,他们会觉得自己的辛苦没有白费,一切付出都是值得的。因为教师是一种充满梦想和朝气的事业,在这些教师内心深处追求的不单单是今天的成绩,教师有很多梦想和追求是寄托在学生身上的。当他们看到自己的学生在人生的道路上步步登高时,会有一种自己梦想成真的喜悦感。显而易见,本科生导师制有利于改变教师的职业价值取向,激励教师将工作内化为一种生活方式,促使他们对工作始终如一的执着、热情,享受工作带来的快乐感,从而完成谋生型、职业型教师向事业型教师的转变。

因此,本科生导师制对于培育更多事业取向型教师,使更多教师自主地内化学校的规章制度,自觉自愿地服务于学校的教育目标,积极地促成学校教育目标的实现。而这些无论对教师、学校还是学生无疑都是一种提升。

(六)导师制有利于实现大学教育目标

曾经担任哈佛大学校长长达20年,具有丰富大学管理经验和阅历检视的德雷克·博克,经过严格选择总结出特别重要的大学教育目标:表达能力、判断性思维能力、道德推理能力、公民意识、适应多元文化的素养、全球化素养、广泛兴趣、为就业做准备。显然,本科生导师制有助于这些目标的实现,而且导师制教学所获取的这些技能会令他们终身受益。

1. 培养表达能力

导师制的小组教学特征使每个学生都能受到关注,在导师的指导下进行阅读训练、参加各类比赛、申报课题等活动,使学生的书面表达能力得以提升;在经常性的师生见面会上,师生的定期交流和团队成员的讨论,清晰而有说服力的口头表达能力得到培养。这些能力是学生在大学期间和毕业之后都会广泛运用的能力，也是作为一个公民和一切从业人员所应具备的能力。

2. 培育思维能力

所谓批判性思维能力是指提出相关问题、认识并定义问题、分辨各方观点、寻求并使用相关证据、最终作出严谨、合理判断——是有效利用信息和知识的不可或缺的手段。批判性思维既可以服务于实用性目的，也可以是纯思维性的。导师制教学通过多种方式来提高学生批判性思维能力。在阅读训练中，学生能体验训练有素的学者解决难题的过程；在导师的一对一指导或小组讨论中，学生有机会就遇到的问题或主题表达自己的想法，并聆听教授和其他同学的意见；在申报课题和撰写论文（研究报告）中，学生需要严谨地思考问题，随后还会与导师进行交流，知识渊博的教师会作出点评等及时的反馈；课外活动中，导师制团队的学生们可以一起讨论阅读中遇到的、导师提出的或其他一些问题。总之，学生有很多机会参与讨论，在这些活动中他们必须自主思考、各抒己见、并接受他人的点评。团队成员不同的背景、价值观及视角，让学生们有机会思考问题的前提条件，了解各种新颖的观点，在新知识、新观点面前检验自己思考过程的合理性。

导师制教学过程中，教师为学生创造了一个主动学习的环境，其方式包括向学生提问、对他们的答案提出质疑、鼓励学生用所学知识去解决各种新问题。许多教师发现，向学生提出问题，让他们在小组内充分讨论、相互切磋、互相教学，可以有效提高学生的批判性思维能力。不过现实中大家也发现，仅仅把任务布置给小组成员是不够的，如果要达到最佳学习效果，必须让参与的学生认识到：只有大家分工协作、互相依靠才能收获更多；团队合作必须是面对面的；每个小组成员都必须承担一定的责任;小组应该定期谈论每位同学对小组的最终成果做出了哪些贡献,怎样做才能更有成效。

3. 培养道德推理能力和道德意识

道德推理能力包括三种能力——严谨地思考如何处理道德两难问题的能力、评价各方观点合理性的能力、判断正确行为的能力。不过,仅仅强调道德推理能力是不够的,重要的是通过大学教育增强学生的道德意志。所谓"道德意志"是指根据自己信奉的道德原则行事的意愿。尽管经验告诉我们,现实生活的方方面面都可能影响一个人道德意识的发展,但它更多还是父母的责任。而帮助年轻人认识到道德问题的存在并严谨地思考这些问题,则是大学义不容辞的责任。

本科生导师制能够通过课堂以外的途径培养学生关心他人的意识,让学生把正确的道德观念付诸行动。导师可以通过各种的方法来培养学生的道德推理能力和道德意识。

第一种方法是教会学生换位思考——即站在他人的立场上看问题,从他人的角度真正体会其处境、需要、情感和疾苦。导师可以通过鼓励学生参加社会服务来增强换位思考的意识。换位思考引领学生从不同的角度审视问题,关心他人的感受,体会他人之苦。习惯于站在他人角度思考问题,是人们自觉遵守道德的最强动力。正如西塞拉·博克(Sissela Bok)所言:"就像孟子和康德等哲学家所说的那样,换位思考是道德的基础,如果对他人的需要和感受缺乏基本了解,对他人的责任感就无从谈起。"第二种方法就是保证自己的行为不引起身边人的反对或反感。父母、同学、任课老师、本科生导师、楼管阿姨、校医院的医护人员等等都是"身边人"的典型例子,你想让别人怎么对待你,你就要怎么对待别人,所谓"己所不欲勿施于人"。第三种方法是避免与自己的行为准则(希望成为怎样的人的内心感受)相冲突。本科生导师团队可以根据自身特点,为培养学生的道德意志创造良好氛围。本科生导师作为团队的核心人物应当以身作则,应当强调道德原则和关心他人的重要性,为自己的学生率先垂范,以此鼓励和强化学生注重道德行为的意识。此外,本科生导师还可以通过其他各种方式,培养学生关心他人利益和需要的意识,可以通过阅读名著,也可以是照看患重病的室友或对遇到困难的团队成员提供力所能及的帮助,等等。尽管许多经历无法人为安排,但我们还是有办法让学生在各种情境中克服自私倾向、做事讲道德、换位思考和关心他人,通过这些方式,"道德推理""换位思考"两种教育方式便能够互相促进,共同帮助学生更具道德感。

4. 培养合格公民

纽曼认为,"如果一定要给大学课程确定一个实际的目标,那么,我认为,这个目标就是为社会培养良好的成员。它所培养的技艺应该是社会生活的技艺,它的最终目标应该是使受教育者适应这个世界"①。然而,纵观世界各国,一个不争的事实就是:长期以来,把学生培养为"民主法治进程"中有知识的积极参与者这一大学教育的目标被广泛忽视。其导致的后果是:现实中存在的公民的责任意识缺失。真正重视公民教育的大学为数很少,这一现象已经影响到了学生公民责任感的发展。在大多数大学里,很多自然科学领域或其他专业(非政治学/公共管理)方面的学生,几乎没有选修过任何公民教育方面的课程,而这些课程可以唤起学生对公共事务的兴趣,帮助学生了解国家的政治制度和政府运作流程。随着实用主义价值观的泛滥,本科教育没有帮助学生更高效地参与政府和社区活动。在今天,多数学生将大

---

① 约翰·亨利·纽曼著,高师宁等译:《大学的理念》,北京大学出版社2016年版。

学教育视为谋求高薪职位的晋身之阶；很少有人将其作为推进政府和社区发展的手段。虽然大学教育能为社会经济发展提供人力资本，但是人力资本只能提高学生个人的教育收益率，不能提供大多数人所认为的有价值的公共服务。这显示了公民教育的迫切性。

研究发现，对政治越了解的人对政府越信任，他们更乐意支持民主的价值观，更愿意包容不同观点，更倾向于投出自己的一票①。由于大多数年轻人最终都将成为合格的选民，因此，学校是实施公民教育的最佳场所。大学有责任利用教育资源，更好地回应社会，肩负起培养合格公民的职责。大学必须思考：怎样才能培养学生更强的公民意识，以便他们履行公民责任。

公民教育的目的不仅在于传授相关知识，甚至不仅在于提高学生政治参与的认知水平。如同塑造优秀品德一样，公民教育不仅要帮助学生增长知识和能力，以作出明智的选择，还必须培养在履行公民义务和参与公民生活时的责任感。对于一些学生而言，这些责任感可以通过参与学生社团组织或政治活动来培养②。

本科生导师制教学有助于培养合格公民这一目标的实现。导师制教学独特之处就在于：团队合作、小组教学、一对一指导、有效地沟通、互助合作、及时地反馈机制，这些都有助于实现大学教育目标——批判性思维、人际交往能力、对不同观点的尊重与包容、道德推理能力和道德意识、广博的知识、国际视野，显而易见，这些能力与美德有助于学生公民责任感的养成。此外，

---

① 德雷克·博克著，侯定凯等译：《回归大学之道》，华东师范大学出版社2012年版。

② 同上。

导师可以鼓励学生积极参加各类课外活动，也是公民教育的主要组成部分，学生自治组织（如学生会）、学生社团活动也为学生了解民主决策过程提供了机会；专业实习、社会实践活动、志愿者服务等都可以使学生了解社会现实及他人的需求，发现现行法律、政策的不完善之处，并运用所学的知识分析这些社会问题，并试图找到解决的办法。这些活动都有利于公民素养的提升。

研究者发现，将学生置于一个多元化的环境中，通过与不同价值观和不同观点的对话，学生不仅可以开阔视野，而且还可以锻炼思维。也有研究表明，在严格控制学术背景和信仰等变量的基础上，那些具有跨种族交往经历的学生比其同辈更具有公民意识，更乐于帮助他人，也更热衷于社区服务[1]。

那些研究如何消除偏见和个人成见的人士开始支持戈登·奥尔波特（Gordon Allport）在1954年提出的观点。奥尔波特认为增加不同群体的接触，是增进宽容和理解最有效的方式[2]。许多实验研究进一步证实了他的"接触理论"。而富有成效的接触应该具备以下条件：首先，参与者应该拥有比较平等的社会地位，因为互相尊重的行为不会诞生在不平等的环境中；其次，面对面的交流比以书本或电视为媒介的交流更富成效；此外，如果参与者彼此合作，朝着共同的目标努力，而非互相竞争，那么将会产生更令人满意的效果；最后，将带有偏见的人聚集在一起，并在权威人士的准许和鼓励下进行活动，将得到更为理想的结果。托马斯·派蒂格鲁（Thomas Pettigrew）在这个基础上又增加了一个新的条件：为不同群体间的交往创造条件，使他们有机会发展

---

[1] 德雷克·博克著，侯定凯等译：《回归大学之道》，华东师范大学出版社2012年版。

[2] Gordon W. Allport, The Nature lf Prejudice (1954).

友谊①。本科生导师制具备上述所有条件，这种教学模式让来自不同地域、不同家庭背景、不同民族、不同文化传统、不同宗教信仰的学生聚集在同一团队（小组）里，团队成员地位平等、相互尊重，目标一致，包容不同观，大家在一起共同学习、共同追求高深学问，共同进步、一起成长。团队成员定期进行面对面地讨论问题，合作开展学术研究，一起发起或参加社会服务，关爱和友谊的种种在不知不觉中生根发芽，这将有助于民族团结、社会稳定与和谐发展。

崇尚自由、追求理性的英国绅士文化传统，是孕育牛津导师制自由教育理念的文化土壤。从社会的角度来看，历史上的牛津导师制教学是回应当时社会对高等教育的需求——培养绅士而产生的。追溯中国教育的发展历程，可以看到，古代中国并不缺乏自由教育的基因。但是近代以来，随着对传统文化的否定与排斥，科学主义在国内盛行，特别是新中国成立后对文化的革命，导致中国连形式上的自由教育都已成为历史的记忆。

---

① 德雷克·博克著，侯定凯等译：《回归大学之道》，华东师范大学出版社2012年版。

多重角色的语言运用：学会语言表达

所有的本科生都需要提高各种形式的表达能力，其中最广为人知的，是精确而优美的书面表达能力。这些是学生在大学期间和毕业之后都会广泛运用的能力，也是作为公民和一切从业人员所应具备的能力。当被问及聘用大学毕业生最看重什么时，许多用人单位反复强调了书面表达能力的重要性。长期以来，大学新生的表达能力十分欠缺。如今，越来越多的大学生来自于只重视应试教育的中学，他们语言沟通能力缺乏的问题非常突出。无论是否受到大家的欢迎，培养本科生准确、清晰、优美的文字表达能力是大学义不容辞的责任，同样也是作为以"育人"为根本目的的大学教师的责任。大学必须进行一定的投入，为大学生们提供一批高质量的写作课程，要在教学之初就尽量明确教学目标，同时提高写作课授课教师的水平。写作课的教师应该至少经过精心的遴选、适当的培训，并能获得丰厚的报酬，能够以自己工作的价值而受到尊重。所以,本科生导师制在培养学生语言表达能力方面发挥了重要的作用。

一、书面表达能力的重要性

写作课(essay writing)是美国顶尖大学博雅教育的基础课程,是本科生在深入专业领域学习之前必不可少的批判性思维和逻辑表达训练。培养一个具有批判性思维的人,一直是美式教育最核心的目标,完善的写作训练是实现这一目标最有效的方式。如何就一个空泛的话题正确地提出问题,如何找到强有力的论据证明问题,如何清晰有效地和他人沟通,表达出自己的问题,这样的训练,最终培养的是一种具有理性精神的思维能力。对于进入哈佛的学生来说,不论申请什么学院,将来志向是文史哲、数理计算机,乃至商科,有一门课是所有大一学生必修的,那就是写作课。写作课是所有哈佛学生进校后唯一一门必修课,哈佛教育的目的并不是让学生掌握机械化的知识,而是让学生用明辨的头脑去思考问题。写作成为文科教育的精髓,在于它将学术,道德,社会问题融合在了一起。确切地说,这门写作课叫做"说明文写作课"(Expository Writing course),和"创造性写作"(Creative Writing)相对。后者更多教学生进行文学式写作,比如写小说,而说明文写作则旨在教学生写出一篇思路清晰、论据准确、翔实的论文。

(一)本科生的清晰表达能力欠佳

为什么写作课如此重要?难道学生在进入哈佛之前不会写一篇论文?在美式教育中,几乎从小学开始,以作业或项目报告形式出现的写作就已经开始。但是在哈佛大学这样的学校眼中,可能学生们真的就是"不会写作"。"写作是一个复杂的能力,学生在学习写作的过程中会走各种各样的弯路。"

首先,学生往往无法进行清晰的表达,很难清楚表述论文应该讨论的思维难题。其次,学生们经常会给出无法进行议论的观点——它们既不是明显正确又不是完全错误。第三,学生往往很难有效地运用资源。最后,他们倾向于避免谈及与自己观点相对的反方观点。这些都是学生通常需要指导的主要方面,在课程结束后,他们通常会在这些方面做得好很多。这些学生出现在写作上的短板,实际上都是思维逻辑的缺陷。写作之所以被哈佛大学如此看重,正是因为无论学生之后进入什么学科,说明文写作课首先规范了这些学生思考问题的方式,让思维方式更严谨,更基于事实,然后再进入一门具体的学科。大部分学生在未来的职业生涯中或多或少都会涉及写作,但对于像哈佛这样的大学,并不认为写作仅仅是学生未来职业中的工具,它应该是大众教育的一个组成元素,帮助学生学习和思考这个世界和社会。

哈佛写作课的小班课堂,一般有10—15名学生,以主题讨论的方式展开练习。第一堂课,教师会大致介绍学术写作的基本目的,应该如何发起议论的基本规则,还有一些相关概念。哈佛大学有一些古老的写作纲要,界定写作的一些基本规则,据说这份写作纲要从1872年创立,之后便成为每一个哈佛学生的"新生指南"。整个写作课程就是致力于教会学生建立可行的、有说服力的议论,以回应现实中的思维难题或疑惑。介绍完大致规则之后,教师会准备一些"接地气"的话题,指导学生起草第一篇或第二篇文章。即使学生一开始没有很深的背景知识,也能尝试写作;或者在经过一两个礼拜的背景阅读和讨论之后,能够聪明地成文。

（二）传统写作教学存在的问题

在提高写作教学的质量方面，美国各大学的成绩却乏善可陈。专业教师要求学生必须参加"写作课"，又一直不愿意亲自教授这类课程。诸如经济学和自然科学领域的专业课教授，会把这份讲授的责任推卸给英语系的同行。随后，在各大学中，写作课的教学任务便逐渐被转移至学术层次最低的教师那里。20世纪早期，资深教师把这一教学责任推卸给资历尚浅还未获得终审任教资格的教师。20世纪40年代，这些年轻教师又把教学责任推卸给了研究生。二战后的几十年里，随着大学入学率的快速增长，英语系为了扩充师资队伍，聘用了越来越多的兼职助教（通常是继续收入、尚未出版成果的人员，或者尚未找到永久性学术工作的博士）。到了20世纪90年代，在英语系设有博士点的大学中，超过95％的英语写作必修课由兼职助教或者研究生来讲授。只有规模较小的文理学院，才有终身教授亲自任教这类课程的情况。

与通常给很多学生上课的教授不同，写作课的教师应当了解每位学生的进步情况，了解每位学生遇到的困难。优势提供指导是一种乐趣，因为有的学生拥有较高的写作天赋，但毕竟这样的学生不多见。相反，许多学生在写作方面本身有抵触情绪。与大学里的许多其他课程相比，"写作课"更强调学生自主思考的意识，学习要求也比中学更高。学生和写作课的老师都面临相同的挑战。英语系的家守门排斥"写作课"并不奇怪，让他们来做这个差事实在有些"大材小用"。他们的学术成就体现在发表的文学批判作品中。及时在教学方面，他们的兴趣也不是教授如何写作，而是开设文学方面的课程。既然可以用低薪雇佣研究生和兼职助教，校长和院长们也就犯不着让英语系教授勉为其难了。

第三章 多重角色的语言运用：学会语言表达

显然，这一做法给写作课的教学质量带来了负面的影响。许多研究生缺乏讲授基础写作课的经验。尽管与过去不同，今天的研究生或多或少会接受一些岗前培训，但培训形式可能只是为期一周的"突击训练"，充其量就是参加一学期的写作教学课程。因此，虽然经过一定的培训，研究生仍不具备指导新生写作的能力，要知道许多新生的写作功底都是在班级规模庞大、不重视写作教学的中学里形成的。此外，研究生还有更重要的事情，完成学位论文、掌握英语文学的专业知识、找一份通向终身教职的工作。研究生导师经常警告研究生不要在教学上花太多时间，以免迟迟不能获得学位。研究生面临着如此多的竞争压力，而最终为此付出代价的却是"写作课"的学生。

兼职助教也存在自身的问题。尽管他们中的一些人已经著书立说，或者已有丰富的教学经验，但许多兼职助教都对这份"低薪又费时"的工作厌倦不已，而且很多兼职助教对自己任教的大学没有归属感。这也不足为奇，因为他们对课程的教学方式几乎没有发言权和决定权，教学教材和教学大纲都是别人制定好的。通常情况下，他们的工作没有该有的医疗保险、工作保障，工作环节也差强人意。大学如果遇到改革或者资金紧张的问题，首先被开除的对象就是他们。而且他们很多人同时在几所大学兼职才能维持生计，这种"赶场式"的讲授方式，会使自己与学生交流的时间更少，严重影响"写作课"的教学效果。

负责"写作课"日常质量监督的，通常是一位全职主管。全职主管可能拥有写作领域的博士学位，但多数都没有获得终身教职，因而总感到自己的价值被低估了。他们的职位往往比较特殊，既不属于教学人员也不属于行政人员。但无论其地位如何，他们的工作都不是轻而易举的。尽管他们负责聘任，管理和培训大量教师，但是写作课的最高控制权全部在他们手中，最后的决定权都在英语系系主任或某个教室委员会那里。后者不亲自授课，却通过掌握着选择教科书、确定研究生助教人选的权利。这种管理方式自然令写作课主管深感不满。一些写作课主管因为不满这样的安排，便离开岗位自己独立开设新的写作课程。但这种方法也不能解决根本问题，往往只是换了个顶头上司（从英语系换成了教务处）。写作课照样得不到重视。无论哪种情况，多数写作课主管都不得不面对教师频繁换岗、缺乏教学东篱、学生人数变化、资源不足等状况，他们在承担这一重要的"苦差事"的同时，还要长期忍受被教师和行政部门边缘化的委屈。

无论师资力量多么强大，学校的资金多么充足，大学都不可能指望通过一门单独的课程提高本科生的写作技巧。在这方面，写作必修课类似于高尔夫球的入门课，改课程帮助初学者掌握基本的技术，配糖他们对这项运动的热爱，教会他们继续学习并提高技术的方法。但是要真正精通则需要持续不断地练习。所以只有不断提供练习机会，而且教师能及时给予反馈，学生才能学会清晰、准确、优美地运动文学表情达意。

在意识到写作练习的必要性后，20世纪70年代许多大学生开始实施名为"课课有写作"（Writing Across the Curriculum）的计划。自愿参与这一计划的教师要参加写作研讨会，并同意在自己的课程中布置更多地论文写作任务，在评分时除了关注专业知识的掌握情况，还要专门考察写作的质量。这些努力毫无疑问提高了许多学生的写作水平。遗憾的是，实施这项计划的大学并不多。在20世纪80年代中期达到高峰后，由于大学受到了财政方面的压力，这项计划有些被放弃，有些被缩减，坚持下来的大学少之又少。

从这些现象中可以发现，写作教学有待改进是不争的事实。用人单位不停地抱怨大学毕业生写作能力差，并把良好的表达能力作为聘用职员的首要能力。甚至有些大型企业成立了专门的培训部门，帮助刚毕业的大学生提高写作能力。

（三）本科生导师制是提高书面表达能力的有效途径

既然写作课如此重要，为什么大多数大学没有设法让有足够业务能力、接受了适当培训的教师来授课呢？分析下可以看出，专职教师对写作课缺乏兴趣，并把授课机会看作提高研究生收入的途径，校长和院长们聘用底薪教师能省下不少开支。刚进大学的学生还缺乏抱怨的勇气，当然我们还能找到其他一些原因，但是这样的解释未免太悲观厌世了。教师和行政部门之所以采取这样的教师聘用政策，还有其他的考虑。

最可能的解释是，校方或英语系把基础写作课教学视为一项相对简单的工作，只需教会学生如何避免语法错误，如何改掉粗心大意的写作习惯，让学生顺利完成本科学业即可。如果写作只是一个"把思想落实到纸上"的机械过程，如果写作教学只是为了"改掉学生的不良习惯"，那么为什么不让研究生和兼职助教来授课呢？

院长和教师们如此看待写作课不足为奇。事实上，过去的写作课专职教师也都是这样认为的，20世纪六七十年代以前，写作课的主要教学方法就是"改错"。当时关于写作教学的研究，几乎都是为了寻找一种真正客观、机械的方法，根据拼写错误、语法、句型结构等简单的标准，评价学生的写作水平。

不过近几十年来，研究写作的专家开始对如何教好写作课有了全新的认识。研究者发现，仅仅强化"改错"训练对提高写作水平毫无帮助，甚至可能扼杀学生的创造力，使学生丧失自然的写作风格。写作专家不再把写作视为"把思想转化为合适文字"的机械过程，而是认为写作与思维本身是不可分割的。学生们也认同这样的观点，他们通常把写作看作激发自己思考的重要手段。随着这种对于思维与写作之间存在紧密联系的认识逐渐加深，写作专家们也开始明白写作教学的难度比他们过去想象的要大得多，更何况现在不少学生接受的基础教育是如此糟糕。

所以面对如此严重的问题，出台本科生导师制可以从一定程度上改善学生书面写作的能力。合理的方式是在导师制实施开始之初就尽量明确教学目标。尽管这一点已经是老生常谈，但资深写作专家仍反映说："多数写作课，乃至整个写作课程体系，都很少有清晰地课程目标，并根据这些课程目标确立课程结构、布置课程作业、选择教材。"

明确教学目标，不是单独由个别教师决定，而是可以组织所有参与导师制的教师和学生一起参与讨论，防止个别教师在教学目标上自行其是。明确教学目标后，接下来关键一步便是组织参与导师制的教师，进行写作教学方面的培训，学习写作教学的理念和技巧。写作教学的课时量应该控制在合理的范围之内，以便让导师有充足的时间为自己的学生提供个别辅导，根据不同学生的特点和需求增加写作教学。教学活动开始后，负责监督课程的相关人员和学生应对导师仔细评价，进一步优化导师的工作能力。

如前所述，良好的写作就像批判性思维一样，没有哪门单独的课程能帮助学生养成或维持这种能力。无论写作课上的多么成功，学生想要维持提高写作能力还需不断练习。幸运的是，很多人文和社会科学专业的学生都不缺乏练习的机会，每个学期他们都需要完成大量的小论文和期末的课程论文。即便是这么多练习的机会，如果教师不就其专业内容与写作质量提供及时、充分的反馈，他们能取得的进步也是有限的。而这些工作在现实工作中并没有得到重视。因为很少有教授愿意长期承担这一任务而没有获得适当的回报。所以，这种情况下设置本科生导师制有助于解决这些矛盾，既能提高学生的写作能力，同样可以使导师心甘情愿从事这份工作。

二、本科生导师制有助于提高毕业论文的质量

在目前国内的本科生导师制中，最重要的书面写作能力之一就是毕业论文。作为一名导师，发现目前毕业生在写毕业论文时，对于基本的写作常识和论文要求解读都存在缺陷，那么导师制对于学生的毕业论文完成度的提高起到了非常重要的作用，而且对于导师自己来说，也极大地减轻了毕业时期辅导论文的压力。

导师制不仅有利于培养本科生的科研意识、端正科研态度、提高科研能力，而且为毕业论文指导工作提前打下坚实的基础，可以有效地解决毕业论文中存在的诸多问题，对毕业论文质量的提高具有显著的促进作用。

（一）延长本科生毕业论文写作时间

大多数高校的本科生毕业论文教学只有一个学期左右，而导师制的实施可以把毕业论文开始的时间大大提前。在不影响整体教学计划的情况下，导师制实际上将毕业论文的教学与实践时间由一个学期延长到多个学期。在导师的引导下，本科生不仅可以将学年论文写作和毕业论文写作结合起来，也可以在学年论文写作过程中熟悉毕业论文的写作方法和写作流程。

（二）深入开展毕业论文研究

在学生开始学习专业课时，导师就可以引导学生思考毕业论文的选题问题，从而将毕业论文教学与专业课的学习紧密结合起来。在专业课的学习和学年论文写作过程中，导师可以指导学生大量阅读相关文献，对毕业论文题目相关内容进行深入研究。

（三）提高本科生的动手能力、分析问题和解决问题的能力

科学研究的过程实质上就是发现问题、分析问题和解决问题的过程。在跟随导师进行科学研究时，本科生的实际动手机会要远多于在常规实验教学时获得的动手机会，而且科学研究是个逐步探索的过程，学生在探索的过程中会遇到各种各样的新问题，学生可以在导师的指导下去一个一个地分析并解决这些问题。这样学生的动手能力、分析问题和解决问题的能力就会在跟随导师进行科学研究的过程中得到潜移默化的熏陶和提高。

（四）提高本科生毕业论文的写作水平

对于本科生论文写作水平差的问题，导师可以根据自己所掌握的学生情况进行有针对性的辅导。辅导内容包括：学术论文的性质、功能和意义；材料的收集和文献综述撰写；学术论文的立论、论证；本专业的学术前沿介绍；论文写作的各项要求，包括道德规范、学术规范、论文的格式等。此外，导师还可以在本科生学年论文写作过程中给予有针对性的指导，在论文写作实践中帮助学生提高论文写作水平。

（五）有利于解决教师精力不足的问题

实行导师制后，对学生毕业论文的指导由第四学年集中指导

变为分段指导。在整个大学期间,指导教师在平时就可以指导学生进行文献资料查阅,收集与毕业论文有关的资料,对毕业论文有关的问题开展实践调查。到了第四学年,指导教师对这些学生的论文指导就不需要花费太多精力和时间了。

三、本科生导师制有助于规范学生课题申请书的撰写

导师制在书面写作方面发挥重大作用的另一领域便是大学生创新性课题申请书撰写。大学生创新性课题是以本科学生为主体的创新性实验改革,旨在探索并建立以学生为主导、以提出问题和解决问题为核心的实践教学模式,通过调动学生的主动性、积极性和创造性,激发学生的创新思维和创新意识,全面提升学生的创新实验能力以及团队协作能力。

(一) 本科生撰写课题申请书能力不足

大学生创新性课题的设立,无疑是对大学生创新能力培养的一种推动。通过一定的资金补助,提供基本的物质基础,大大调动了学生的积极性。但是,由于本科生在知识积累、动手能力以及科研思维能力等方面的欠缺,大学生创新性课题研究项目的提出以及组织申请是本科生面临的首要困难。

申请书的撰写在题目以及研究团队确立后,主要任务就是申请书的撰写。项目申请书的撰写不同于日记、作文,它要求用专业术语有逻辑性地把课题研究目的意义、方法路线、预期目标等表述出来。评审专家看后能清楚地知道项目要做什么,怎么做。因此,项目申请书的质量直接决定了课题能否被批准。

目前国家大力鼓励本科生进行双创项目、挑战杯项目等各种创新创业科研项目的申请,希望通过这种模式增加本科生的实践能力,将课堂所学与实际相结合,也希望通过这种方式发掘本科生的创新能力,为他们以后的就业方向打下基础。在这些项目的申请过程中,学生确定完选题后就要进行申请书的撰写。目前存在比较大的问题,就是学生没有经过系统专业的训练,也没有相关的课程去了解专业写作,所以在申请书撰写上面出现了众多问题。首先,不清楚申请书当中的研究背景、相关研究现状应该去写哪些方面的内容,很多都会出现偏差,给审查申请书的专家一种文不对题的感觉。其次,学生在申请书撰写的格式上非常不专业,还是按照往常写小论文的方式在书写,这是一个很大的失误。第三,申请书的内容不精炼,抓不住重点,这跟学生平时逻辑思维能力和写作能力的训练都有很大关系。

(二) 本科生导师制能够进行"常态化"的专业写作指导

由于本科生在知识积累水平、动手能力以及科研思维能力等方面的欠缺,在大学生创新性课题的申请以及实施过程中遇到众多的困难。实施本科生导师制,就能很大程度地解决这些存在的问题,高校实施本科生导师制是高校适合时代发展的人才培养新模式和教育管理形式。导师制要求在教师和学生之间建立一种"导学"关系,针对学生的个性差异,因材施教。使教师在从事教学科研以外,利用空闲时间对学生进行教育和指导。导师制的实施可以更好地贯彻全员育人、全过程育人、全方位育人的现代教育理念,利用导师有限的时间和精力有针对性地对本科生进行指导,有目的性地培养学生的科研创新思维,对大学生创新性课题的申请起到强有力的助推作用。

首先,在平时的教学过程中,导师会针对学生进行常态化

"写作课"的指导,从大一到大四,经过长时间的训练,学生的写作水平会有大幅度的提高。然后,在不同的创新性项目申请上,导师会给予专业的指导,并根据申请书的要求对学生在撰写方面进行辅导,指引学生从创新的角度去思考什么样的项目具有可行性,在申请书中写哪些内容是合理的并能切中要点的。再次,导师在最后申请书的修改上也起到了很大的作用。经过导师严格把关的申请书通过的概率更大,而且从大一到大四一直带学生的导师更能找到学生申请书撰写的弱点,并及时进行指导修改。

本科生导师制在学生"学会表达"方面发挥着重要作用,能够从平时的"写作课"教学到创新性课题的申请以及最后的毕业论文各方面起到专业的指导作用。这种现在本科生大面积缺失的书面表达能力,无论在目前的学习阶段还是以后的工作阶段,都是最基础且实用性强的一种能力。这种能力的培养也不是一蹴而就的,需要本科生导师制这种规范化的制度自上而下、从始至终对学生进行教学,贯穿于学习生涯,并通过不断地训练强化,最后演变成一种专业的能力。本科生导师制的优势就在于针对性地对几位学生进行专业化的指导,并通过合理的报酬模式增加导师的积极性,从而给学生最大强度的提升。

第四章

批判性思维能力与习惯：学会有效思考

牛津大学的本科生导师制一直享有美誉，最为经典的修辞是"牛津皇冠上的宝石"。在国内，民国时期以浙江大学、清华大学为代表的本科生导师制的实施也取得了较好的效果，所以本科生导师制成为我国高等教育童年期"美好童话"的组成部分而被广泛推崇。新中国成立前，由于国内高等教育与西方高等教育传统是高度接轨的，本科生导师制就成为当时精英教育的模板，理论与实践界对本科生导师制并不存在隔阂与误读。新中国成立后，我国普遍采用苏联的学年制教育制度模式开展本科教育，导师制被作为研究生教育的培养方式沿用至今，但本科生导师制却并未重新推广。经历高等教育的"大扩招"，基于办人民满意教育的社会需求，本科生培养管理亟须从规模化的"粗放培养"转向个性化、素质化的"内涵培养",在北京大学、清华大学等部分重点高校的带领下,国内部分高校开始探索推进实施本科生导师制。

一、本科生导师制的核心在于培养具有批判性思维的创新人才

常识层面对牛津本科生导师制的认识是:大学给每个本科生配备导师,导师关心学生的学业发展,关怀学生个人成长;在导师辅导课上,导师所面对的学生只有一个或者少数几个,学生学业成长在师生的互动切磋中实现。这种对牛津导师制的一般认识,揭示的核心不应是导师同时面对多少学生,也不是导师关心的是什么,核心在于,导师制不在于简单传授已有知识,而是教会学生独立思考,培养学生批判思维的意识与能力。

(一) 本科生导师制教学方法的哲学内涵

卫·帕尔菲曼认为,牛津导师制教学方法的哲学基础是苏格拉底的"产婆术",苏格拉底传统是源于古希腊并且贯穿于整个西方文化与哲学中的。其核心在于培养具有独立思考意识、具有批判思维能力的公民。导师教学的重点是培养学生正确看待事物、评价证据和综合分析的能力;学生在导师制下能够获得思维的独立,而不是盲从。摩尔认为,导师制的核心在于"师生都有权拒绝对方",学生可以采纳,也可以否决导师的观点,这是导师制最大的"诱惑"。"观点拒绝"正是批判思维的特征。导师制是一种质疑、探究、摸索和细究的方法;导师制最好的状况是,它不是通过权威独断,而是通过分析、比较、理论和批判的方式来开展。在导师制大学校园里,对立的思想可以交锋,"辩

证的方法意识而不是独断的教条主义可以找到自己的家园"。牛津导师制与学生批判思维素养的相关性，不只有上述逻辑推理，也有质性研究作为佐证。拉什·克丝格罗夫通过访谈和对牛津大学导师辅导课的观察，证明了牛津大学导师制从批判思维素养的不同细分维度促进了本科生批判思维素养的提升。

（二）培养批判性思维能力是本科教学的根本所在

从牛津导师制的产生背景、渊源、特征和经验研究看，其质的规定性不是在于培养所谓的绅士，而是培养学生的批判思维素养。从历史看，苏格拉底实际上践行的就是一种导师制，其教学旨在培养学生独立思考和批判思维素养，牛津导师制把苏格拉底教学法正式化和制度化了。古希腊并没有所谓的"绅士"文化。西方传承的苏格拉底教学方式固化为牛津导师制，其一脉相承的元素是对培养学生批判思维素养的强调。批判思维素养包括两方面：一是批判思维的能力，二是批判思维的意识。批判思维能力是一种对生活任何领域中所遇到的规则、规律进行批评式、开放式评估的能力。批判思维意识是"展示"上述批判思维能力的主观能动性。一个拥有良好批判思维素养的公民，不只拥有批判思维意识，而且拥有批判思维能力，两者不可或缺。

二、本科生导师制是培养独立思考能力的重要途径

批判性思维是牛津大学导师制的本质规定性。这种思想要求导师通过"探究的方式"把学生的"独立思考""批判精神"和"创新理念"融合到整个教育过程中。如何在重科研、轻教

学的体制氛围下巩固本科生教育在大学教育中的基础性地位,并在这一过程中有效培养学生的独立思考能力是当前中国高等教育需要深思的问题。引入本科生导师制教学,将有利于巩固本科教育的基础性地位,是培养学生独立思考能力的重要途径。

本科生导师制教学是英美高等教育界所推崇的一种教育方式,它与自由教育的内在理念息息相通,是一种开展于导师和本科生之间的、定期的、小规模的学术交流。在牛津大学,本科生不仅可以拥有传统的课程,还能享受到导师制一对一教学模式的"小灶"。本科生导师制教学体现了高等教育对自由、理性精神的崇尚,并在教学手段上显出有利于心智培养的进步性。这种教学模式对我国的本科生教育特别是对学生独立思考能力的培养无疑具有重要的启示意义。

在我国,导师制的雏形可大致追溯到春秋时期的私学。孔子因材施教的主张就是导师制的一种重要理念。宋代的书院教育也是以导师为核心,通过学生的自行领悟、潜心读书和导师的升堂讲说及师生间的问难辩论等教学方式不断培养学生的思辨能力。近年来,为适应我国高等教育的发展,国内部分高校开始实行本科生导师制,以北京大学"元培计划"和复旦大学"复旦学院"为代表,以导师制为平台构建高校通识教育人才培养的新模式。发展通识教育的基础与核心在于提升学生的独立思考能力,亦即举一反三、触类旁通的分析、思考、推理、应用能力,而本科生导师制在这些方面具备了较为突出的优势。

(一)导师制体现出自由教育的理念

自由教育这一概念最早由亚里士多德提出,强调以"理性"作为自由教育的目标。自由教育的核心在于强调心智,即自由和理性。牛津的导师制教学正是传递自由教育、培养心智的重要路径。在这一教学过程中，前期开放式的论文选题、导师"苏格拉底式"的提问、学生与导师激烈的辩论等环节，无不体现出一种思维的自由。而这种自由精神，恰是我国高等教育所普遍缺失的，也为学生发展独立思考能力提供了自如宽松的空间。

（二）导师制体现出因材施教的教育理念

导师制坚持教育从个性出发，以个性的全面和谐发展为目的，反对教育的整齐划一、僵化封闭，强调教育的针对性、灵活性和开放性。这种因地制宜的教育策略充分遵循了教育的一般规律，并表现出对学生个性的尊重。长期的教育实践证明，个性的发展十分有助于潜力的开发，而独立思考能力作为一种重要的思维潜力，无疑会在尊重个性教育的导师制教学中获得充分提升。

（三）导师制有利于批判性思维的养成

导师制传达给学生最重要的精神要素就是批判精神。在牛津大学，学生不会屈服于任何标准答案和学术权威，通过积极参与学术对话促进批判性思维的形成和发展，从而有利于激活独立思考能力。

（四）导师制对创新意识的发展有益

导师制可以在教育教学过程中不断探测、挖掘和开发学生的创新能力。重诱发必然重讨论，可形成学生各抒己见、踊跃提问的活跃局面。导师应通过多种形式拓宽学生的学术视野，从学术上触动、影响他们。对于他们的困惑要进行疏导，对于他们的兴趣要多加鼓励，对于他们的特长要有效引导，发挥其创新意识。创新意识的增强也势必提高学生的独立思考能力。

三、本科生导师制有助于提高自主创新能力

所谓"创新",大致是指:发现旧理论、旧技术、旧产品等等的毛病与缺陷,提出待解决的新问题,随后提出新思路、新技术、新方法,创造新理论、新技术或新产品。批判性思维和创新是相辅相成、相得益彰的,具体体现在:新问题的提出需要批判意识和怀疑精神;新解决方案的提出需要批判性思维,包括技能和精神气质两方面。所以,培养自主创新能力其实就是在训练批判性思维,学会思考。

(一)自主创新能力是批判性思维的重要体现方式

在知识经济时代,现代大学理念的视野下,应树立多元化的创新人才培养目标,实现社会需求与个人成长的和谐共赢。当前大学教学的一个重要目标就是培养学生独立思考的能力和批判思维的能力。有学者将这个目标分解成五个方面:对争论的问题进行分析和评价;作出推论和提出结论;明确问题和分析问题的能力;进行归纳的能力;对各种可供选择的解释进行概括。我们还无法确定这样的分解是否科学和全面,但有一点可以肯定:在培养学生分析问题和解决问题的教学中,有经验的好教师通常都会在上述某些方面作出安排。可惜的是,在我们的大学中,能全面、科学地进行思维训练的好教师少之又少。而上述这些具体的能力,有些是和创新密不可分的,或者说是创新的保障。培养创新型人才是实施科教兴国战略的需要,作为我国科技力量主要来源的大学生,他们将来要承担重要的科学研究工作,对此高校也特别重视对其进行创新意识和能力的培养。本科生导师制作为大

学生创新能力以及综合素质培养的主要途径，对培养学生自主创新能力起到了极大的促进作用，也在这个过程使学生真正将批判性思维这种思考方式运用到实践之中。

（二）本科生导师制下自主创新能力培养模式

在导师制下学生自主创新能力培养实施过程中，让更多的本科学生参与到导师的科研工作之中，有针对性的因材施教，为不同的学生制定适合其发展的培养研究计划。导师制下学生自主创新能力培养模式可以将学生创新能力的培养分为4个关键时期：即引导学生热爱本专业，培养自主创新精神时期；鼓励学生参与科研辅助工作，培养学生创新意识时期；选择适合自己的研究方向，培养学生创新思维时期；独立完成科研任务，使学生创新能力得到有效提升时期。

第一阶段，引导学生热爱本专业，培养自主创新精神。这一时期主要针对大一新生。新生入学后，在对学生进行入学教育时，特别要注重引导学生对本专业的热爱和兴趣，用在校本科生在科研活动中取得的突出成绩来激发新生参与科研实践的热情，培养学生自主创新精神。另外，各高校还要加强实训基地、实验平台以及实验室的软环境和硬环境的建设，为本科生的实践、实验和创新创造良好的条件，为今后的工作打下良好的基础。

第二阶段，激励学生辅助参与教师课题，培养学生创新意识。这一时期主要针对大二学生。在这一时期，学生已经初步掌握了系统的专业理论知识，是自身科研能力提高的重要阶段，也是以后参与科研工作、奠定理论基础的重要阶段。这一阶段，导师要鼓励学生敢于参与科研活动的辅助工作，提供机会让他们认真听取高年级学生的创新项目和课题方面的情况汇报，从中吸取成功的经验和失败的教训，鼓励学生参与科研辅助工作，培养学生创新意识。

第三阶段，选择适合自己的研究方向，培养学生创新思维。这一时期主要针对大三学生。由于经过了前期的培养，此时期应在教师的指导下，结合本人实际，确定合适的研究方向，真正参与到科研工作中去。在此过程中，导师的作用尤为重要，导师要根据培养个体的条件特点，为学生制定合理的培养计划，选择合适的科研创新项目。在培养过程中，导师要秉持逐步提高的原则，给学生提供的创新研究项目要先易后难，内容要求具体的课题，鼓励他们积极参与到课题研究的工作之中，让学生多问、多实践、多思考，用理论联系实际，使学生的创新思维得到有效的提高[1]。

第四阶段，独立完成科研任务，使学生创新能力得到有效提升。这一时期主要针对大四学生。应该使学生综合素质和创新能力得到有效的体现和发挥。可以通过各种实训、毕业设计以及各种科技比赛和学校设立的各种类型的学生科研基金项目申报，鼓励学生立项，用所学的知识研究实际问题，使学生的创新能力得到全面的提升，在此时期，导师和学生应达到默契合作的程度。学生以深厚的理论功底和前期的科研实践经验为基础，对导师指定的研究项目工作思路清晰，能够制定切实可行的研究方案。同时，学生经过前期的锻炼，基本上掌握了创新实践的研究方法，基本能够独立完成科研工作，为学生走向工作岗位并创造出良好的业绩奠定坚实的科研基础和心理担当。

此外，还要制定有效的激励评价机制、体制等保障措施。比如，将课程设计、实训实习、毕业设计和科技竞赛相结合，指导学生获得创新学分和资金奖励等。处理好这些问题是创新能力培

---

[1] 冼永光："高级应用型人才培养目标和模式的探讨"，《当代经济》，2009年第12期。

养模式的重要部分。

所以合理的培养模式才能使学生的创新能力不断提高，并且充分发挥学生的主观能动性，鼓励他们参与科研工作。同时，在培养的过程要循序渐进、因材施教，使学生在校期间的自主创新能力得到有效的培养，为将来进入社会参加工作打下良好的基础。

增强道德意志：思想品德培育

近年来，高校的本科生思想品德培育工作取得了巨大成就，但在新的历史时期，本科生思想品德培育也出现了一些值得我们重视的问题，研究探索新时期本科生思想品德培育的新举措，对"切实加强和改进大学生思想品德培育工作，培养造就千千万万具有高尚思想品质和良好道德修养、掌握现代化建设所需要的丰富知识和扎实本领的优秀人才，使大学生们能够与时代同步伐、与祖国共命运、与人民齐奋斗，这对于确保实现全面建设小康社会，进而实现现代化的宏伟目标，确保实现中华民族的伟大复兴，具有重大而深远的战略意义"。

本科生导师制的工作内容主要是把学生的专业知识和思想提升，树立正确的世界观、人生观、价值观，在思想品德、心理健康、人际沟通能力和学生就业指导等方面给予指导。可以说本科生导师制是对大学生思想品德培育有效地补充。

本科生导师制作为人才培养的一种有益探索,正在逐步被许多高等院校尝试和实施。从内涵上来说,本科生导师制指高等院校委派教学、科研人员,按照"因材施教、教书育人"的原则,依托专业优势,从大一到大四全程对本科生进行学习、思想、生活等方面的指导的制度。在部分高校实施导师制的实践中,导师制对于辅助教学、科研能力开发等方面起到了重要的作用,同时其对于高校的思想品德培育工作也发挥了不容忽视的作用。因此,高校本科生导师制对于思想品德培育工作的意义值得在理论上进行研究并在实践中予以推广。

一、新时期高校大学生思想品德培育的现状及存在的问题

思想品德培育工作是一项基础工程和希望工程。大学生是国家的未来和希望,大学生思想品德培育工作关乎国家的前途命运。虽然本科生思想品德培育取得了一些成就,但由于社会各种思潮盛行、价值取向呈现多元化、高校不断扩招等原因,造成大学生思想品德素质参差不齐,思想品德培育工作中问题不断,严重影响了高校德育工作。

(一) 新时期高校本科生思想品德培育的总体现状

当前,我国的高校开展本科生思想品德培育主要采取的是课堂教学和日常思想品德培育相结合的形式。当前我国高校本科生思想品德培育的总体现状是高校缺乏重视和投入、课堂教学和日常思想品德培育相脱节、日常思想品德培育的内容和方式都较为单一,缺乏丰富性。

第五章　增强道德意志：思想品德培育

1. 学校缺乏重视，各方面投入不足

在当前的高校本科生日常思想品德培育中，有很多高校的校领导和各专业的任课教师普遍把日常思想品德培育看作是学院辅导员和班主任的职责，觉得其他教师和管理者在大学生日常思想品德培育中没有什么重要的责任，对学生的思想品德培育没什么太大影响。这些看法和认识，在某种程度上使高校的日常思想品德培育工作出现了主体专职化的倾向，忽视了任课教师，特别是各专业的教师在教学的过程中和在高校德育工作中的重要作用，使高校本科生的日常思想教育显得较为形式，浮于表面，很难发挥其应有作用。目前基本上绝大多数的高校都为各学院、专业和班级配备了相应的辅导员、班主任，负责管理学生的日常思想品德培育工作。但是，尽管学校配备了辅导员和班主任，但却疏于对他们的教育培训，对其工作的方式方法缺少重视和关注，对其素质缺乏较为具体的要求。这种现象使得很多的辅导员和班主任作为高校本科生的日常思想品德培育工作的主要实行者却缺乏思想品德教育的相关知识理论，同时他们又不能深入地分析了解当代高校本科生的思想认识发展特征及规律，所以使其自身的工作素质无法达到高校本科生思想品德培育的目标和要求。高校本科生的日常思想品德培育的主要实行者就是辅导员和班主任，但是目前的辅导员和班主任队伍却极其不稳定，缺乏长期的培训教育，又对职业修养的养成缺少关注，很多教师存在着"当一天和尚撞一天钟"的浅显思想，这些认识也给高校本科生的日常思想品德培育的开拓和发展造成了不小的阻碍，一定程度上影响了日常思想道德教育的建设和发展。目前在高校本科生的日常思想道德培育的投入方面，由于缺乏对大学生日常思想品德培育的深刻认识，缺乏总体战略思考与布局，学校方面常常对其投入较少，不管是在场地、经费、人员配备上都没有给予充分的支持，这样的教育环境也使高校的日常思想品德培育难以为继。

2. 课堂教学和日常思想品德培育脱节，联系不紧密

在高校中，思想政治专业的教师和以辅导员、班主任为主的日常德育工作者都是德育工作队伍中的重要组成者。他们同样都承担着对高校学生进行思想品德培育的历史重任和职责。但是，在高校的思想品德培育具体实施的过程中，专业教师和德育工作者的工作却又相互剥离，彼此缺少沟通交流，形成两张皮，从而无法真正地使课堂教学和日常思想品德培育有效地结合，互相影响。

除了高校的思政专业教师和日常德育工作者在工作过程中相互隔离之外，很多高校在思想品德培育相关机构的设置上也都是习惯于把课堂教学和日常思想品德培育分设于不同的机构内，导致二者在平时的思想教育活动中无法产生交集，缺少必要的学习、交流和沟通。大多数高校的思想政治理论课的教育教学是由人文社科学院、政法学院或者是马克思主义学院来承担的，而负责高校学生日常思想品德培育工作研究和活动安排的机构往往设在学生工作办公室、学生处、团委这些主要从事学生工作的机构下。一方面，这两个部分的工作者，尤其是思想政治专业的任课老师与学生工作部门以及各学院的辅导员班主任之间都缺少必要的联系、沟通和交流，最终导致从事课堂教学的专职教师并不能够深入了解每位学生的生活情况、情感情绪状况、思想认识情况、思想道德水平，所以在授课时也就缺少相应的针对性，课堂的品德培育只是隔靴搔痒，并不能起到真正的作用。而另一方面，高校德育工作者虽然在一定程度上熟知学生的个人情况，但对学生的政治理论学习情况、理论状况缺少了解，加之自己的思想政治教育理论认识不够深刻，所以很难有针对性和有建设性地做好学生的日常思想品德培育工作。

3. 日常思想品德培育方式有待改进

新时期、新环境、新背景给高校本科生的思想品德培育工作也提出了新的挑战和要求，故有的教育方式和手段已经无法适应新的形势，高校只有勇于去改革创新，丰富日常思想品德培育的内容和改进教育的方法，才能真正地去激发学生的学习兴趣和动力，增强学生的主体性，提高学生接受思想品德培育的积极主动性，让学生从被动地接受教育到主动地去增加认知并自主发展。但是，就目前而言，很多高校的德育工作者仍然缺乏创新意识和创新能力，还处在信息接替的困惑之中，尤其是在如今的信息网络化时代，大量现代科技手段给了大学生更丰富的渠道和方式去及时便捷地获取信息，这潜移默化地加速了高校本科生思想意识的变化，从而也加重了德育工作者的工作难度。

现在很多高校德育工作者仍旧是在沿用举办讲座、听报告、念文件的老方法，虽然有集中性和及时性的特点，但是单调沉闷，不容易受到广大学生的认可和欢迎，如果讲座的效果不好，还容易使学生产生抵触情绪，打击学生参与思想品德培育活动的积极性和主动性。其结果就是教师苦口婆心、辛勤劳累，学生却如听耳旁风，并没有什么良好的效果。除了在日常思想品德培育的工作方法上有待创新和提高之外，高校本科生德育工作队伍的知识理论和个人素养不够高，缺乏对学生本身实际生活、学习、情感状况的深入细致地了解和考察，也容易使高校本科生思想培育工作流于形式，难以产生效果。

（二）新时期高校本科生思想品德培育存在的主要问题

高校本科生群体是现代社会中知识文化程度和个人的道德修养素质相对较高的群体，他们是实现中国梦的主要建设者和新中国社会主义现代化的接班人。这一群体道德品质和思想价值观念的高低与否直接决定着其为社会所带来的效益与奉献。新时期的高校本科生思想品德状况主流是好的，他们热爱祖国，坚定地走社会主义道路，他们在学习上勤奋刻苦，在与人相处时团结奋进，在工作和生活中勇于开拓思路，敢于改革创新。然而，随着国际形势的不断变化，经济全球化的影响和西方社会思潮的渗入，当前高校本科生在思想认识上也出现了一系列的问题，也就使得高校的本科生思想品德培育存在瓶颈，很难突破，从而产生了一些问题。

    1. 学生自身社会责任感缺失

    当代高校本科生在思想意识和价值观念的选择上更加实际，其奋斗目标也不再是单一的追求而是呈现出多极化的发展倾向。他们在实现自我价值的过程中难免有一定程度地掺杂进了利己主义和功利主义的色彩，存在着一定的拜金主义和享乐主义倾向。对自我价值和自身利益的过度注重和追求，也相应地导致了本科生群体自身的社会责任感的弱化和缺失。这是当前高校本科生思想品德培育中存在的很大问题，学生自身社会责任感的缺失，过于注重实际和利益，则给德育带来阻碍，使大学生在接受思想品德培育的过程中因已有价值观念和利益取向对高校思想品德培育观念的传播产生抵触和厌烦的情绪。所以，高校德育工作者必须正视和重视这一现象，加强对学生的正确引导，扭转其逐渐偏离的价值取向，帮助其树立社会责任感和职责担当。

    2. 多元化价值的渗入

    随着国际形势发生着日新月异的变化，世界经济格局不断重组，经济全球化进程逐步加快，我国的市场经济也在逐步走向正轨。这些发展一方面极大地提高了我们的生活水平，另一方面又使新时期的高校本科生面临着多元化的文化观念、思想意识和价值观念的冲击。我国在全球化的进程中地位愈来愈重要，和各国之间的往来与联系日益紧密，西方的社会思潮、思想意识通过一些经济产品、文化载体或者网络渠道流入中国，很大程度上加强了高校学生群体与外界的接触，同时也使高校的思想品德教育站在了风口浪尖，受到西方意识形态和社会思潮的挑战以及文化价值观念的巨大冲击。社会的变化可以通过直接或间接的方式引发教育系统的一些失范行为的发生，任何一种比较普遍的社会现象，对教育来说都有其相应的适应氛围和氛围效应。比如当前在市场经济环境条件下逐渐凸显的利己主义、拜金主义、功利主义，对于一些道德意志薄弱的高校学生的影响在于他们在对待一些课程的选择和学习上有自己的想法，比如一些学生在此环境下会热衷于英语、法律、经济等资格级别的认证，但对其他基础性课程就抱着得过且过的心态和思想，使得一些人文社会科学类的知识和课程得不到应有的重视。在选择就业的时候，也是更愿意选择经济条件发展较好的地区，看重效益好个人发展好的职位。这可以看出，社会的变化对当前大学生思想认识的消极影响恰是通过这种"氛围效应"诱发的。

3. 教育功利化思想日益明显

在商品经济和市场经济的大环境、大背景下，新时期的高校本科生思想品德培育也难免会受到影响，最突出的表现就是高校在对学生进行思想品德培育的过程中也存在着功利化的思想。市场经济是一种开放的经济，新时期市场经济的发展，势必要打破各种界限，最终形成开放统一的新格局。在这种市场经济长足发展的大环境下，高校的思想品德培育更注重实际带来的效果和学生在接受教育后能带来回馈与回报，而忽视对学生本身情况的重视和关怀，这种教育功利化的思想也就容易使高校德育工作者在进行思想教育的过程中不能深入细致地了解和关怀学生，无法真正地对大学生进行思想品德培育，使其树立正确的思想意识和价值观念。

二、实行本科生导师制的法律和政策依据

（一）教书育人是我国有关法律规定的高校教师的基本义务，导师制是高校教师承担这项义务的方式之一

我国宪法规定：国家通过普及理想教育、道德教育、文化教育、纪律和法制教育，加强社会主义精神文明的建设。国家提倡爱祖国、爱人民、爱劳动、爱科学、爱社会主义的公德，在人民中进行爱国主义、集体主义和国际主义、共产主义的教育，进行辩证唯物主义和历史唯物主义的教育，反对资本主义的、封建主义的和其他的腐朽思想。我国教师法规定，教师承担着教书育人，培养社会主义建设者和接班人，提高民族素质的使命。教师应当忠诚于人民的教育事业；应当履行对学生进行宪法所确定的基本原则教育和爱国主义、民族团结的教育、法制教育以及思想品德、文化、科学技术教育，组织、带领学生开展有益的社会活动；应当关心、爱护全体学生，尊重学生人格，促进学生在品德、智力、体质等方面全面发展的义务。我国高等教育法也规定，高等教育必须贯彻国家的教育方针，为社会主义现代化建设服务，与生产劳动相结合，使受教育者成为德、智、体等方面全面发展的社会主义事业的建设者和接班人。高校的教师及其他教育工作者享有法律规定的权利，履行法律规定的义务，忠诚于人民的教育事业。

（二）教书育人也是我们党和国家的基本政策

江泽民同志曾经指出：振兴民族的希望在教育，振兴教育的希望在教师。江泽民同志还希望我们的教师为人师表，教书育人。胡锦涛总书记也强调："进一步加强和改进大学生思想政治教育工作……要解放思想、实事求是、与时俱进，根据时代发展的要求，不断在观念、内容、方法和体制机制等方面改进创新，不断总结和创造新经验"[①]。2004年中共中央和国务院发布的《关于进一步加强和改进大学生思想政治教育的意见》明确指出："高等学校各门课程都具有育人的功能，所有教师都负有育人职责"。可见，高校全体教职员工特别是哲学社会科学专业方面的教师，都负有对大学生进行思想政治教育工作的义务和职责。高校教师通过当本科生的导师，不但成为本科生学习的导师，更要成为其思想品德成长的导师；不但要指导本科生的专业学习和思想政治教育，而且要指导本科生的日常生活、心理健康、职业生涯规划等，以培养合格的"四有"人才。《意见》还进一步指出："哲学社会科学中的绝大部分学科都具有鲜明的意识形态属性，对于帮助大学生坚定正确的政治方向，正确认识和分析复杂的社会现象，提高思想道德修养和精神境界具有十分重要的作用"。可见，高校全体教师，要充分认识哲学社会科学工作在大学生思想品德培育当中的地位和作用，在教育教学中充分体现马克思主义中国化的最新理论成果，将专业课教学与思想政治教育有机结合起来，做到教书育人。

---

① "胡锦涛在全国加强和改进大学生思想政治教育工作会议上的讲话"。

三、思想品德培育是本科生导师制不可或缺的重要功能

（一）思想品德培育是本科生导师制的重要功能

本科生导师制是指由专任教师担任导师，师生通过双向选择确立导学关系，导师根据学生个性特点从学习、思想、心理等方面引导学生的人才培养模式。在师生导学过程中能否有效地促成学生符合社会发展要求的思想观念、政治观点、道德规范的形成，是衡量本科生导师制成败与否的重要标准。也就是说，思想品德培育是本科生导师制的重要功能之一。这一功能的有效发挥，体现在导师制教育的每一个方面。

本科生作为特定学习阶段的学生，学习是其主要任务。在学习过程中，学生不可避免地会出现诸如学习目标不明确、学习态度不端正等影响学业的因素。引导学生明确学习目标、端正学习态度是推动学生学习进步的重要一环。导师作为学生学习的辅导者，随时发现学生学习中的问题，帮助其进入良好的学习状态是其重要职责。

大学阶段是学生人生的过渡期，要完成从学校走向社会的转变。在这个阶段，学生开始更多地接触社会，更多地注重培养自己多方面的能力，以便更好地为将来走向社会打基础。无论是学校还是外界社会环境，都直接地向学生提出了人际交往、理论用于实践、职业规划等能力的要求，导师作为学生生活的指导者，及时引导学生有效处理校内和校外社会实践中遇到的各种挑战，为学生进入社会打好基础是其重要职责。

大学生处于心理发展的特殊状态,在情感方面会有很多不解。基于性生理的逐步成熟,大学生对于异性的好奇和向往心理加重,甚至他们中间一部分人有了自己的恋人。尚未进入、已经跨入和被踢出爱情大门的人都有他们各自的困惑。期盼进入社会又恐惧进入社会,是大学生的又一个普遍心理。导师作为学生心理的疏导者,引导学生确立正确的恋爱观、建立对社会的正确认识,帮助学生及时疏通各种心理问题,使学生保持健康心理是其重要职责。不管是引导学生确立正确的学习观、帮助学生培养社会要求的各种能力,还是使其有一个好的心理状态,都有一部分工作属于思想品德培育的范畴,因此,思想品德培育是本科生导师制的重要功能。

（二）本科生导师制之思想品德培育功能的内容

思想引导是体现本科生导师制思想品德培育功能的核心内容。思想政治素质在人的思想、心理、道德方面起着指导、保证和监督的作用。高校在实行学分制之后,学生的自由度增加,班级意识相对较为松弛,作为思想品德培育载体的集体活动较难组织。同时由于学分制着重于学科成绩的考察,使学生容易产生重成绩轻修养的思想,使得以往主要由辅导员担当的德育工作也需要有所调整,由担任专业课教学的教师担任本科生导师,参与到学生思想品德培育工作中。

本科生导师具有专业知识背景,在与本科生交流沟通中有着较强的说服力。他们可以利用专业教学的便利与优势,有效地挖掘出专业课程中隐含的思想品德培育的资源,将其渗透入专业知识的传授过程中。例如,历史学专业的导师可以利用学校所在地的历史遗址、名胜古迹、纪念馆等文化教育资源,组织学生参观学习,向学生更为直观地进行爱国主义教育;社会学专业的导师可以向学生提供田野调查的机会，使学生通过实地考察了解社会现状，深化对国情的认识。同时导师们对学生进行思想品德培育的场所不应该仅仅局限在课堂上，而应该采取全方位、全过程的方式，利用一切可能的机会，如利用期末考前动员的时机，结合考前准备的内容对学生进行考试纪律、考试诚信等方面的教育。同时导师在与学生的日常交流中通过与学生的沟通交流了解学生思想动态，帮助学生树立正确的世界观、人生观和价值观。

(三) 本科生导师制之思想品德培育功能的特点

与传统的辅导员制度相比，本科生导师制在发挥思想品德培育功能时有其独特的方面。

1. 教育对象突出个体性

当代大学生作为特定历史条件下成长起来的一代，他们具有个性张扬、独立性强等群体特点。由于成长环境、个体差异等因素，不同的学生又有其个性特征。承认学生的个体差异，认识学生的个体特征，有针对性地引导学生确立符合自身认知水平和性格特点的价值体系，是导师制实施中起主导作用的导师的重要职责。

本科生导师制实行的是一对多的教育模式，这个"多"的量被限定在合理的范围内。教育主体和教育客体的人数比例呈较合理状态，使得导师制与辅导员进行大班思想品德培育有明显不同。大部分辅导员在班级管理中一直沿用"抓两头，带中间"的工作方法，即抓干部让其发挥带头作用；关注犯过错误的学生，千万别让他们再捅娄子。而对于占多数的中间学生，辅导员或是放心或是没有时间就很少过问了。[①] 导师关注每一位学生，

[①] 褚海萍："论高校辅导员队伍的服务意识"，《消费导刊》，2007年第9期。

根据每位学生的具体情况,引导他们明确自己感兴趣的学习领域、掌握符合自己的学习方法、清晰自己的交友观、确立自己的择业观,帮助那些科研兴趣浓厚且有研究能力的同学提前进入科学研究状态,引导其创新意识。这种个性化的指导,突出学生个体,激发了学生学习的动力,促成了学生个体的良性发展。

2. 导师角色兼有多面性

导师制的一个重要特点是师生关系密切。对于学生来讲,导师是家长,是老师,也是朋友。教师和学生在相互交流过程中建立了相对稳定的亲情化关系。像任何一位家长一样,导师关心、爱护自己的学生,以各种各样的形式及时帮助学生解决各种困难,包括帮助经济困难的学生获得相关方面的资助。在导师创设的这种温情的家庭氛围中,学生体验着亲情的魅力。作为一名教师,导师又必然地承担着传道、授业、解惑的责任,向学生传递理论知识、实践经验,解答他们的各种学业困惑。不过这种教育的过程由于导师比一般的教师更了解学生,使得学生的认知水平提升更快。作为亲密联系的两个个体,导师和学生又是朋友,两者都淡化了传统的师道尊严的观念,相互间有着朋友的坦诚、尊重和友谊。这种宽松的心理环境使得学生愿意将自己的思想袒露,为其始终保持健康心态创造了条件。

3. 教育方式强调渗透性

严格意义上来讲,除那些有明确限定的导师制外,如德育导师制、职业生涯设计导师制等,我们所讲的本科生导师制都是指综合导师制。也就是说,导师对学生的指导是全方位的,涉及学生的学习、生活的方方面面。从导师制的思想品德培育功能角度来讲,导师要想充分地发挥其思想品德培育作用,必须将思想品德培育渗透到导师工作的每一个教育内容、每一个教育环节,让学生在不知不觉中接受教育。这使得导师制的思想品德培育功能的实现有了多种载体,体现在各种具体的教育细节中,带有很强的渗透性。导师通过向学生传授专业知识、为学生提供社会实践机会、与学生聊天谈心、与学生一起参加各种活动等方式,"结合实践讲修身,结合情境讲行为,结合生活讲情操"①,在潜移默化中将符合社会发展要求的思想观念、道德规范传递给学生。这样做的好处在于避免了传统的义正词严的说服教育带给学生的心理压力,以及由此引发的对德育工作者及教育工作的抵触心理。

4. 教育情境具有亲和性

本科生导师制的实行基于学生对导师的认同心理。在这种心理的支持下,学生信赖导师传授的文化知识、道德观念,能充分发挥主观能动性,促成内化过程的实现。内化是指"将社会发展要求的思想、观念、规范纳入自己的态度体系,成为自己意识体系有机组成部分的过程"。②在这种认同和信赖的感情状态中,导师和学生之间进行的教育行为所创设的教育情境具有明显的亲和性。

学生通过课堂学习、私下交流等方式对导师进行较为深入了解的基础上,根据自己的兴趣、爱好,自主地选择自己的导师。由于选择过程中学生具有绝对的自主权,他们选择的导师是他们心目中值得信赖的人。亲其师,而信其道。基于认同、信赖的心理体验,学生在接受导师的教育时,能够以一种积极的心态接受,并容易形成认同感。导师对学生的思想品德、政治观点、道德规范等的教育就是在这样一种亲和的心理状态中以言传身教的方式注入学生的道德认知体系。

---

① 张贵:"'导师制'究竟应该导什么",《内蒙古财经学院学报》,2004年第2期。
② 张耀灿、陈万柏:《思想政治教育学原理》,高等教育出版社2001年版。

四、本科生导师制之思想品德培育功能的缺失

导师制的设立最早可追溯到 14 世纪的英国，而牛津大学是首先采用导师制的高等学校，开创了导师教育的先河，是该校最引以为荣的制度之一。牛津大学曾为英国培养了 46 位诺贝尔奖获得者和 30 位英国首相，这一切成就的取得都得益于导师制的实施。可以说牛津大学的导师制为世界高等教育的发展作出了突出的贡献，同时也对我国高等教育产生了积极的影响。当 20 世纪 90 年代后期开始的"大扩招"导致我国高等教育质量下滑时，许多高校便不约而同地把引入牛津大学本科生导师制当成了提升教学质量的重要"抓手"。但由于对牛津大学传统本科生导师制的"通过自由教育培养学生心智和道德"的质的规定性缺乏了解，因而在引入这一制度的过程中，导致了其思想品德培育功能的缺失，这对于我国高校培养经济社会发展所需要的全面发展的高素质人才显然是不利的，应该尽快改变这一局面。

（一）本科生导师制思想品德培育功能的应然性

我国的本科生导师制之所以本应具有思想品德培育的功能，其根据主要有以下几点：

1. 大学教育的根本目标是育人，而育人的首要任务是通过思想品德培育培养学生的思想政治素质与道德品质。作为以对学生实施个性化教育为特色的本科生导师制无疑应体现这一任务要求。中华文化元典《礼记·大学》指出："大学之道在明明德，在亲民，在止于至善。古之欲明明德于天下者，先治其国；欲治其国者，先齐其家；欲齐其家者，先修其身；欲修其身者，先正

其心；欲正其心者，先诚其意；欲诚其意者，先致其知。致知在格物。物格而后知至；知至而后意诚；意诚而后心正；心正而后身修；身修而后家齐；家齐而后国治；国治而后天下平。自天子以至于庶人，壹是皆以修身为本。"这里所贯彻的是一条由"内圣"（在内在道德素质上成为圣人、贤人）而"外王"（在外在功业上成为王者）的育人路线。其中，"内圣"是"外王"的前提和基础，功业必须合乎道德；"外王"是"内圣"的目的和归宿，道德必须发为功业。它要求知识分子在自己的人生实践中，不仅要做到"修身"，成为道德楷模，而且要做到"齐家、治国、平天下"，建立现实功业。这样才能为国家、民族作出自己应有的贡献，从而成就自己的不朽人生，实现自己的人生价值。

正因为道德教育如此重要，新中国成立后，我国便确立了"教育为社会主义现代化建设服务，为人民服务，与生产劳动和社会实践相结合，培养德智体美全面发展的社会主义建设者和接班人"[①]的教育方针。据此，中共中央国务院 2004 年 16 号文件指出：高等学校要把坚持教书与育人相结合作为加强和改进大学生思想政治教育的一个基本原则。"坚持育人为本、德育为先，把人才培养作为根本任务，把思想政治教育摆在首要位置。"同时要认识到"各门课程都具有育人功能，所有教师都负有育人职责。"从而做到"全员育人、全过程育人、全方位育人"。《国家中长期教育改革和发展规划纲要（2010—2020 年）》也指出：坚持以人为本、全面实施素质教育的核心"是解决好培养什么人、怎样培养人的重大问题，重点是面向全体学生、促进学生全面发展，着力提高学生服务国家服务人民的社会责任感、勇于探索的创新精神和善于解决问题的实践能力。"作为高

---

① 江泽民：《江泽民文选：第三卷》，人民出版社 2006 年版。

校承担育人任务的本科生导师，无疑应根据这一任务要求，努力将学生培养成我国经济社会发展所需要的德智体全面发展的合格人才，而不是将其培养成缺乏社会责任和历史使命的"精致的利己主义者"。①

2. 发源于牛津大学的传统本科生导师制的目标在于培养学生的心智和道德，并具体体现为培养社会的中产阶级（即所谓的绅士），其思想基础是自由教育。而自由教育则内在地包含着思想政治教育。自由教育作为一种"既非必需亦无实用而毋宁是性属自由、本身内含美善的教育"，② 亦即致力于人的心智和道德自由发展的教育，最早是由古希腊思想家亚里士多德提出来的，此后便成为西方国家的教育传统。亚里士多德认为，要达到发展人的理性的目的，需要具备两个基本条件：闲暇和自由学科。闲暇可以使受教育者（自由人）有可能不去从事各种"贱业"，即"非自由人的作业"，从而使人的身体和心灵保持自由，使人作为自己的主人。自由学科则有助于发展人的心智、切合人生的目的。在古希腊和古罗马时期，自由学科通常是指"七艺"，分别是文法、修辞、逻辑三艺和算术、几何、天文、音乐四艺。这些学科虽然也有一些实际功用，但古希腊和古罗马人宁愿把它们用于训练人们的心智、德性和审美。后来，随着历史的发展，自由教育的含义也发生了相应的变化。中世纪时期，作为自由学科的"七艺"被看作智慧的七根柱子，成为神学的婢女。文艺复兴时期，随着人文主义的兴起并在学校中取得支配地位，自由教育转向注重对古典文学作品的学习。19 世纪以后，高等教育领域表现出向亚里士多德自由教育模式回归的强烈倾向，自

---

① 谢湘、钱理群："北大在培养利己者"，《中国青年报》，2012 年。
② 亚里士多德著，吴寿涛译：《政治学》，商务印书馆 1965 年版。

由教育又开始以人的心智的训练为主要目标。进入 20 世纪后，自由教育则主要是一种不为发展某种具体的专业技能，而是基于理智目标的普遍能力发展的教育，即通识教育。在自由教育的这些历史形态中，无疑都包含着思想品德培育的内容。这是由自由教育致力于人的心智和道德自由发展的目标所决定的。与自由教育的历史演变过程相联系，中世纪以后的欧洲，特别是英国，还把自由教育培养人的心智和道德的目标具体体现为培养中产阶级（即所谓的绅士）。所谓中产阶级，指社会上既拥有一定经济资本又有拥有一定文化资本的个体。这一群体因具有现代法律意识、民主意识和自由、平等、人权等观念，以及基本的审美能力和批判精神，能够在社会经济、政治、文化等发展中起引领作用。所以，对这部分人的培养就需要用到哲学、政治学、社会学、美学、音乐、美术等领域属于自由学科的"长线专业知识"。[1] 这些都属于思想品德培育的内容。这样一来，便实现了对学生进行道德指导的牧师和学术教师在导师身上的结合，以及古典课程的教学，从而形成了大学典型的自由教育传统。这对于中产阶级的培养显然是十分必要的。如美国普林斯顿大学本科生院院长格尔格斯所说："教育不仅仅是知识的传授，更重要的是人格的培养，过分实用的教育不可能产生高层次的人才。"[2] 20世纪 30 年代，我国在浙江大学、清华研究院等机构实施的本科生导师制，其目的也是为了改变当时我国高等教育存在的"重知识传授轻道德修养"的弊端，为社会培养公忠坚毅，能担当大任的领导人才，并且取得了一定的成效。新中国成立后，随着

---

[1] 何齐宗等："本科生导师制：形式主义与思想共识"，《高等教育研究》，2012 年第 1 期。

[2] 肖木等：《普林斯顿大学》，湖南教育出版社 1992 年版。

高等教育的"全盘苏化",导师制只被用于研究生教育,本科生导师制便暂时退出了我国高等教育的舞台。直到20世纪90年代后期,我国因"大扩招"而导致高等教育质量下滑时,才开始重新引入这一制度。进入21世纪以来,包括北京大学、清华大学在内的许多高校都把引入牛津大学本科生导师制当成了提升其教学质量的重要"抓手"。但此时的本科生导师制多数未能遵守其通过自由教育培养学生心智和道德的质的规定,从而未能把思想品德培育作为其重要功能加以坚持,而只是把它作为"专业化"教育的一个手段。这就远离了该教学制度的卓越本质。要改变这一状况,就要在引进牛津大学本科生导师制的同时,保持其通过自由教育培养学生心智和道德的质的规定性,进而把思想品德培育作为其重要功能加以坚持。只有这样,才能使其在我国高等教育发展中发挥应有的作用,为我国经济社会发展培养全面发展的合格人才。

3. 本科生导师具有其他教师所没有的从事思想品德培育工作的优势。虽然,在实施本科生导师制前,我国高校已经有了专职的德育工作队伍,包括从事思想政治理论课教学的教师和从事思想品德培育与管理的辅导员和班主任。但以个性化教学为特色的本科生导师却有着其他教师所没有的从事思想品德培育工作的优势,主要表现在:他们具有崇高的学术威望和较强的人格魅力,能够对学生起到榜样示范的作用;他们都是专业课程的教学骨干,能够在进行专业课程教学时,将思想品德培育的内容贯穿其中,充分利用专业课程中的思想品德培育资源来对学生进行相应的教育;他们与学生接触频繁,关系密切,能够较为全面地了解学生,从而可以有针对性地对学生进行思想品德培育。这些优势决定了本科生导师是对学生进行思想品德培育的最佳人选,因而可以让其承担起对学生进行思想品德培育的重任。这样便可以改变目前我国大学生思想品德培育工作相对薄弱的局面。

（二）本科生导师制思想品德培育功能缺失的表现及原因

发源于牛津大学的传统本科生导师制虽然原本就具有思想品德培育的功能，但现实中国内许多高校在引进该项制度时却忽视了它的这一功能。其表现主要有以下方面：

1. 本科生导师制的实施大都以学生职业技能的培养为导向，忽视了其思想品德培育功能的发挥。例如，北京大学虽然规定，本科生导师的职责包括对学生进行思想品德的指导、对低年级学生给予学习方法的帮助和给学生选择专业提出一些建议，但由于校方同时强调最重要的一项是给学生选择专业提出一些建议，再加上没有思想指引的具体要求，因而实际上其思想指引不过是虚悬一格而已。这样实际上是弱化了导师的思想指引职责。四川农业大学对本科生导师制形成的共识是：本科生导师制是学分制条件下为满足学生弹性学习、自主发展需要而实施的一项重要补充制度。其恰当定位是：导师对学生在广度发展和深度提升方面负有指导责任，兼顾课程的选择和考试的准备等方面的指导。但不担负日常教育与管理的职责。① 显然，这一定位基本不包含思想品德培育的职能。此外，北京航空航天大学经济管理学院的"多层次本科生导师制"培养模式（包括大一时由大二学生担任的"本科生顾问制度"、大二由教师担任的"科研助手制度"和大三由教师担任的"导师制实验班"），也是侧重学生职业技能的培养，而没有赋予其思想品德培育的功能。其他实施本科生导师制的高校，其情形也大致与上述高校类似。国内高校的本科生

---

① 丁林："高校推进本科生导师制的三个关键问题"，《教育研究》，2010年第9期。

第五章 增强道德意志:思想品德培育

导师之所以不具有思想品德培育的职能,是因为在一些高校看来,该职能已为辅导员所拥有,因而本科生导师可以不再关注学生的思想政治教育工作,而只关注学生科研能力的提高,并对其专业前景、择业情况等作前瞻性指导。①

2. 本科生导师大都未经过思想品德培育工作的培训,因而缺乏从事该项工作的素质和技能。本科生导师大都是从事自己专业的教师,而非思想政治教育专业出身的教师,因而对思想品德培育的内容、规律和方法一般都缺乏较为深入的了解。这样就会使他们感到对学生的思想品德培育工作力不从心、无从下手。在这种情况下,只有通过全面、系统的培训,使他们掌握思想品德培育的内容、规律和方法,具备从事思想品德培育工作的基本素质和技能,才能使他们从事相应的德育工作。但在实际工作中,这种培训往往会被忽视。其原因在于:一是认为思想品德培育工作可以无师自通,没有必要对本科生导师进行思想品德培育工作的培训;二是认为学校工作千头万绪,许多工作压力巨大,没有时间对本科生导师进行思想品德培育工作培训;三是认为本科生导师思想品德培育培训工作涉及面广,操作难度大,不便开展此项培训工作。这样便不可能充分发挥本科生导师的思想品德培育职能。

3. 本科生导师大都教学、科研任务繁重,因而抑制了其对学生进行思想品德培育的兴趣。目前国内许多高校,特别是地方高校的生师比远远超过教育部 18∶1 的要求。过高的生师比,加上本科课程设置过多过散(一般一个专业需要修读 50 门甚至更多的课程),必然会导致本科生导师的教学负荷过重。另外,基于科研在大学教学中的基础地位,国内所有高校都在用科学管理

---

① 刘济良等:"本科生导师制:症结与超越",《教育研究》,2013 年第 11 期。

的方式给教师科研做"加法",这样便会导致教师的科研压力增大。① 而且,对于高校教师来说搞好科研还是他们进行专业技术职务评聘的必备条件。对此他们也不敢有丝毫的懈怠。在这种情况下,导师们自然会对学生的思想品德培育工作失去兴趣。

国内的本科生导师制之所以会导致思想品德培育功能的缺失,其原因除一些高校对大学育人的首要任务及要求缺乏了解外,主要在于这些高校不了解传统本科生导师制教学的实质是通过自由教育培养学生的心智和道德,而不是培养学生的专业技能。即是说,作为传统本科生导师制之思想基础的自由教育,与职业教育有着本质的区别。其区别在于,自由教育以人的心智和道德为培养目标,而不是以人的某种具体的专业技能为培养目标。如19世纪英国著名教育家纽曼所说:"自由教育是智力培养的教育""在培养过程中,智力的培养并不趋向于特定的目标或偶然的目的,也不指向具体的职业、研究或科学,而是以对智力自身的追求为目标"。自由教育虽然不直接培养专门人才,但其对智力的训练已经使培养的人具备了从事相应专业的素质。因此,只要愿意,他可以凭借其智力从事任何一项职业。这种看法作为西方国家教育发展的主导性传统一直延续至今。在中国,自由教育也曾有过至少是形式上的传统,如儒家文化的教育旨趣在于以德性为中心,培养具有高尚人格的人,因而注重对经典的学习等等,这些都属于自由教育的范畴。但是近代以来,随着国内在西方文化传播中对传统文化的批判,特别是新中国成立后对文化进行的所谓的革命,便是这种形式上的自由教育失去存在的根据。"文革"以后,由于实用主义思潮泛滥,加上高校扩招后毕

---

① 何齐宗等:"本科生导师制:形式主义与思想共识",《高等教育研究》,2012年第1期。

业生的就业压力骤增，此时的高等教育也就完全变成了"专业教育"。而我国高校在本科生导师制实施中所导致的思想品德培育功能的缺失，以及对学生职业技能培养的片面强调，显然是这种"专业教育"理念的产物。这种状况显然不利于我国高校对经济社会发展所需要的合格人才的培养。正如爱因斯坦所说："仅仅知识和技能并不能使得人类获得快乐而又有尊严的生活。虽然，通过专业知识的教育可以使他成为一部有用的机器，但不能造就其和谐的人格。学生必须对美和良好道德有深切感受。否则，仅有专业知识的学生更像是一条受过良好训练的狗。"①

五、进一步发挥本科生导师制思想品德培育功能的几点建议

根据我国本科生导师制思想品德培育功能的应然性以及该功能缺失的表现及原因，笔者认为，应主要采取以下几点措施来加强我国本科生导师制的思想品德培育功能。

（一）细化导师制内容，赋予本科生导师以明确的德育职能，使其承担起做好学生思想品德培育工作的职责

从经济学的角度而言，人类生活的存在和发展需要消费各种资源以形成劳动生产资料，继而利用生产资料来满足自身需要。而资源是有限的，或者说是稀缺的，即相对于人类社会的无限需要而言，客观上存在着制约满足人类需要的力量：资源的稀缺性。导师作为学校的"资源"，面对着学生对其需求来说总是稀

---

① 爱因斯坦著，许良英等编译：《爱因斯坦文集：第三卷》，商务印书馆1979年版。

缺的，因此需要合理地配置导师资源，细化导师指导内容，才能在导师资源稀缺的条件下有效地满足学生对导师的需求。既然本科生导师制的思想政治教育功能具有应然性，那么，各高校在根据本学校校情的前提下，可以在实施本科生导师制的过程中，就赋予本科生导师以明确的德育教育职能，使其承担起做好学生思想品德培育工作的职责。只有这样，才能较好地贯彻党和政府教书与育人相结合的原则，和"坚持育人为本、德育为先""各门课程都具有育人功能，所有教师都负有育人职责"，从而做到"全员育人、全过程育人、全方位育人"的要求，同时才能坚持传统本科导师制通过自由教育培养学生的心智和道德的质的规定性，为我国经济社会发展培养大批全面发展的合格人才。为此，就要改变目前我国教育行政部门往往从国计民生的现实需要出发来理解和管理高校，从而只重视学生的技能训练和知识积累等短期办学效益，忽视了对学生人格培养、经济社会进步与发展的长期效应的状况，从大学历史使命的高度，重塑大学教育是自由教育的理念，还原高等教育何以为"高"的本来面目，同时从自由教育理念和培育学生的心智和道德的核心目标出发，还原本科生导师制的本来面目，[①] 确保其本应具有的思想品德培育功能的发挥。

（二）注重导师个人素养，强化导师工作培训使其具备从事学生思想品德培育工作的基本素质和技能

本科生导师制的良好运行有赖于一支优秀的导师队伍，古语有云："善歌者使人继其声，善教者使人继其志。"一名优秀的

---

① 李国仓："应然与实然的距离：牛津大学导师制在我国的发展与困境"，《中国高教研究》，2013年第8期。

教师不仅能够传授学生专业知识，还能与学生进行心灵的交流，教师和学生进行互动交流达到沟通与升华，从而实现实行本科生导师制的目的，即：为学生四年的大学生涯乃至今后的成长作出规划和指导，使学生顺利完成成才成长计划。

本科生导师首先是一名教师，因此他们必须具备教师道德职业道德，教师职业道德作为一种道德规范，要求教师在对学生进行教学的过程中需要具备一定的思想、感情与态度。教师的职业道德包括职业理想、职业责任、职业纪律、职业作风以及职业技能五个方面。职业理想要求教师将从教作为神圣的事业去追求，既要处理好个人志趣与社会供求方面的关系，又要处理好职业定位与个人才能的关系；职业责任要求教师是思想上对自己的职业有着自觉认同感，并将它转化为内在道德义务，真正做到对学生全面负责；职业纪律要求教师强化自身角色意识，树立正确的政治纪律，准确把握为人师者的言行态度，抵制唯利是图的不良风气；职业作风要求导师坚持追求真理、杜绝学术虚假，敢想敢做、具有创新意识，激发学生创造力；职业技能要求导师树立终身学习的观念，不断学习深造，提高职业技能。高校是文化传承、知识传播、学问研究、真理追求、思想创造、人才培养的重要场所，是建设社会主义核心价值体系的重要阵地，作为对学生进行教育的主体，教师是否具备职业道德素质将对学生能否构建完整的知识结构体系、能否形成正确的世界观、人生观和价值观产生重要影响。因此必须将职业道德素质作为一个重要的考量标准来遴选导师。

在1994年颁布的《中华人民共和国教师法》第一章第三条中指出"教师是履行教育教学职责的专业人员，承担教书育人、培养社会主义事业建设者和接班人、提高民族素质的使命。"教师首先是作为教育活动的从业人员，不仅负有传授知识的职能，还需要担负起育人的重担。随着我国教育事业的不断发展，教育理念、教育内容、教育形式与教育手段都发生了重大的变化，同时商品经济向教育领域的渗透，各种各样的物质和精神冲击涌进校园，当个人利益与社会需要冲突的时候，新形势对教师职业道德提出了更高的要求。首先，本科生导师肩负的思想品德培育职能要求导师能够站在一定的政治高度对学生进行思想方面的指导，因此教师首先应该具有坚定的社会主义信念，高尚的思想品质和过硬的思想作风，高校必须以马克思列宁主义、毛泽东思想、邓小平理论、"三个代表"重要思想和科学发展观教育教师，从政治高度上对导师进行严格要求。其次，作为一名教育者，学生是教育的出发点和落脚点，因此教师必须牢固树立以学生为本的理念，尊重学生的主体地位以及学生间的差异性，激发学生创新思维，鼓励学生进行创造，引导学生健康成长。高尚的职业道德能够形成导师的人格魅力。导师的人格魅力是一种能够通过自身品格感召学生的能力。所谓"学高为人师，身正为人范"，导师只有具备高尚的道德，才能成为学生学习的榜样。人格魅力通过教师的专业造诣、言谈举止、仪容仪表以及兴趣品味表现出来，它能够为导师带来威严，导师的威严具有强烈的感召力和凝聚力，这是对学生产生正面影响的无形资产，能够引导和激励学生奋发向上、不断进行自我完善。同时它还能拉近师生距离、和谐师生关系，创造出一种轻松愉快的教学氛围。在导师对学生的指导过程中，具有高尚人格魅力的导师能够激发学生潜能、提高学生学习效率。对学生而言，学生从导师的教诲中所获得的不仅是学习知识，还有研究事物以及带着批判精神学习的态度。导师进行"导"的过程，除了为学生制定出详细的成长指导计划，更重要的一方面是在与学生相处过程中，将自身的思想、情感、习惯以及知识通过各种行为来影响学生，真正做到

"导向、导学又导心"。

而有些导师由于指导方式较为单一,内容较为枯燥,从而影响了指导效果。因此学校、院系方面需要安排一定的时间组织导师学习有关导师制的相关规章制度,使导师们明确本校制定导师制的出发点、对导师工作的考核标准,定时组织导师经验交流会,使导师能够取长补短、互通有无,以便在日后更好地完成指导工作。对导师进行的培训还应该包含多种方式与形式:一是学校有计划地选派教师到其他实行本科生导师制的国内外高校进修学习,取长补短、互通有无;二是鼓励教师继续深造,攻读学位;三是利用本校已有资源,建立本校培训机制。

(三) 加强导师与其他教育力量的交流、合作,形成思想品德培育网络体系

人是一个立体的人,人的思想品德的形成受到多方面因素的影响。大学生思维活跃,对外界事物接受快,但又缺乏明辨是非的能力。导师应该深刻地认识到学生的这一特点,充分发掘各种思想政治教育力量,正确引导自发影响因素,合理利用自觉影响因素,加大与其他教育力量的交流、合作,形成思想品德培育的网络体系。

1. 与辅导员互相配合做好学生的思想品德培育工作

实行了本科生导师制并不意味着导师制可以取代辅导员制度。在我国由于高校师生比严重失调,辅导员在现行的高校教育管理过程中始终处在不可或缺的地位。本科生导师的工作强调"导",这是一种非强制性的引导,而非对学生具有强制作用的管理,包含师生思想的碰撞与情感的交流,需要建立在学生自觉自愿的基础上,产生一种向上、向前的牵引力。本科生导师与辅导员的工作是相辅相成、互为补充的,辅导员的职责主要在于学

生党建工作、学生日常的思想品德培育,通过课外时间组织开展一系列活动,主要以集体管理为主;而本科生导师主要在于通过专业教育将思想品德培育内容渗透到教学过程中,同时通过个人人格魅力的感召来教育和感染学生,集体与个别指导是导师工作的主要形式。二者职责的明确有助于避免导师与辅导员在工作过程中出现工作重复或者服务真空的现象。在实践过程中,辅导员应配合导师做好导师制实行前师生双向选择的确认工作,安排师生的初次见面工作,同时要求学生主动与导师沟通;而导师在指导学生的过程中如若发现学生的思想、心理发生问题,应该与辅导员联络,共同做好疏导工作。总之,本科生导师制与辅导员制度的实施并不冲突,相反,二者的积极配合能为学生四年的大学生活提供更优良的环境与保障。

2. 扩大导师范围,形成思想品德培育网络体系

大学生的思想品德培育是一项长期并且艰巨的任务,需要调动各项资源来为其服务,由于近年招生数量的急剧扩大,大部分高校都存在着教师总体数量跟不上学生增长速度的问题,因此可以在不影响指导效果的情况下,有计划地扩大导师范围,平衡师生比例。

目前在我国高校担任本科生导师的教师多为一线教学工作者,每位教师平均带十几名本科生,有些教师还同时带研究生,繁重的教学任务以及指导压力使导师们多少有些力不从心,而其他从事行政工作的行政人员与学生接触机会较少,对学生的生活、思想以及心理方面了解不多。而"三育人"要求学校的教师、干部、职工在从事自己本职工作的过程中,以一定的形式对学生进行直接或者间接的教育,行政人员又有着天生的优势,如教学秘书熟悉院系内部的课程设置情况,可以为学生选课提供咨询指导;就业指导中心的老师了解就业形势以及行业动态,能够为学生求职

第五章　增强道德意志：思想品德培育

提供有效指导；而综合办公室的老师熟知院系乃至校级的各种政策措施，能够在第一时间将与学生息息相关的内容通知学生。因此为了合理调整师生比例，学校可以在不降低任职标准的前提下，吸收一部分行政人员进入本科生导师队伍当中，这样可以调动广大教师的积极性，激发他们的育人热情，打破之前行政人员专门负责学生事务，专业教师只负责学生学业，而辅导员负责学生所有思想工作的局面，进一步加强行政人员与学生的联系，落实学校"教书育人、管理育人、服务育人"的三育人工作。

除了将现有任职的教师纳入导师队伍之外，还可以将部分退休教师纳入本科生导师队伍当中。"每个学校都有一批为数不少的退休员工，他们很多都是教学经验丰富、科研水平高超而且德高望重的老教授，被称为高校的银色人才。"许多老教师在退休后依然精力充沛、思维清晰，同时他们又有着足够的时间，学校可以聘请这些老教师担任本科生导师，既能发挥他们的余热，也能填补他们退休后的空虚。同时这些教师有着丰富的人生经验，能够从长远的角度对学生进行指导，而长者的睿智与宽厚的胸襟更能成为本科生行为的楷模。但是在将学校的退休人员纳入本科生导师队伍的实施过程中还需要注意以下几点：首先要合理安排退休教师的工作量，纵然有着育人热情，但退休人员年事较高、体力有限，不能保证导师制的每项活动都参与到位，可让退休教师作为导师顾问的角色参与到导师制活动中，不必参与到本科生导师制的所有活动中；其次考虑到退休教师行动不便，院系方面应该对受导学生提出要求，要求他们积极主动地与导师联系，在征求导师的意见之后可定时拜访导师，减少由于地域距离而形成的沟通障碍；最后退休人员继续担任导师属于发挥余热，院系方面应该考虑实际情况，对他们进行合理的物质补贴，同时在精神上给予关怀。

第六章

回应大学生责任感缺失的挑战：培育合格公民

一、合格公民应具有的品质

随着经济全球化的逐步深入，培养什么样的公民、如何培养公民日益成为世界各国关注的重大问题。英国以培养"忠诚且有责任感的好公民"为目标；美国以培养"负责任的公民"为目标；法国以培养"资格公民"为目标；德国以培养"具有爱国心和高尚人格的公民"为目标；澳大利亚以培养"高尚的公民"为目标；新加坡则以培养"合格公民"为目标；联合国教科文组织在1998年首次世界高等教育大会上明确提出把"培养合格公民"作为高等教育的首要任务。

公民教育，落脚点固然是公民，所以我们

要思考培养什么样的公民。笔者认为在任何一个社会形态下，一个人要能参与社会的再制造，就需要一些相关的能力和品德。其中特别是品德，应该是公民教育的核心。离开了这个核心，公民教育或许只是一门枯燥的课程、一些毫无意义的活动和一个空洞的口号。从学校公民教育来看，它立足国家和民族的历史，同时又面对着未来社会的教育。因此笔者认为把创造与内省、责任心与信心、激情与恒心、领导力与合作作为合格公民的核心品质。

二、社会主义合格公民的基本行为要求

2010年7月我国颁布的《国家中长期教育改革和发展规划纲要（2010—2020年）》中明确提出"加强公民意识教育，树立社会主义民主法治、自由平等、公平正义理念，培养社会主义合格公民"的教育目标。那么，究竟社会主义合格公民应该具有哪些基本行为要求呢？教育部人文社会科学重点研究基地郑州大学公民教育研究中心主任王东虓教授认为，加强公民教育旨在培养具有国家主人意识和行为及其现代文明意识和行为的热爱祖国、遵守法律、行使权利、履行义务的合格公民。

（一）热爱祖国是社会主义合格公民最基本、最神圣的行为前提

爱国主义是中华民族的优良传统，热爱祖国蕴藏着对自己祖国和人民深厚的感情。每一位社会主义合格公民应该通过爱祖国、爱人民、维护民族团结和拥有世界公民情怀来践行国家意识、民族意识、国际意识和公共意识的最基本要求。

1. 爱祖国。要使每一位合格公民做到爱祖国，就是要教育每一位公民热爱中华人民共和国，使每一位合格公民都关心祖国

的前途和命运，有强烈的社会责任感和历史使命感，拥护国家的法律和政策，充分享受国家赋予的权利并主动承担相应的义务，能以正确的方式参与国家公共事务和公共生活，积极为国家、社会、民族作出自己应有的贡献。唯有建立在"国家意识"之上的人心凝聚，才能让一国之境的民众形成国家共同体，才能培养家国一体的爱国情怀。弘扬和培育民族精神可为推进公民教育提供深厚的动力资源。把弘扬和培育民族精神纳入公民教育，通过强化公民对国家的认同感、归属感及国家利益高于一切的观念，增强公民自觉将个人的利益得失与民族盛衰紧密结合在一起的国家意识。

2. 爱人民。爱人民就是要求每一位合格公民要维护人民群众的根本利益，全心全意为人民服务，以符合最广大人民群众的利益，为最广大人民群众所拥护为最高标准。要使每一位合格公民做到爱人民，就是要教育每一位公民使之懂得人民是历史的创造者，是国家的主人，为了人民的利益而艰苦奋斗，敢于同一切损害人民利益的现象作斗争。

3. 维护民族团结。我国是一个统一的多民族国家，56个民族的共同奋斗创造了中华民族的辉煌历史和璀璨文明。没有少数民族的发展，就不可能有中华民族的振兴。通过对公民深入开展爱国主义教育和民族平等、民族团结教育，使之牢固树立"汉族离不开少数民族，少数民族离不开汉族，各少数民族之间也相互离不开"的思想，引导和教育全体公民把"爱国主义"与"狭隘的民族主义"区分开来。引导公民经过自己的努力，使维护民族团结成为良好的社会风尚，使每一位公民都能自觉地履行维护祖国统一和民族团结的神圣义务，同时也把它当作每一位合格公民应尽的义务。

4. 拥有世界公民情怀。在全球化时代的今天，文化多样性和个人身份的复杂性使得我们每个公民都具有双重身份：既是某一主权国家的公民，同时又是世界公民。合格公民要拥有世界公民情怀，就应树立世界视野、人类视野的全球意识；文化多元、共生共存的包容意识；学习借鉴、博采众长的开放意识；和谐世界、匹夫有责的责任意识等基本意识。要能以国际的眼光，明确自己在国家和国际生活中的地位和作用，能正确理解跨国事物或国际事务，自觉、深入、文明地了解和融入国际社会；通过尽力做好本职工作，在极其平凡的日常工作、学习、生活中，展示合格公民的世界公民情怀。

（二）自觉遵守法律是社会主义合格公民应遵守的最基本的行为准则

要实现国家和社会的长治久安，一个很重要的前提就是每一位公民个人的权益、诉求都要在法律范围之内，不得违反法律，不得凌驾于国家和人民利益之上，不得损害正常的社会秩序。因此，每一位社会主义合格公民都应该在遵守法律的前提下，践行崇尚自由、追求平等、维护公平、伸张正义等理念。

1. 崇尚自由。自由是人类生活的一种至高境界。自由是在不妨碍他人合法权利的范围内，做自己想做的事，在不违背法律的情况下，追求目标的最大化。《法国国民公会宣言》中规定"一个公民的自由是以另一个公民的自由为界限的。"法国伟大的启蒙思想家孟德斯鸠认为："自由就是做法律所许可的一切事情的权力。"由此可见，自由是宝贵的，但是自由不是绝对的自由，是以法律为前提的自由，是有限制的自由。因此，作为一名社会主义合格公民必须在自觉遵守法律的前提下追求自由。

2. 追求平等。平等是人和人之间的一种关系、人对人的一种态度，是人类的终极理想之一。人和人之间的平等，不是指物质上的"相等"或"平均",而是在精神上互相理解,互相尊重,把对方当成和自己一样的人来看待。平等作为一种社会和政治的理想,在现实生活中,主要表现在形式平等、机会平等、结果平等和人格平等。"公民法律面前一律平等"的基本原则集中反映了广大人民群众的意志和利益,维护人民群众作为国家主人的地位,决定了我国人民群众不仅在形式上,而且可以在事实上做到法律面前人人平等。因此,作为一名社会主义合格公民必须在自觉遵守法律的原则下追求平等。

维护公平。公平是人类社会共同的追求,是社会主义法治的重要目标,是新时期广大人民群众的强烈愿望,实现公平正义是构建社会主义和谐社会的重要任务。公平是指按照一定的社会标准(法律、道德、政策等)、正当的秩序合理地待人处事,是制度、系统、重要活动的重要道德品质。社会主义合格公民只有牢固树立公平正义的理念,才能使宪法规定的建设社会主义法治国家的任务落到实处,才能真正维护人民的利益,促进社会和谐发展。因此,作为一名社会主义合格公民必须在自觉遵守法律的原则下维护公平。

伸张正义。正义是全人类共同追求的崇高价值,是人类社会公有的美德。何为正义?古希腊哲学家柏拉图认为:"各尽其职就是正义""国家是否健全、是否合乎理想,主要看国家是否建立在正义的原则上,而国家的正义原则就是每个公民按其天赋各做各的事、互不干扰。"[1] 柏拉图强调通过教育培养公民的美德,才能成为城邦所需要的合格公民。正义是社会进步的精神追求,它是任何一种社会制度都不能挑战的人类生存准则。正义,是我们必须遵从的社会选择的边界和社会伦理的底线;正义是否得到

---

[1] 柏拉图:《柏拉图全集(第二卷)》,人民出版社2002年版。

匡扶，这是法律正义性认定的尺标。因此，作为一名社会主义合格公民必须在自觉遵守法律的原则下伸张正义。

（三）正确行使权利是社会主义合格公民最基本的行为核心

公民的基本权利是公民依照宪法规定在政治、人身、经济、社会、文化等方面享有的权利。作为一名社会主义合格公民应该如何享有权利？如何正确地行使权利呢？

1. 当家做主。当家做主就是人民在党的领导和支持下，依法管理国家和社会事务、管理经济和文化事业，维护和实现人民群众的根本利益。随着社会主义现代化进程的不断推进，人民可以集中力量从事经济、政治、文化、社会等方面建设，社会主义的优越性得到充分体现，人民当家做主得以真正体现。人民当家做主，不应是"为民做主"，而应是"由民做主"，充分发挥人民群众的主体性。人民当家做主，充分反映了最广大人民的意愿，充分实现了最广大人民当家做主的权利，充分保障了最广大人民的合法权益，它来自于最广大人民群众实现民主权利的自觉选择，符合最广大人民群众的自身意愿。

2. 参与社会管理。公民教育的本质在于引导公民关心公共事务参与社会管理。历史学家修昔底德借伯里克利宣布，民主政治下的每位公民都必须关心公共事务。党的"十七大"报告中提出："坚持国家一切权力属于人民，从各个层次、各个领域扩大公民有序政治参与，最广泛地动员和组织人民依法管理国家事务和社会事务、管理经济和文化事业。"随着改革开放的不断深入，广大人民群众民主法制意识越来越强，具有合格公民素质要求和能力的社会主义合格公民越来越多，积极参与管理国家事务的热情越来越高。作为一位合格公民，参与社会管理必须建立在合法性的基础之上，防止有些人利用公众的行为达到个人的目的；同时要依据自己本身拥有的知识和能力、预期的影响力等理性地选择有效的途径，合理地表达自己的政治诉求。

3. 民主监督。民主监督就是一种对权力的制约和约束，它能够防止权力的滥用，弥补其他监督主体的监督不足，使政府权力真正保障人民的利益。公民对政府的工作享有知情权、参与权、监督权等一系列权利，公民要充分行使这些权利，通过各种渠道监督政府的工作。每一位社会主义合格公民都应积极参与民主监督，这既有利于改进国家机关和国家工作人员的工作，也有助于激发广大公民关心国家大事、为社会主义现代化建设出谋划策的主人翁精神。

4. 承担公民责任。公民的责任意识和责任行为是整个社会的基础，关乎社会的稳定。责任是公民在社会生活中对国家或社会以及他人所应承担的一定使命、职责和义务。每一位社会主义合格公民只有勇于承担责任，做负责任的公民，明确自己的责任意识，公民的合法权益才能得到有效保障，这个国家的治理才会文明有序。

（四）忠实履行义务是社会主义合格公民最基本的行为保障

义务是指法律对公民或法人必须作出或禁止作出一定行为的约束，政治上、法律上、道义上应尽的责任。教育部人文社科重点研究基地郑州大学公民教育研究中心主任王东虓教授认为，"现代公民教育，如果单纯强调个体公民所必须担负的责任和义务教育，而不能保障公民的权利的获得，这种教育是苍白无力很难奏效的。如果公民不履行其应负的责任和义务，国家、社会处于动乱中,它也就不可能保障个体公民的权利的实现。"① 所以,培养社会主义合格公民的教育要坚持权利责任教育和义务教育的统一。

1. 爱护公共财产。在社会主义社会,公有制是整个制度的基础,是国家强大和人民幸福的基础。在社会主义国家里,爱护和保卫公共财产是每个公民的义务,也是共产主义道德的具体表现。今天的公共财产是中国劳动人民辛勤劳动的结晶。因此,爱护公共财产是每一位社会主义合格公民热爱祖国、热爱劳动的共产主义道德品质的具体表现。

2. 遵守公共秩序。公共秩序是指人们在共同社会生活中必须遵守的行为规范。遵守公共秩序既是宪法规定的公民基本义务,又是每一位社会主义合格公民所应践行的最基本的社会公德。只有每一位社会主义合格公民都自觉遵守公共秩序,树立规则意识,从我做起,从现在做起,从细节做起,才能真正在全社会营造和谐文明的氛围,才有利于社会主义和谐社会的构建。

3. 遵守社会公德。社会公德是全体公民在社会交往和公共生活中应该遵循的行为准则。《公民道德建设实施纲要》中用"文明礼貌、助人为乐、爱护公物、保护环境、遵纪守法"对社会公德的内容和要求作了明确规范。公共生活孕育公共精神,"一个没有私人生活的民族是没有生机与希望的民族,一个没有社会公共生活的民族是没有民族秩序的民族。一个没有私人生活与公共生活领域的民族,既是一个没有宽容和个性、没有创造力

---

① 王东虓:"关于公民教育基础问题及基本内涵的思考",《中州学刊》,2006年版。

与生命的民族，又是一个没有健全法制国家生活的民族"①。因此，每一位社会主义合格公民都应该增强社会公德意识，自觉地以社会责任感约束自己的行动，遵守体现社会群体利益和他人利益的公共规范。

4. 讲求言行文明。文明是人类所创造的财富的总和。文明的主要作用，一是追求个人道德完善，二是维护公众利益、公共秩序。社会主义合格公民不仅具有文明素养，还肩负传播文明的使命。社会主义合格公民在日常生活、工作、学习中要深刻认识言行文明的重要性，尊重他人，文明用语，遵守交通规则，遵守公共秩序，自觉提高个人修养，完善公民人格，为构建和谐社会新型人际关系营造氛围。

5. 依法纳税。依法纳税就是依照有关法律法规缴纳一定的税，公民纳税意识的强弱直接影响国家财政收入的多少。社会主义税收"取之于民，用之于民"，税收是国家的财政命脉，与人民的生活息息相关，培育公民纳税意识，变得越来越重要。只有每一位社会主义合格公民都具有主人翁意识和依法纳税意识，才能使依法纳税的理念在每一位社会主义合格公民的思想中生根发芽，才能真正成为践行依法纳税的社会主义合格公民。

6. 保护生态环境。生态环境是指影响人类生存与发展的水资源、土地资源、生物资源以及气候资源数量与质量的总称，是关系到社会和经济持续发展的复合生态系统。作为社会主义合格公民，我们应该具有世界公民情怀的环保意识，把大自然看作我们共同的家园，把对自己、他人、社会的爱推至大自然，把自己看作自然界的一分子，为实现人类与自然的和谐共

---

① 顾城敏：《公民社会与公民教育》，知识产权出版社2007年版。

生而努力。

三、培育合格的大学生公民是我国高等教育的首要任务

构建和谐社会，建设现代化民主法制国家，需要具有现代意识的合格公民。高等教育在培养合格大学生公民中具有不可替代的作用。

（一）加强大学生公民教育是构建和谐社会的本质要求

公民是国家的社会基石，良好的公民素质是社会全面进步的条件。大学生作为高素质的公民群体，不仅是一个学习的群体，也是国家建设的现实力量。他们爱国家、爱集体，有强烈的责任感和自律意识，在关键时刻，能旗帜鲜明地站在国家和民族利益一边，渴望稳定，维护稳定。大学生承载着国家的希望。他们的公民意识和社会责任感如何，关系到民族发展的未来。因此，大学生的公民教育必须引起全社会的高度重视。高等教育不仅要培养大学生的文化知识技能和创造性思维方法，还要引导他们正确认识个人与社会发展的关系，学会用法律规范自己的行为，增强对建设和谐社会的政治、经济、文化的认同感和责任感。

（二）加强大学生公民教育是发展社会主义市场经济的客观需要

发展市场经济需要合格的现代公民。市场经济需要良好的市场秩序与市场环境，要求市场主体具有自由的意志，以自主的社会角色和平等的身份参与社会经济生活。现代公民应遵守契约，

公平竞争、诚信无欺，具有自律意识、平等观念、参与意识、竞争意识、道德意识和法律意识。然而，目前经济活动中存在的种种问题，如合同欺诈、假冒伪劣产品等，表明现代公民意识的严重缺失，已经制约和阻碍了我国市场经济的健康发展。受不良社会风气的影响，部分学生形成了以自我为中心的行为倾向，在处理与他人的关系时，往往把个人利益摆在首位，对社会公共利益关注不够，这表明部分学生现代公民意识薄弱，强化公民教育显得尤为迫切。

随着社会主义市场经济的不断完善，人们参与社会活动的机会越来越多，范围越来越大，人们的政治意识、政治态度、政治取向正处于变迁状态，由狭隘顺从的臣民意识向平等自由的公民主体意识转化，由封闭保守向开放包容的政治心态转化，由等级依附向积极参与的思想观念转化，但也面临着公民意识较为缺乏、政治责任意识弱化、民主热情淡化等迫切需要解决的问题。高等教育必须是包括科学文化、生产技能、社会生活法则和个人与国家关系的全面教育，加强大学生现代公民意识培养，是大学义不容辞的责任。

（三）加强大学生公民教育是实现中华民族伟大复兴的必然要求

大学生作为高素质的公民群体，在社会主义建设事业中担当着重要的使命，承载着国家的希望，其公民意识和社会责任感如何，不仅关系到自身的发展，而且关系到民族的未来。江泽民指出："青年兴则国家兴，青年强则国家强，青年有希望，未来的发展就有希望。"[①] "抓好教育和青少年的思想政治工作，直接关

---

① 江泽民：《同团中央新一届领导成员和团十四大部分代表座谈时的讲话》，人民日报 1998 年。

系到我们实施科教兴国战略能否取得成功,关系到我国社会主义建设能否取得成功。"① 当今世界,各种思潮相互激荡,西方敌对势力加紧进行政治、思想、文化渗透,在这种严峻形势下,只有站在历史和现实的高度,加强大学生公民教育,"努力提高公民道德素质,促进人的全面发展,培养一代又一代有理想、有道德、有文化、有纪律的社会主义公民"②,才能为全面建设小康社会输送一大批具有现代公民意识的合格建设者和可靠接班人。

(四)加强大学生公民教育是高等教育改革的重要任务

辩证唯物主义认为,环境决定人的发展,决定人的思想道德状况,人也可以通过实践活动改变环境,并在改变环境的过程中,不断改造和提高自己。大学以培养人才为基本职责,"培养什么人""如何培养人"是高校在国际国内形势发生深刻变化背景下需要深入探索的课题。1998年10月"第一次世界高等教育大会"在巴黎召开,大会《宣言》指出,高等教育的首要任务是培养高素质的毕业生与负责任的公民③。所谓负责任的公民是指在社会生活领域能够履行法律道德规范,在职业生涯领域能够爱岗敬业,既能合法地维护自身的权利,又能自觉地遵守社会义务和责任的合格公民。因此,高等院校必须把培养合格的公民作为第一要务,切实加强公民教育,把大学生培养成为合格公民。

---

① 江泽民:"关于教育问题的谈话",《求是》,2000年第5期。
② "公民道德建设实施纲要",人民日报2001年。
③ 秦树理:"国外公民教育的启示",《郑州大学学报(哲学社会科学版)》,2005年第3期。

四、成长为合格公民,是当前大学生成长成才的自身需求

大学生正处于个体成长的关键阶段。他们由幼稚走向成熟,由国家和其他社会成员呵护的公民逐步认知自我社会角色,确立责任意识,享有全面的公民权利,依法履行相应公民义务。为了更有效地对大学生进行公民教育,我们对高校3000余名大学生进行了调查,结果显示,把自己锻炼成合格公民是大学生成长成才的强烈要求,但也存在着一些问题。

(一) 时代感增强,责任意识淡薄

当代大学生具有强烈的时代感,勤奋学习,追求新知,独立思考,锐意进取。调查显示,44.8%的同学主动了解国内外大事,对我国的政治局势和经济形势总的看法持积极乐观态度;65.7%的同学对社会热点问题比较关注。但也有的学生我行我素,唯我独尊;21.5%的学生学习动力不足,得过且过;有的生活上追求奢侈,盲目攀比,6%的同学每月生活费在5000元以上,这些现象反映出一部分学生社会责任意识较为淡薄。

(二) 权利意识较强,义务意识相对较低

公民意识包括权利与义务意识。调查显示,大学生对公民权利的了解强于对公民义务的了解。当问及公民基本政治权利的具体内容时,有近80%的学生回答正确。而当问及公民基本义务的具体内容时,只有15%的学生能回答上来。同时,大学生在国家知识、历史地理、法律道德知识方面了解较多,而涉及公民

行为方面（如公民依法纳税、维护社会公德等）问题时，他们认识模糊，47%的学生表示不知道个人收入调节税的起征点。

（三）法制意识较强，政治意识偏弱

民主法制意识的增强是当代大学生价值取向积极的表现。他们崇尚民主、尊重法制，有自己的政治热情和政治追求。但越来越讲究实际。调查显示，有些大学生的政治意识已被对物质、对金钱、对现代时尚的追求所遮蔽。30.5%的学生对修改宪法议案等国家大事不清楚或不太关注。大学生中申请入党要求进步的人数很多，但考察其入党动机时，有近20%的学生认为入党对于就业、提干有直接的帮助，可见其入党带有盲目性和功利性。

（四）社会认同感增强，诚信自律意识减弱

大多数学生的思想认识与社会主流是相符的，积极参加社会活动，有着强烈的进取心，愿意为改革开放和建设事业作出自己的贡献。但由于绝大多数学生是改革开放后出生的，没有经历过艰苦生活的磨炼和复杂政治斗争的考验，人生观、价值观、世界观正处于初步定型的关键时期，可塑性强，对于各种社会现象的鉴别能力欠缺，一部分学生是非观念模糊，自律能力不足，如上课迟到、早退、旷课，考试抄袭作弊、毕业推荐材料中掺假"渗水"、助学贷款欠账不还等现象都有损于大学生的整体形象。

（五）自我意识增强，集体观念淡漠

大学生对自我需要的尊重，对自我价值实现的关注与追求，对自我价值主体地位的确认等成为价值取向的重要因素，追求个人价值与社会价值的统一；在主体意识方面，表现出不轻信、不盲从、不从众，个性差异、兴趣爱好、学习方式、接受能力、价

值观念趋向多元化,思想活动的独立性和多变性、信息选择的自主性与随意性明显增强,希望自主选择适合自己兴趣的专业和学习环境,具有主动应对竞争的独立意识和自觉意识。调查显示,大学生选择"成为社会所需要的专门人才"者占35.3%,而选择"充分完善自我,实现自我价值"的占51.7%;在对待利益上选择"先公后私,先人后己"的占13%,选择"在不损害他人利益的前提下,维护个人正当利益"者达80%,对"人人都是主观为自己,客观为别人"这一观点,赞成和有点认同的占65.9%。由此可见,大学生在进行具体的价值目标选择时,更偏重于个人利益和个人发展,社会只是作为个人发展的现实条件。这种抽象价值取向和具体价值选择上的矛盾性,表明集体主义价值观念还没有成为大学生的价值取向。

因此,坚持以人为本的教育理念,根据大学生成长成才的规律,促进学生思想道德素质、科学文化素质、身体心理素质、实践创新素质全面协调的发展,这是当代大学生顺利、健康成长的迫切需要。

五、本科生导师制的理论依据与现实价值

(一) 实施本科生导师制的理论依据

1. 本科生导师制很好地阐释了教育的涵义。教育是一种影响人们知识技能、思想品德、身心健康的形成和发展的活动,不只是简单的知识与技能的传授,更为重要的是情感、人格与心理的教育。现代教师不仅是传统的"传道、授业、解惑",还是人类灵魂的工程师,肩负着健全学生心理、提升学生情感、陶冶学

生性情的重任。而空有知识与技能，没有健全的人格、正确的人生观不但不会为社会服务，甚至还会对社会带来危害。实施本科生导师制将德育教育放在了一定的高度，很好地阐释了教育的涵义，将教书与育人完美地结合在一起。

2. 本科生导师制是生活育人原则的体现。学校德育工作不仅要落实于学校之中、课堂之上，还应延伸拓展到整个社会与生活之中。这也正是现代教学所倡导的大教学观的重要体现。生活即教育，我们的教育要回归生活，这样才能避免空洞而机械的说教，还原教育的活力与魅力。引导学生关注生活中的小事，这样才能让学生从所熟悉的生活入手，将理论准则与行为实践结合起来，促进学生道德的内化。本科生导师制正是实现德育生活化的重要体现。

3. 本科生导师制是人本管理理念贴合实际的践行方式。现代教学提出了以人为本的教育理念，提出教育要面向全体学生，实现人人得到不同的发展。实施本科生导师制正是人本教育管理理念在教学中的集中体现。在学生管理和教学中更能体现学生的中心地位，更能让教师全面深入地了解学生情况，从而真正实现教学面向全体，尊重学生间的差异性，更能展现学生的个性。因人而异、因材施教，这样更能有针对性地发展学生的个性，培养学生的优势与特长，培养学生健全的心理与人格，让学生身心健康发展。

（二）推行本科生导师制的现实价值

随着我国社会、经济的发展，德育教育也在发生相应的变化。但我们对德育研究的力度却远远低于智育，目前大学教育的应试教育，智育受重视程度远高于德育。传统的思政课教师、辅导员、班主任"三位一体"的德育模式无暇顾及全体学生的个性发展，专业课教师"只管教、不管导、不育人"，家庭教育弱化的现实迫使我们探索新的德育模式。

1. 实施本科生导师制是加强大学生思想道德建设的需要。随着国际国内形势的深刻变化，改革开放的进一步深入，出现了经济成分和利益格局、社会生活、社会组织形式、就业岗位和就业形式的多样化特点，各种思潮和价值形态不断涌现，其中夹杂的拜金、享乐、暴力等思潮，对当代大学生人生目标的正确树立及人生价值的实现产生了重大冲击。高校德育工作面临着新的形势和重大挑战。如何探索和寻求一种符合实际的德育工作新途径已迫在眉睫。

2. 实施本科生导师制是探索德育教育新模式，是解决德育工作存在的较普遍问题的现实需要。我国高校德育工作存在一些较普遍的问题，如德育目标过于理想化，缺乏层次性和现实性，忽视学生个体心理需要；德育内容空泛、滞后，难以适应社会发展；德育手段和方法过于单一，注重理论知识的硬性灌输，融于整体教育手段不多；德育环境亟待优化等。结果是部分学生出现了思想道德观念滑坡、社会责任感缺失、价值观倾向功利化、厌学情绪普遍较重、思想上存在自卑的心理倾向等不良思想现状。随着我国社会、经济的转型，德育目标、德育内容、德育手段与方法都应发生相应的变化，这就要求我们必须加强教学改革和创新。本科生导师制作为一种新型德育教育模式，真正体现教育面向现代化、面向世界、面向未来的理念，是解决当前德育工作存在问题的有效途径。

3. 本科生导师制是提高高校德育工作实效性的有效保障。目前，大学生的思想、行为、生活复杂化的趋向明显，价值取向呈现多元性和不稳定性的特点，传统的思政课教师、辅导员、班主任"三位一体"的德育模式因责任不明确和师生沟通渠道狭窄已显单薄，无法有效兼顾全体学生。思政课教学能够开拓学生的理论视野和阅历，却常常缺乏师生之间真挚的交流；班主任班级工作目标明确，却常常因为责任意识淡漠导致工作效果"参差不齐"；辅导员责任重大，却常常因为配置不足，工作繁琐而"有心无力"。本科生导师制能够充分发挥教师"授业—传道—解惑"的三维功能，根据学生的特点和差异，实施分类、分层德育，提高德育的针对性和实效性，最终实现使学生"专业技能"与"思想道德"同步发展的育人目标。

4. 本科生导师制是提升学生人才培养质量的有效探索。从高校发展的角度而言，本科生导师制注重整体功能，强调各个部门和岗位协同育人，要求部门之间去"形式主义"，是提升人才培养质量的"黏合剂"和"催化剂"；从师资队伍建设的角度而言，通过本科生导师制激发教师的责任意识，改变了以往任课教师只"教"不"导"的状况，倒逼教师自身潜力的发挥和综合职业素养的提升；从学生成才的角度而言，实施导师制让学生更加了解和信任教师，不仅从学业上获得进步，更是在人格上受到影响，能够在"导师"的关爱中充分成长成才。

5. 本科生导师制为实现德育和心理健康教育的有机结合提供了一个崭新的平台。本科生导师不仅是学生树立人生理想的指导者，是学生思想成长的培育者，而且是学生心理健康的维护者，是学生多方面发展的辅导员，是把学生塑造成新型人才的"工程师"。通过与学生聊天、谈心的方式和学生加以沟通，在这个过程中，"导师"有意识地将心理健康教育的若干理论和操作技巧运用到德育中，运用行为科学的可操作性的技术来矫正学生的问题行为，采取个案辅导，共同商量、制定、执行行为矫正的方案。帮助他们解决问题，改善人际关系，从而培养学生的健全人格。

6. 本科生导师制的推行有利于丰富德育方法和改进德育方式。传统德育主要运用说服、榜样、评价等方法来提高学生的认识，培养和发展学生的思想品德。心理健康教育的开展使教育者把心理健康教育的方法引入德育，如：宣泄法、疏导法、角色扮演法、共同探讨解决问题的方法等，从而丰富了德育的方法。此外，心理健康教育的开展使部分教育者改简单粗暴的方式为学生易于接受的方式。两者结合有利于丰富德育方法和改进德育方式。

7. 本科生导师制有助于培养大学生的创新精神。创新是一个民族进步的灵魂，是一个国家兴旺发达的不竭动力，也是时代的基本精神。培养大学生的创新精神和创造能力，已成为教育者的共识。在即将到来的知识经济条件下，经济和科技的竞争，不仅是人才数量和人才结构的竞争，更是人才创造精神和创造能力的竞争。培养学生成为具有创造性思想、创造性能力的人才，既是高等教育培养人才的方向和目标，又是我国教育改革和发展的方向和重点。创新虽是人的本能，但人的创造性却是潜在的，需要后天的教育和培养。无论是从生理上，还是从心理上看，大学期间都是学生创新能力充分显示的高峰期。为培养其创新精神，教育者需要为他们提供一个宽松、崇尚激发创新的教育环境，并授之以一套创新方法。

六、加强和完善本科生导师制在培育合格公民方面的基本策略

关注公民教育，把公民教育融入日常教学之中，这对我国高校的教育者来说提出了更高的要求。但事实上，专业课的老师更

多关注的是学生的专业课成绩,而辅导员不得不投入更多的时间和精力在班级管理上面,那么谁来关注学生的个体发展?我们对此的回答是:本科生导师。建立这种"导学"关系对于促进大学生公民品格的养成具有重要意义。本科生导师制的初衷是情感引导和潜移默化的人格熏陶,这需要基于平等互信的师生关系,而导师制的教育形态就是"教书"与"育人"相结合,实现大学生成才与成人的相辅相成。借助本科生导师制推进公民教育,笔者认为可以采取以下几种策略。

(一)在思想认识上,提升本科生导师制的地位

1. 提高师生双方认识,加强宣传工作。在导师中充分宣传导师制对大学生公民教育的重要意义,让导师以饱满的热情投入到对学生的引导和教育中去,尤其选择有丰富思想政治教育工作经验的教师担任导师,可以采取导师组的形式,保证每组内的导师相互协调搭配;鼓励同学与导师联系,给予部分经费支持。

2. 树立典型,奖励模范。在导师制的实施过程中,可以进行阶段性的评估,对活动形式好的和沟通交流效果突出的小组给予物质或者精神上的奖励,并不断在导师和学生中间宣传导师制的作用和学校相关政策,定期表彰先进典型事迹,对其他导师组的活动和工作给予指导。

(二)在制度上,完善和健全各项相关机制

1. 完善激励和测评机制。对于在导师制的工作中表现出色的导师应及时给予宣传和嘉奖,但对工作的评价应主要考虑学生的表现,特别是学生成长、成才方面的主要成果,可以定期开展座谈和调研活动,及时跟踪导师制实施情况。

2. 完善导师分配制度。起初分配导师可以采取随机原则,

但后期应根据师生双方意见给予调整机会，使导师的配备达到最高的效率，尽量提高同学对自己导师或导师组的满意程度，以激发同学们的活动热情。

（三）在形式上，期待多元化和创新性

1. 发展多种沟通渠道和活动形式。学校和学院之间相互学习成功的经验实例，将师生之间的活动多元化，扫清学生对于公民教育的厌恶情绪；利用现代的互动方式，包括博客和公共主页等信息平台，打破部分院校地理上的限制，更深层次地与广大学生交流、沟通，将导师制的作用最大限度地发挥。

2. 与学长辅助互动有机结合。可以让优秀的高年级同学加入导师制执行计划，即每个导师或导师组配备若干名学生助理，负责与同学的日常定期沟通和常见基本问题的解决。同时，同龄人的加入往往可以让广大同学对导师制增强亲切感。

3. 导师要为大学生积极拓展社会实践渠道，坚持理论与实践相结合，发挥社会实践在公民教育中的重要作用。要鼓励学生走出校园，走进社会，了解国情，参加公益活动、文化建设、社区服务、勤工俭学、志愿者活动等各项社会实践，引导学生在实践中增知识、受锻炼、长才干，培养主人翁意识和社会责任感。使学生在各种活动中加深对公民的权利和责任的理解，引导学生把远大的理想同时代的发展要求统一起来，把实现自身价值与报效祖国服务社会统一起来，把学习书本知识与投身社会实践统一起来，实现公民教育的目标。

培养合作能力：适应多元文化与全球化的素养

20世纪90年代以来，全球化进程加速发展，多元文化现象日益凸显，成为当今世界的又一鲜明表征。多元文化这个概念随着全球化的迅速发展应运而生。在全球化浪潮的冲击下，伴随着经济全球化的快速发展和信息时代的到来，世界文化多样性的发展以及不同文化之间的交流与碰撞，更是促进了不同文化共生共存的多元文化格局的形成。我国为五十六个民族组成的多民族国家，本身即为一个多元文化的国家。在全球化与多元化并存的时代背景下，对大学生的教育及其思想、信念、价值观、道德观等方面都产生了重要的影响。不管是世界顶级学府哈佛，还是耶鲁大学，都非常重视校园多元文化氛围的营造与维护。培养适应多元文化的素养是哈佛大学本科生教育的教育目标之一。教师是大学的灵魂，教师队伍的质量直接关系到教育的质量和效果。哈佛第23任校长柯南特认为："大学者，大师云集之地也，如果学校的终身教授是世界上最著名的，那么这所大学必定是世界上最著名的大学。"可见本科生导师在培养学生中的重要地位和作用。本科生导师应对大学生进行悉心引导，并积极努力提高自身全球化与多元文化的素养，以更好的引导学生，培养大学生的合作能力。

一、适应多元文化的校园

文化是一个国家、一个民族的灵魂。文化兴则国运兴，文化强则民族强。习近平主席在十九大报告中明确提出，全面建设社会主义现代化国家新征程要坚定文化自信，推动社会主义文化繁荣兴盛。大学校园文化与环境受五十六个民族文化的交融与影响。不同民族间需要相互包容、相互尊重，以消除由民族文化和宗教信仰等差异出现的问题。不同背景的学生在同一校园里共同学习和生活，将有利于和谐社会的构建。大学生是思维活跃，认知能力敏锐，接受事物较为迅速的知识群体，其思想活动和行为方式有着深刻的时代烙印，体现出鲜明的时代特征。校园文化是一所高校生存和发展的精神动力，是高校的精神和灵魂，潜移默化影响着大学生的思想观念、价值取向及行为方式。当今我国的大学校园正面临着大众文化与精英文化的对峙、传统文化与现代文化的撞击，这些都对大学生的价值观、理想信念、学习与生活，甚至整个人生产生难以想象的重大影响。所以引导大学生适应多元文化也是本科生导师的主要任务之一。要大学生适应多元文化，需要学校、本科生导师和学生自身多方面的努力，以下将从三方面来分析如何使大学生适应多元化文化的校园甚至社会生活。

（一）建设多元文化背景下的校园文化

大学校园文化具有群体相对稳定性，一经形成就具有自己的历史延续性。校园文化的传承是内在的、基因的传承，而不是文化现象的传承。就像葡萄与美酒，葡萄保存不当可能会腐烂，而用上好的葡萄酿造出的高品质的美酒，却会愈久弥香。大学会因外在或内在的环境与条件的变化发生变化，而好的校园文化是不会变的。20世纪的清华大学随着整个国家坎坷命运的变化也曾历经风雨，但清华校园"自强不息 厚德载物"的校园文化却影响着一代又一代人投身拯救和建设国家的事业中，使清华大学跻身国际名校的行列。多样化的社团与多元化的文化氛围营造了具有特色的耶鲁大学，为培养学生开阔的视野、批判性的思维力和领导能力以及包容和公正的精神，发挥了潜移默化的作用。但耶鲁的灵魂所在为耶鲁大学恒久不变的大学精神和校园文化，即维护独立自主，尊知识价值以及对人的发展和社会责任的看重。

校园文化不是像传统教育一样的灌输，而是通过校园文化环境潜移默化的影响和熏陶师生，使之按照校园文化行为，并内化成信念、觉悟、习惯，从而刻上特定校园文化的烙印，使校园文化得以不断传承与延续。在多元文化背景下，大学校园文化建设要注意容纳"差异"，善于从不同的思想观念中获取新的认识，善于从不同角度和思路思考同一问题。大学校园文化建设要注重从多视角冲破固有的思想框框，不断从事物的不同侧面甚至对立面提出问题。美国艾奥瓦大学是一所综合性、研究型、国际化的大学，也非常重视对校园多元文化环境的营造与建设，进而提升学生的综合素质。来自不同国家、不同文化背景的学生在艾奥瓦大学不仅仅是进行文化知识的学习与学术交流，更是融入一个截然不同的新的文化圈子，切身感受跨文化和多文化交际。为营造更好地校园多元文化环境，艾奥瓦大学克服"囿于所熟悉的一切"这种思维惯性，不断寻找新的合作伙伴，专注新的研究领域，从新的角度出发解决问题①。

高校是思想文化建设的重要场所，其重要使命之一就是将先进的价值追求与行为准则传授给青年大学生，进而促进人类进步与社会发展②。高校校园文化一般由物质文化、制度文化和行为文化构成，建设校园任何一方面都不可忽视。多元文化背景下的大学校园文化建设要始终以社会主义核心价值观为主导，注重校园精神文明建设，注重多元文化下的融合创新，倡导优秀的中华传统文化。建设大学校园文化要加强网络宣传导向，充分利用学生离不开的网络和电子信息技术，巩固校园文化建设的新阵地。校园文化建设不仅需要学校领导层面制定政策，作出规划，更需要全校师生共同努力创造和传承校园文化。

（二）培养本科生导师的多元文化素养

教师是学校和教育的主体，教师的质量高低影响教育质量的高低。十九大报告中提出要优先发展教育事业，加强师德师风建设，培养高素质教师队伍。我国是个多民族的国家，且随着社会的发展，学校里学生的文化多元性日益凸显，教师同样也面临着多元文化的挑战。例如最近南开大学招聘辅导员的要求，只需要懂维吾尔语的2018年应届硕士毕业生即可参加应聘，这样的高等学府在降低少数民族班专职辅导员招聘要求的同时，也反映着

---

① 吕伊雯："营造校园多元文化氛围培养具备全球性思维的人才——访美国艾奥瓦大学执行副校长布伦特·盖奇"，《世界教育信息》，2017年第14期。

② 朱吉韬："多元文化视野下的财经院校校园文化建设——以贵州财经学院为例"，博士学位论文，贵州财经学院，2011。

现代很多博士毕业生都缺乏多元文化的意识与培养，反映着大学教师多元文化的匮乏与意识的淡薄。本科生导师指导学生适应多元文化的前提是自身必须具有多元文化意识与能力。在美国华盛顿和印第安纳大学，职前教师只有在选修一门或几门多元文化相关课程的前提下，才能达到申请教师资格证的合格标准。

培养本科生导师的多元文化素养，需要本科生导师有意识涉猎或者学校对教师开设人文科学、社会科学、艺术科学、自然科学、生物科学，沟通协商、批判性思维、归纳分析、逻辑推理素养领域的课程，多元文化反省素养领域的课程等培养课程，提高教师的多元文化素养和人际交往能力。可以聘请校外相关专家学者进行讲座学习与交流，还可以利用网络课程学习多元文化知识。本科生导师还应注重专业实践的锻炼。大部分高校教师为从"校门"到"校门"，缺乏实践。本科生导师不仅要进行专业实践，还应加强其他实践练习，如深入到少数民族地区，深入学习少数民族文化，从而为以后更好地指导少数民族学生做好准备。此外，学校在选聘本科生导师时还应多关注多元文化素养考察的教师，本科生导师资格审查时重视申请者是否具有作为一名优秀教师的潜质：包括对申请者学术能力的考察、实践反思能力的考察、人际交往能力的考察以及多元文化素养的考察。

（三）培养大学生的多元文化意识

多元文化已成为现代校园文化的格局和趋势，当代大学生必须学会接受和适应多元文化，努力提高自身多元文化素养。多元文化素养是现代大学生必备的综合素养之一，对其将来的学习、工作和生活有较为深远的影响。哈佛之所以能培养出极具创造精神的毕业生，一个重要的原因是在哈佛，不同特长、不同种族和不同文化背景的学生，融合在一个通过不断地交流与交融而形成的多元文化氛围之中。耶鲁大学也非常重视其校园文化的多元性。它是美国大学中最早接受异教徒学生、最早授予黑人博士学位、最早接受女生、最先授予中国人学士学位和日本人研究生学位的大学。正是博大的胸怀和多元文化的氛围，成就了一批批耶鲁优秀的人才。在多元文化氛围熏陶下的学生，适应和培养多元文化意识就显得格外重要。

刚跨入大学校门的大学生，大部分都刚刚成年，人生观、价值观和世界观还处在初步建立的朦胧甚至混乱阶段，核心价值观尚未形成，自我鉴别的意识和能力也比较差。要培养学生的多元文化意识，需要多方面作出努力。习近平主席在十九大报告中告诉我们要坚定文化自信，推动社会主义文化繁荣兴盛。国家从宏观层面为培养大学生的多元文化意识营造了一个良好的社会文化环境。学校积极建设多元文化背景下的校园文化，为大学生多元文化意识的提高创造良好的校园文化环境，重塑学生的文化自信心。此外，学校还可以开设一些关于多元文化和培养多元文化素养的选修课，从课堂上帮助学生形成多元文化意识。如开设多元文化必修课程、口头表达课程，进行小组学习实验、提供性别研究项目等。著名的哈佛大学第 25 任校长 Derek Curtis Bok 认为以上形式多样的活动，可以帮助学生懂得如何更好地与他人相处共事，使多元化的学生在校园里和谐发展。

当代大学校园中，拜金主义日渐盛行，一部分学生文化自觉意识模糊，传统文化素养低，容易受网络上或者其他地方的一些不良和低俗文化影响，如 PGone 的《圣诞夜》等歌曲中歌词低俗恶劣，但仍有较多的粉丝喜欢，且这部分粉丝多为在校高中生和大学生。可见，多元文化中，不仅有我们倡导的"正能量"的多元文化，也有低俗"负能量"的部分。培养学生的多元文化意识不仅需要国家、社会和学校、教师作出努力，帮助激发学生对"正能量"多元文化和传统文化的认同感和归属感,去伪存真,还需要大学生提高自身适应和培养多元文化素养的主体意识,多接触"正能量"多元文化,汲取营养,去除多元文化中糟粕的部分。大学生还应积极主动地接受和学习多元文化,无论是在课堂上,还是在社会活动中,与不同文化背景的同学接触,思考如何与之打交道,这些都对未来进入职场、工作和生活都有很大帮助。此外,大学生还应在在导师的指导下,充分利用学校资源和网络社会资源等,从课程学习、网络学习等多方面培养自己的人际交往能力,领导能力、仔细聆听的能力、理解他人情感和行为的能力。

二、培养全球化素养

随着全球化浪潮的推进,各国之间的联系日益密切。当今世界,多元文化现象在广度、深度、强度和密度四个维度上不断推进,逐渐形成当代全球化的强势语境。西方各种政治思潮,社会思潮,文化思潮对世界观、人生观和价值观尚未完全形成的大学生带来了很大的冲击,对当代大学生的价值取向,思想观念,学习和生活方式产生了广泛而深刻的影响。全球化所带来的"多元文化现象"已经成为当代大学生要面对的现实。许多发达国家都非常重视培养具有全球化素养的人才,日本在 1996 年就呼吁举国推行教育国际化,2000 年,澳洲课程组提出了"世界层面课程"的理念,美国在 20 世纪末开始对教育的国际化维度给予了特别的关注。培养具备全球性思维的人才,不仅是全球化时代的需要,更是大学生自立自强、接轨国际化的需要,甚至事关整个中华民族的富强与繁荣。放眼全球,顶级学府都非常重视教师和学生的全球化素养的培养。美国艾奥瓦大学致力于培养具有全球性思维的人才，为全球的公众利益服务。耶鲁大学一直致力于创造一个由全世界精英人才组成的校园，拥有国际性的教师队伍和学生群体，耶鲁大学能够使所有的学生接触到多种多样的观点和形形色色具有不同背景的人，从而培养耶鲁人的全球化意识。哈佛大学在招生时就看重和考量学生的全球化和综合素养。随着全球化进程的加快，大学有责任培养学生的国际意识，以帮助他们更好地应对全球化带来的挑战。这不仅是学校的责任，更是与大学生关系最密切的本科生导师的职责。要培养学生的全球化素养，不仅需要从大学生本身着手，培养提高本科生导师的全球化素养亦不容忽视，它是培养学生全球化素养的有力支撑。所以要培养学生的全球化素养要从本科生导师和学生两方面入手，以更好地培养出具有全球化素养的大学生。

（一）培养和提高本科生导师的全球化素养

培养和提高本科生导师的全球化素养不仅是教师专业化发展的重要路径，同时也是创设学校国际化的校园环境、培养学生全球化素养的重要支柱。然而大部分高校国际化教师队伍结构建设处在雏形阶段，聘用外教水平普遍偏低。外籍教师多以讲座型和短期交流型居多，长期聘任的数量很少；而且在外籍教师中语言教师居多，专业教师比例较小。为了更好地实行本科生导师制，高校在招聘外籍教师时应积极引进国外优秀人才资源，积极拓宽高校教师引进渠道，实现国际化的招聘程序，吸引更多有海外留学背景和任教经历、掌握行业领域国际前沿专业素养的海外优秀教师。还可以吸纳跨国公司有丰富海外经历的相关人员，以兼职、客座教授等形式把他们吸纳到教师队伍中。此外，聘请国际上有一定影响、管理上有一定经验的外籍专家参与教学管理活动和高教的发展咨询，把外国先进的办学理念、管理模式引进来，在互动的过程中直接促进我国高职教师队伍与国际接轨。

据调查，多数高校教师出国留学的派出力度仍处于较低水平，与实际需要相差甚远，多数教师缺少走出国门与国际同行进行学术交流或合作研究的机会。而且许多教师自身的国际化意识也不强，能力较低。由于家庭、待遇以及制度支持等方面的原因，在出国进行学术交流方面的意识还不是很强，尤其对于大部分地方院校，绝大多数教师双语教学水平较低。教师的国际化水平直接影响学生的全球化眼光与素养。培养和提高本科生导师的全球化素养，需要提高教师的国际化水平，开展多形式、多维度、多层次的教育合作和交流。学校应积极鼓励支持教师到国外进修、访问，支持教师参加国际学术会议，开展国际学术交流，创设条件鼓励教师参与国际科研合作项目；邀请国外知名校长、各领域专家、学术团体来学校开展专业培训、举办学术或科技类讲座；教师自身也应具有全球化的眼光，积极学习和熟练英语等外语，多阅读外文文献与资料，为以后出国访学、进修或者交流做好准备。

除了以上提高外籍教师招聘比例和原有教师加强国际交流之外，在知识社会文化全球化的背景下，本科生导师作为知识社会的催化剂、应对者和主力军，作为文化的建设者和反思者，还必须提高自身修养，处理好两层关系：第一，教师要实现知识与文化的共生共进，不限于功利性的知识追求，更要提升自身文化修养；第二，教师要实现多元文化的整合和创新，不只做历史文化的传递者，更成为新文化的创造者。教师要挑战对全球化与多元文化的选择、传递和创造，对学生的不同文化及各民族的文化特征有充分了解，就需要建构一套包括认知能力、信息素养、多元文化素养、批判思维和全球化素养等能力与素养体系，以更好的对大学生进行指导。

(二) 培养大学生的全球化素养

培养大学生的全球化素养是哈佛大学本科生教育的教育目标之一，是当代大学生应具备的核心素质之一，也是我国实行本科生导师制的目的之一。全球素养（Global Competency）这一概念出现于西方国家，也被译作"国际能力"，不同学者和机构尝试对全球素养的内涵进行阐释，虽然这些概念及其表述有所差异，但其表达的基本内涵并没有实质性的差异。大多数学者认同全球素养应该包括知识、跨文化技能、态度等基本内容。所以要培养大学生的全球化素养，也应从培养和提高以上三方面能力和态度着手。

全球化参与和全球化校园环境感知是大学生全球化素养发展的重要影响因素。高校应树立"培养具备全球化素养人才"教育理念，并注重国际化课程的开发，为培养大学生的全球化素养营造良好的校园环境，提高大学生的全球化参与度。在国际性课程的开发和设置上可以借鉴20世纪末期哈佛大学商学院所实施的"插入"[①]（Insertion）和"融入"[②]（Infusion）模式，以及后来在这个模式基础上形成的"交融"（Inserlock）模式。还可以开设大量的跨文化课程、开设外语学习课程、提供海外学习或是工作的机会，以及吸引大量国际学生的加入，这些都有助于拓宽学生的国际化视野。Krista M. Soria 研究发现，参加校内全球化国际化课程作业、与国际学生交流、参与全球化国际化课程等活

---

① "插入"模式是指开设以全球化为主体的独立课程，而"融入"模式则是指将全球化课程融入所有学科之中。

② "交融"模式则是探讨全球化与专业课知识之间的一个交叉。

第七章 培养合作能力：适应多元文化与全球化的素养

动的学生比参加出国学习活动的学生在全球化能力的提升上更加明显。国际化课程的开发与开设，可以培养学生对他国文化的包容性和对不同观点的敏感度。当然通过大学生的国际交流和交换，可以增加大学生在非本土环境下的跨文化学习和生活经验，增加其跨文化学习的经验和技能。

培养大学生的全球化素养，大学生自身也应摆正积极的态度，尽可能地多参与与全球化有关的活动。首先，大学生应树立全球化意识。大学生全球化意识的养成需要从平时生活和学习中慢慢积累与形成，大学生在平时应该多关注国际动态，多涉猎有关全球人文、生态等新闻与议题，尤其应该聚焦能够开阔全球视野、增进学识的新闻频道、探索节目和报纸杂志。如此耳濡目染、潜移默化才能够使大学生真正成为"立足本国，放眼全球"的世界公民。其次，积极参与全球化教育，提升全球化参与水平。在高校学习过程中，大学生应积极投身到全球化学术活动和非学术活动之中。在全球化学术活动方面，大学生不仅要主动在学术讨论中积极发言，表达自己的见解与想法，还要主动参与到团队的课题研究和外籍教师的相关研究之中。同时，同国外学生开展合作学习、参加国际性学术讲座与会议等都是大学生提升全球化素养的直接和必要途径。在全球化非学术性参与方面，大学生不仅可以自动参与国际性事务，例如捐款义卖赞助国际灾难救援、参与非政府组织的国际性活动、担任各类国际性大型会议或运动会志愿者等，还可以自发的组织社交活动，如同国际学生开展各种文化周、交流节等，同时也要积极申请学校组织的短期交换项目，亲身体验国外的学习和生活。这些非学术性的全球化参与不仅能够增强国际交流能力，还能够提升国际自信心，提升大学生全球化素养水平。同时，在经济日益全球化的时代大背景下，世界各国之间的文化交流越来越频繁，国外精华的文化与事务和糟粕的文化与事务都会接踵而来。如近几年美剧和韩剧的流行,剧中女主角的服饰、使用的化妆品甚至炸鸡啤酒都成为年轻人争相谈论的话题。对于价值观尚未完全形成的学生应主动甄别,增强本民族的文化自信,可以去了解一些国家的历史和现状,学习外国文化中经典的具有创造力的部分,而不是盲目跟风,学行为举止,学穿着打扮。

除此之外,对大学生全球化素养的培养,还离不开外界的帮助,要充分利用社会资源。对大学生全球化素养的培养,离不开社会资源的支持,如家长和社区的支持,从社会生产、社区生活的角度为学生提供真实的学习机会;通过获取行业雇主的支持,加强学校教育与职业教育的结合。如与博物馆、科技馆、科研单位、企事业单位等签订协议,发展大学生的课外实习基地,包括综合社会实践活动基地和科学实践基地,这些实践基地的建设,极大地丰富了教育的课程资源和师资资源,是培养和提高大学生全球化素养的有力保障。

培养大学生适应多元文化和全球化素养,是我国现代教育的主要任务之一,更是新时代对人才提出的新要求。本科生导师应重视和加强对学生适应多元文化和全球化素养的培养,同时努力提高自身的多元文化和全球化素养,以更好地引导学生。同时,在西方文化的冲击和我国本身多民族多元文化的国情下,高校加强多元文化背景下的校园文化建设,可以帮助学生找到明确的文化方向,更快更好地树立正确的世界观、人生观和价值观;也可以更好地帮助本科生导师对培养学生适应多元文化和全球化素养进行有效指导,以增强学生的合作能力,为我国培养社会主义合格的接班人。

第八章
重新认识世界：培养广泛的兴趣

大学教育为学生敞开了一扇门，使他们有机会接触到新的思想，获得新的观点。1904年海伦凯勒在拉德克利夫学院的毕业典礼上曾经说过："大学教育激活了我的思维，开阔了我的视野，赋予了我真知，让我重新认识了世界"，这句话体现了本科教育的真谛。大学课程里的经济管理学、法学、文学、天文学等领域的专业课程学习为学生今后从事该领域的工作打下了坚实的基础，选修课程有助于拓展学生在音乐、人类学或其他诸多领域的兴趣。然而，在现实中，当代大学生的学习兴趣存在着不同程度的匮乏状态，因此，提高大学生的学习兴趣，培养其广泛的兴趣爱好是现代教育的任务之一，更是对本科生导师的基本要求。高等教育应重视大学生学习兴趣尤其是专业兴趣的培养，尊重大学生的兴趣爱好，为创新人才成长营造环境。要培养大学生广泛的兴趣，设置和实行通识教育①的通识课程是一种很重要的方法。要成功推行适合我国高等教育的通识课程，首先要精心设计能唤起学生好奇心和学习热情的课程，了解学生的兴趣爱好和天赋也必不可少，同时本科生导师应加以循循善诱，激发学生的兴趣爱好，下面将主要分为两方面进行分析，帮助学生重新认识世界，培养学生广泛的兴趣。

一、设计能激发学生学习兴趣和潜能的课程

美国当代教育家布鲁纳说过："学习的最好刺激，乃是对所学材料的兴趣。"可见，课程的设置和教授对学生学习及其兴趣的重要性。在现代大学教育中，通识教育扮演着重要的角色，它旨在开阔学生的视野，突破专业教育的狭隘性，培养融会贯通、见识广博的人才。当然，通识教育并不仅仅是着眼于知识的广博性。近些年来，通识教育肩负起越来越多本科教育的重任，如培养学生的道德推理能力，增进学生的民族团结，甚至还包括提高学生的外语水平。之所以要像"大学问家、大思想家"学习，是因为他们身上有着独立人格与独立思考的可贵品质，而这正是通识教育的终极追求。因为，教育不是车间里的生产流水线，制造出来的都是同一个模式、同一样的思维，而是开发、挖掘出不同个体身上的潜质与精神气质。通识教育就是要"孕育"出真

---

① 通识教育是教育的一种，这种教育的目标是：在现代多元化的社会中，为受教育者提供通行于不同人群之间的知识和价值观。通识教育重在"育"而非"教"，因为通识教育没有专业的硬性划分，它提供的选择是多样化的。而学生们通过多样化的选择，得到了自由的、顺其自然的成长，通识教育是一种人文教育，它超越功利性与实用性。

正的"人",而非"产品"。大学可以通过通识教育来开阔学生的视野,激发学生的学习兴趣,打破学科或专业领域界限,帮助学生更好地理解世界以及自己在世界中的位置。所以,通识课程的设置对大学生广泛兴趣的培养尤其重要。

(一) 借鉴美国通识课程设置的经验

美国大学通识课程大致有四种类型,形成了四大派别。第一大流派提倡经典名著课程,即选择人类文明发展史上最经典的著作供学生仔细研读;第二大流派拥护概论课程,即提供大量概论课供学生选修,其内容涵盖各大重要学科和领域,如西方文明、科学、技术、价值观等;新近出现的第三大流派主张围绕几种主要的思想方法组织通识课程,即人类如何理解自身以及周围世界;第四大流派支持指定选修课程,即要求所有的学生在几大领域(一般为自然科学、社会科学和人文学科)中各选修一定数量的课程,以确保学生知识的广博性。在四大模式中,名著课程的呼声最高,其拥护者的热情也最高,然而近一百年来美国大学却很少有选择该课程模式的。相反,指定选修课程的呼声最小,使用却最为广泛,美国大多数大学都以不同方式选择了该课程模式。

指定选修课程是最易操作且最易管理的一种课程模式,它的形式非常简单,只要求学生在自然科学、社会科学、人文科学三大领域中各选修一定数量的课程,修满一定量的学分。该类模式还存在其他形式的变体,有些学校将三大领域细化为更具体的范畴(如将自然科学细化为生物和物理,或将人文领域细化为文学和艺术),进一步限定学生的选课范围。与固定死板的传统课程相比,指定选修课程更加灵活多样,这是该模式受欢迎的一大原因。一方面,任何给予学生选择权,允许学生自由选课的课程模式都将受到学生的青睐。另一方面，不同的学生有着不同的学习方式，而选修课给予了学生自由选择课程的权利，使他们得到最大限度的发展。然而，现实问题是很少有学生知道究竟哪门课程最有利于自己的智力和潜能的发挥与发展。给予学生自由选课的权利，并不意味着学生一定能找到最适合自己的课程，获得最大限度的发展。有时候学生选择课程并非仅仅是为了发展自己的心智技能或满足学术兴趣，比如有些学生会选择简单的课程，以便有更多的时间从事其他活动；有些学生盲目跟风，只为与舍友或朋友一起上课；有些学生则带有一定的功利性，希望为以后找工作或进入研究生院学习做准备等。可见，在美国采用较多的指定选修课程也不是能很好地激发和培养学生的学习兴趣和潜能。

（二）指导选修课程的设置和推行

从美国通识教育及通识课程的选择和实行情况来看，经典名著课程固然经典，但很多时候其内容晦涩难懂，课堂教学枯燥乏味，不但没有激发学生的求知欲，反而会使许多学生望而却步；概论课程主要是向学生灌输大量的事实性知识，这种形式的教育模式，知识来得快忘得也快；探究课程并不适合所有的学生，比如向英语专业的学生展示科学家是如何发现次原子物质的过程，并不一定能够激发他们对科学的研究兴趣。在美国采用最多的通识课程是指定选修课程，因为它有很多的优势，但指导选修课在实施过程中也暴露出很多问题，其优点我们可以借鉴，但缺陷也应予以修正，找到适合我国大学生学习情趣培养和潜能发挥的课程。指导选修课是在指定选修课的基础上更加强调导师的指导作用，在充分发挥指定选修课灵活性和自由性优势的同时，在导师的指导下最大限度地规避学生盲目和跟风选课的缺陷。指导选修课不仅给予了学生充分选择权，最大限度地唤起学生学习的兴趣，而且能够在本科生导师悉心负责的指导下让学生找到最适合激发自己学习兴趣、发掘自身潜能的课程。此外，相对于其他三种经典的通识课程类型，指导选修课易于操作，实施简便，既省钱又能取悦学生，对学校的外在形象十分有利。当然，指导选修课若想在大学里成功推行并不容易，还需要同时具备三大条件：首先要有一群天资聪颖、学习动机强烈、有"全面发展"愿望的学生；其次要有一组精心设计、能唤起学生好奇心和学习热情的课程；最后，要有一批尽心尽责、愿意花时间为学生提供咨询的老师。

要成功推行指导选修课，首先，本科生导师应了解学生的兴趣爱好和天赋，还要有一批学习动机强烈、有"全面发展"愿望的学生。教育家孔子约："知之者不如好之者，好之者不如乐之者"。乐学才能孜孜不倦地学习探索，才有好奇心和强烈的求知欲，才会由"学会"进入"会学"和创造性学习境界。自我决定理论认为，大学生的学习兴趣来自于其内在的自我决定倾向，这种倾向决定了其对从事某类活动的兴趣，决定了其对从事某类活动是否有益于个人能力发展的认知。[①]而我国的现实情况是大部分学生高考前的全部精力都在准备高考，对自己的兴趣爱好并不清楚，多听从亲戚、朋友的意见，一般以就业为导向，填报志愿时对专业具体情况不了解，造成以后对专业兴趣比较低，整个大学生涯甚至被荒废。所以在大学阶段要激发和培养大学生广泛的学习兴趣，这对大学生的学习生活甚至整个人生都会产生重要影响。要激发和培养大学生广泛的学习兴趣，必须首先了解学生的兴趣爱好和天赋，这样才能"因材施教"，给学生最好的

[①] 李子联："论教师角色在大学生学习兴趣培养中的作用"，《教育在线》，2014年第11期。

指导。根据学生的兴趣、爱好和天赋，培育他们文化、体育、音乐、慈善等各类兴趣，促进学生的全面发展。当然，大学生自身也应多积极主动地展示自己的兴趣、爱好和天赋。拥有一批天资聪颖，善于探究，为追求通识教育而非职业训练来到大学的学生，对指导选修课的通识课程的成功推行也很重要。

要成功推行指导选修课，还需要有精心设计、能唤起学生好奇心和学习热情的课程。目前我国的大学多为综合性大学，很多地方的高校也已实现课程共享，实行联合办学，比如武汉、广州，这使得学生跨专业选修多学科领域课程是可行的。在自然科学、社会科学、人文科学三大领域或其细化的学科选修一定数量的课程，修满一定学分是可能的。有些学生从自己的兴趣出发选修一些自己特别感兴趣的课程，有些学生则是慕名而来，选修一些知名教授的课程。总之，选择越多，学生成功完成指导选修课程的可能性就越大。这样，学生对自己所选修的课程会有所期待，会更积极主动地参与学习，而无须强迫自己学习不感兴趣的课程。有些学生的认知能力能够在音乐课中得到充分发展，而有些学生的认知能力则能够在经济课或数学课中得到充分发展。倘若要求所有的学生都修读同样的课程，其结果往往不尽如人意。指导选修课给予了学生较为充分的自主权，让他们根据自己的兴趣爱好和智力特点选择最适合自己的课程。指导选修课课程考核可以借鉴布朗大学的做法用"通过或不通过"二级记分制，这样可以消除学生的后顾之忧，使他们可以大胆地选修不同领域的课程或尝试新领域的课程，而无须冒降低平均分绩点的风险。指导选修课的课程目标定位要针对通识教育目标而设计，不能像以往的教育模式和课程那样定位的目标功利性和目的性太强。如有些导论课，是专门为学生进入某一专业领域学习做准备，有些课程旨在介绍某一学科的主要理论，甚至有些课程所反映的只是授课教授感兴趣的研究领域。这些课程都忽视了学生的兴趣和发展。指导选修课的课程目标应为激发和培养学生的兴趣和潜能，培养专门人才。

要成功推行指导选修课，还有一个十分重要的条件，即要有一批尽心尽责、愿意花时间为学生提供咨询的老师。指导选修课的施行最重要的一个先决条件是高校要拥有一套完整的选课咨询系统，能指导学生作出明智的选择。而完整的选课咨询系统不仅需要较为先进的计算机技术、系统维护人员，还需要较多的经费投入与师资人力的投入，反而不如由本科生导师直接指导更为直接、有效且节约成本。不仅激发学生学习兴趣和潜能的指导选修课的设置和实施需要本科生导师，直接对大学生兴趣、爱好的激发和培养也需要本科生导师进行指导。关于本科生导师对培养和激发大学生广泛的兴趣爱好，将在下一节详细分析和介绍。

二、循循善诱，激发学生的兴趣爱好

不仅指导选修课的设置和推行需要本科生导师耐心且专业地指导，本科生导师在激发和培养大学生的兴趣爱好中也起着极为重要的作用。直接内在动力是影响学习兴趣的主要因素，外在因素则由于其能够转变为内在动力，因而也是影响学习兴趣的重要因素。曾经有人做过调查：近80%的学生填报高考志愿时选择的专业是听从亲戚、朋友的意见，不是依据自己的兴趣爱好，也就是说大学生在刚入学时对所学专业缺乏兴趣；但是，学生在教师的引导下学习一段时间之后，近63.54%的学生开始对所学专业表现出了学习兴趣；在对毕业论文选题进行调查时，有近34.80%的学生选择的是自己感兴趣的话题，但却有54.44%的学生是选择崇拜的导师和被公认的优秀的导师的研究课题。由此可见，在大学生学习与研究兴趣的培养中，教师的引导及其自身的人格魅力都发挥着很重要的作用。虽然通过心理学研究大学生学习兴趣主要来源于其自身的内在动力，但如果本科生导师能够充分发挥引导作用和"教"的积极性与创造性，不断改善教学态度和教学方法，在很大程度上可以激活大学生的内在动力，从而培养学生的兴趣爱好。本科生导师应充分发挥自身的引导和组织角色，努力把学生的正当个性及兴趣爱好从束缚学生全面发展的管理制度中解放出来，充分尊重学生的兴趣爱好，用心关注学生的成长环境，努力满足学生的发展需求。

在大学生兴趣爱好的培养过程中本科生导师之所以能够发挥着重要作用，主要是因为本科生导师自身优秀的人格魅力、对学生的关怀及其交流互动和有效的课堂教学。以下将通过这三方面来分析本科生导师如何进行选修课的指导，激发与培养大学生广泛的兴趣爱好。

（一）本科生导师要树立良好的内外形象，充分展示优秀的人格魅力

很多学生都会非常关注本科生导师的人格魅力，很多时候会使自己更为努力以成为像所崇拜的本科生导师一样的人，而这种自发的激励会自然而然地激发和强化自身学习的兴趣，愿意听从导师的建议。本科生导师得体的穿着、整洁的打扮和乐观的外表会在学生心中留下良好的印象，毕竟当今社会很多年轻人都是"颜值控"，他们相对更喜欢穿着打扮时尚得体的人。特别是第一次见面时本科生导师所呈现的总体形象会给学生留下非常重要的第一印象。好印象的产生能够使学生在一开始就喜欢上或者不讨厌这个老师，自然而然地，在学生专业兴趣尚未形成的情况下,本科生导师所教授的某门课程也将因此而受到学生的喜欢或不讨厌,本科生导师的选课意见也不会受到排斥。本科生导师的人格魅力既来自于其外在形象,更来自于其内在气质。本科生导师的内在气质能够进一步强化学生对某些方面的兴趣爱好。良好的外在形象能够维持学生对本科生导师短暂的关注,而其内在的气质则能使学生的兴趣得到进一步强化,从而使学生对这一门课程产生更为浓烈的兴趣,并希望导师给予选课的建议和指导。

　　本科生导师应给学生一种干净大方、端庄得体和积极乐观的印象,在讲究普通着装打扮的同时,也可追求适当合理的时髦,这样既可以使教师平易近人,又不至于太过守旧古板。本科生导师平时一定要养成整理衣冠、修缮发须和适当打扮的习惯,这既是对自己的用心,更是对学生的尊重。就内在形象而言,本科生导师应具备基本的职业操守,应对教师工作具有强烈的自豪感、光荣感、义务感和责任感;平等地对待学生,不因自己是老师而对学生置之不理或"呼来喝去",不因学生的性别、形象和出身而对学生施以歧视性的对待;本科生导师应具有实事求是的态度,应在出现错误时勇敢地承认自己的缺点,并且及时地纠正自己的错误。年轻的大学生正处于一个内心偶像缺位的特殊时期,如果本科生导师能够以自身积极且正面的形象出现于学生视野中,那么会很快地成为学生敬重甚至崇拜的对象,并愿意听取导师的选课建议,这对于其学习兴趣的培养和指导选修课的成功推行无疑是积极有利的。

(二)本科生导师应对学生的给予关心关怀,与其进行交流互动

　　本科生导师的关怀及其与学生的互动交流能够培养其与学生的感情,使学生所渴求的被承认感和被关爱感在情感交流中得以满足,而对本科生导师对其选课的指导和所教授课程的兴趣也将因此而得到认可和形成。本科生导师的人格魅力是让学生对其产生了敬重甚至崇拜,但不会让学生感觉"高高在上""难以企及"且"与其无关",存在距离感。大学生正处于自我价值观确立和形成的成长时期,一方面他们强烈希望自己的观点能够被社会和他人认可,从而极力寻求外在世界对其的关注;另一方面又在这一过程中时时表露出无助与孤独,从而极度渴求社会和他人对自己的关爱。在这一过程中,本科生导师的关怀,可能只是在平时生活中或者课堂上一个不经意的问询,都会让学生觉得本科生导师对自己的关注与关心,这对于某些长期沉浸在自己世界中的学生而言,或许就是改变其一生的关键。同时,本科生导师与学生的互动交流,能够有效地拉近师生之间的距离,既可以让教师了解学生的想法与智力情况,从而为其选修课程给予更好的指导;同时还可以更好地组织自己的课堂教学,让学生了解教师的研究和观点,从而更好地拓展学习视野。这些都将直接或间接地增强学生的兴趣爱好,为选修课做好准备。

  本科生导师要对学生给予关心关怀,在课堂上关注每一个学生的听课状态,并用眼神体现教师对学生的关注;在平时主动询问学生的生活或学习状态,并获知学生所存在的困难和苦恼。对学生在生活、学习上遇到的困难和苦恼,应适时地以亦师亦友的身份,给予学生必要的关心和帮助,以使学生从内心里喜爱导师,从感情上接近导师,从而愿意展示自己的兴趣爱好和天赋,愿意听从本科生导师的指导意见,还能够对导师所教授的课程和相关知识产生浓厚的兴趣。另外,在与学生互动交流的过程中,应仔细且耐心地倾听学生的观点,尊重其对相关问题所发表的不同看法,并鼓励和引导其对相关问题进行富有创新的思考。总之,相融的师生关系可以直接影响到学生的学习兴趣和学习效果,影响到指导选修课的推行能否成功。本科生导师应尽心尽责,并愿意花时间为学生提供咨询,帮助学生重新认识这个世界,激发和培养其广泛的兴趣。

(三) 本科生导师要组织有效的课堂教学,增强学生学习知识的兴趣

本科生导师有效的课堂教学能增强学生对相关知识学习的兴趣。有效的课堂教学既能够让学生感受到教师的教研能力,又能够让学生领会到专业知识内在逻辑的严谨与魅力,这都将增强学生对相关课程和知识学习的兴趣。本科生导师是教学活动的组织者和引导者,其对教学模式的采用、对教学方案的设计及对教学语言的组织都将直接地影响学生对相关课程的学习兴趣。本科生导师积极地跟踪专业热点和前沿,且能真诚地为学生选修课程提供参考意见,会使学生能够更好地根据自身的兴趣爱好来选修课程,充分展示他们的天赋。本科生导师饱含激情地讲解专业知识,采用多种教学手段,很多学生也会对这一课堂教学产生浓厚的学习兴趣,甚至有可能对教师的教学产生"期待"。在指导选修课的推行和大学生广泛兴趣爱好的形成过程中,本科生导师的作用是不可或缺的,而要建立师生间的情感和学生的自主性,教师的创造性劳动是必不可少的;当然,更缺少不了师生之间和谐融洽的交流和探讨,缺少不了浓厚的求知氛围。

本科生导师应扎实自己的专业知识,力求在选修课指导中给予最专业的建议;课堂上做到旁征博引,在语言上做到风趣幽默,在表达上做到谈吐不凡,从而提高自己的感染力,增强学生的学习兴趣;要注意改进教学方法,应在教学中创设平等互动的教学环境和融洽和谐的教学氛围,寓教于情,以情感人,使学生以热爱的心态来投入学习,其结果会使学生的学习兴趣得到进一步的强化；在课堂上应有针对性地为学生讲解为人处事的道理，这样不仅可以活跃课堂气氛，教师又可因此而受到学生的敬重。在课堂教学的过程中，本科生导师应首先完善自己的知识结构，并在此基础上采用多样的教学手段、运用先进的教学方法和拥有爱人的善良之心。

当然，要成功推行指导选修课，激发和培养大学生的兴趣爱好，政府和学校创造的良好环境也必不可少。现在大部分省份和地区均采用先发布高考分数后填报志愿的政策方法，这样大部分学生很多时候都是按分择校，按分择专业，很容易忽略其本身的兴趣爱好和天赋。如果改成高考分数公布前先填报志愿的政策方法，可以很大程度上规避忽略兴趣按分择专业的情况。我国建国早期采用的高考分数公布前填报志愿的政策的实施效果很好地证明了这一点，那个时候很多学生都是按照自己的兴趣爱好或天赋来选择学校和专业。学校还应多支持校园内丰富多彩的课外活动，如管乐队、合唱团、话剧社、舞蹈队、校报社、文学社、社区服务中心、政治俱乐部等等，为学生提供一个绚丽多姿的舞台，使学生广泛的兴趣爱好得到充分发展。

个性化的学习规划：为职业生涯做准备

十九大报告中明确提出，要"坚定实施人才强国战略"，人才是一个国家发展的根本动力和源泉。在大学阶段，不管是在本科生导师的指导下，培养和提高学生的语言表达能力、批判思维能力，使其进行有效的思考；还是对学生进行思想品德培育、为祖国培养合格的公民；抑或是引导和帮助学生适应多元文化、培养全球化素养，培养其广泛的兴趣，归根结底都是为了学生全面发展和综合素质的提高，为其今后的职业生涯做好准备。然而职业生涯规划教育在我国起步相对较晚，很大部分大学生对职业生涯规划的相关知识了解不深入。大学生职业生涯规划的意识淡漠，对于职业生涯规划的知识和行动力都相对比较欠缺。不管是十九大报告中提出的要"完善职业教育和培训体系"，还是"深化产教融合、校企合作"，都是为了提高学生的有效输出能力。因而，加强本科生导师对学生职业生涯规划能力的指导和培养，不仅是本科生导师制的基本要求，更是一项刻不容缓的艰巨的时代任务。本科生导师培养和提高学生的职业生涯规划能力，首先需要了解大学生普遍的职业生涯规划现状及其影响因素，然后才能制定个性化的学习规划，为大学生的职业生涯做好准备。

一、大学生职业生涯规划现状及其影响因素

面对近年来大学生"就业难"、用人单位"招聘难"的结构性失业现状，了解大学生职业生涯规划现状，并对其影响因素进行分析，对本科生导师指导大学生的职业生涯规划具有重要意义。做好职业生涯规划教育能够使学生避免陷入"盲目就业"的误区、减少"高违约率"现象，有利于形成人职匹配、人尽其才的社会稳定局面。

（一）大学生职业生涯规划现状

目前，我国大部分高校都很重视大学生就业指导工作，很多学校都开设了职业生涯规划或大学生创业就业指导等类似的课程，并要求学生必须选修。然而，从调查结果和实施效果来看，大学生职业生涯规划也暴露出了一些问题。

第一，虽然大部分学校都重视大学生的就业指导工作，但对大学生职业生涯规划的重视程度偏低。大部分学校一般都是大一开设此类课程一到两门，在课堂上要求他们作出职业生涯规划，而后续在大二大三大四却缺乏相关的跟踪与指导。

第二，大学生的职业生涯规划缺乏专业的指导。职业生涯规划是需要严密计划的指导内容，要在充分了解社会需求的情况

下，结合学生自身特点来制定有针对性的教育。目前我国大部分高校在职业生涯规划教育方面投入的人力、财力、物力不足，许多职业规划指导都是由辅导员来执行，或者由其他行政教师兼职来指导。不管是辅导员还是其他行政教师并不具备提供专业指导的能力，甚至不是专业的授课教师，自身的水平存在较大缺陷，无法站在宏观的角度分析大学生应该如何挑战社会就业现状，无法根据学生个体差异提出有针对性的指导意见。

第三，高校对大学生的就业指导与规划时间上安排不合理。"规划"不同于"计划"，前者应该具有更宽的时间跨度。很多学校在大一新生还处在适应大学生活，对自己的天赋、兴趣爱好并不是很清楚甚至迷茫的状况下，对其进行就业指导。学生对职业规划不清晰，容易在大学期间存在一段漫长的"迷茫期"，不能很好地利用大学时间开展兴趣爱好、特长的个性化培养。还有一些高校大学最后一年才将职业生涯规划作为一门课程推向学生，其意图就是作为就业前的一次短期培训，这样"临阵磨枪"对就业可能有一定效果，但是却忽视了职业生涯规划更重要的是应该作为一个动态、系统、分阶段的引导过程，最终目的是通过规划让大学生发挥出潜能，找到与自身匹配的职业方向。所以，对大部分学生来说，大学开设的职业生涯规划或大学生创业就业指导这样的课程形同虚设。

（二）大学生职业生涯规划影响因素

理论上，大学生职业生涯会受到个人、家庭、学校和社会等因素的综合影响。其中，个人因素对大学生职业生涯规划的影响主要体现在年级差异因素上，大学生性别差异并不显著。可能是由于在竞争激烈的现代社会，在提倡男女平等的时代里，在我国男女同工同酬的体制下，尤其是文化水平较高的女大学生，他们的思想观念发生变化,更加自信、大方、积极进取,具有较高的抱负水平,敢于与男性一起竞争。而大学生的职业生涯规划却有着随着年级的增高而愈加成熟的趋势。大一学生在上大学之前,大部分人对自己的职业生涯和所报学校与专业欠缺考虑,一般是按分择校,按分择专业,再加上专业知识积累还较少,对未来一般都比较迷茫。而大二、大三的学生已经开始适应大学生活,并对本专业有了一定的积累,对社会有了初步了解,对未来的职业规划开始进行方向摸索。大四学生专业基础知识已经具备,心智相对成熟,对前程规划有了一定的经验,对自己的认识也更加清晰。面临毕业择业的问题,大部分人已经规划好自己的职业方向。

家庭因素对大学生职业生涯的规划影响不大。家庭因素中主要是父母受教育程度和职业,然而父母受教育程度和职业对大学生生涯规划并没有太大影响,即不同家庭社会地位的大学生其职业生涯规划没有显著差异。作为职业生涯规划主体的大学生,其自主性、独立性不断增强,视野更加开阔,思想不断成熟,自我意识不断提高,从而促使其更为客观、全面和深刻地认识自我,参考家庭、同学、师长和专家的意见,积极主动地开展职业生涯规划。

学校因素对大学生职业生涯规划有较大的影响。文科生在评估调整层面上显著优于理科生。可能是由于在当今社会中,理工科学校培养的大都是技术型人才,因而理科生具有一技之长,就业总体形势较文科生更为乐观,就业前景较为可观,就业职位较为充裕,社会需求量更大。而文科生的就业相对处于劣势,他们能够意识到就业形势的严峻,积极主动地投入到职业生涯规划当中,及时关注就业信息,制定就业计划,并根据就业形势作出评估和调整。担任过学生干部的大学生在职业生涯规划总体水平和行动层面显著高于未担任过学生干部的个体。这可能是由于学生干部是学生群体中较为优秀的一部分，学习、组织、社交能力相对较强，思想上积极进取，行动上也较为主动。他们有更多的机会参与策划、组织活动，各方面的综合能力都得到很大的提高。因此这些品质促使其为将来的职业生涯做好充分准备，表现出较强的规划能力和行动力。此外，接受过职业生涯辅导的大学生在行动上显著优于未接受过生涯辅导的大学生。因为职业生涯辅导增强了大学生对自己职业生涯规划和职业定向的关注和重视，职业生涯规划认识和规划能力也得到了提高。因此，有必要大力加强开展学校的职业生涯辅导课程，加强教师对学生的指导，引导学生主动关注自我，主动关注职场，主动关注自我发展，合理制定职业生涯规划，积极为设定的目标而努力。

社会因素对大学生职业生涯规划的影响主要体现在是否有兼职或实习经验上。城市是政治经济文化中心，信息流通快速，资源较为充足，城市大学生可以通过就业讲座、图书馆、广告传媒等多渠道了解就业形势，收集就业信息，职业生涯发展相对更为成熟。农村则相对落后，信息流通不顺畅，这些不利于农村大学生的职业生涯规划。但是来自农村的大学生意识到自身的不足，他们积极行动起来，突破城乡差异，甚至其热情比城市大学生还高。有过工作经验的大学生的职业生涯探索显著高于未参加过实践的大学生。可见兼职或实习经验能够使大学生具有工作体验，增进其对职业世界的了解，增进对其自身能力、气质、人格特质、价值取向的深刻了解，并将两者结合起来，增进其职业生涯探索。

从上面的分析来看，学校因素对大学生职业生涯具有较大的影响，学校是大学生从学生转变为社会人的媒介和通道。因而，要提高学生的职业规划能力，学校必须采取积极有效的策略，使大学生为其今后的职业生涯做好准备。

二、个性化的学习规划

从影响大学生的职业生涯规划的因素来看，个人因素主要体现在年级差异上，社会因素只要在是否有兼职或实习经验上，家庭因素不明显，而学校因素对学生的职业生涯具有很大的影响；从大学生职业生涯规划现状分析来看，大学生的职业生涯规划缺乏专业的指导，高校对大学生的就业指导与规划时间上安排也不合理。面对全校数千甚至数万名学生，学校其实很难做到对每一个学生从大一到大四的职业生涯规划跟踪与指导，最直接的原因是学校没有那么多专业的职业生涯规划教师相匹配。而学校因素中，大学四年与学生联系最紧密，最直接的是本科生导师。因而本科生导师在指导大学生大学阶段学习的同时，对其职业生涯规划进行悉心指导，根据每个学生不同的情况制定个性化的学习规划，并提供建议，这对大学生的职业生涯规划甚至整个职业生涯都可能会产生重要且深远的影响。本科生导师在指导学生职业生涯中，为其制定个性化的学习规划是不可或缺且最为有效的重要手段。当然，要对大学生职业生涯规划进行指导，对本科生导师自身的教育能力也提出了更高的要求与挑战。

（一）本科生导师职业生涯规划指导能力的培养与提高

本科生导师要为每名学生量身定做个性化的学习规划，进行职业生涯规划指导，首先需要提高自身的职业生涯规划教育能力和就业指导能力。这需要来自本科生导师自身和学校两方面的努力。

学校层面需要深入加强本科生导师职业生涯规划教育能力建设。学校要站在当今社会的发展以及毕业大学生的就业前景的角度下，不断提高对职业生涯规划教育的重视程度。加强本科生导师职业生涯规划教育能力建设，使本科生导师在大学生职业生涯规划指导上更具专业性，这样的专业化本科生导师队伍可以保障更好更有效地开展大学生职业生涯规划教育。本科生导师需要具有全面的专业知识、丰富的相关企事业实践经验以及对社会发展敏锐的观察力。

一方面，学校加强指导教师团队的培训，提升教师的实践创新能力，提高本科生导师职业生涯规划教育能力。可以采取集中培训和分散培训相结合的方法，通过集中培训，提高本科生导师的职业生涯规划和就业创业指导理论知识储备。高校可以邀请兼职教师以及企业高管来学校讲座、座谈，借助校企合作等形式，不断引入社会发展的最新资讯，开阔本科生导师团队的视野。还可以通过派遣本科生导师赴专业相关企事业单位挂职、交流、访问等形式，了解社会、企业对人才的需求，了解行业发展的状况，提升本科生导师的专业实践能力。本科生导师团队内部定期开展教学研讨、主题交流、案例分析等活动，促进本科生导师团队整体教学、科研、咨询水平的提升。

另一方面，有条件的高校可以实行本科生"双导师制"。建立一支由专职教师为主，专兼结合的教师队伍，以学校专业教师为主，同时邀请相关专业领域企业人力资源高管、资深企业管理顾问、企业培训师、企业工程师、知名校友等人员为兼职教师队伍，建立一支相对稳定、专业化、职业化、专兼结合的学习型本科生导师团队。充分发挥指导教师个人的特长，整合团队配置，做好大学生职业生涯规划、就业创业指导和咨询服务工作。

本科生导师在学生的职业生涯规划中起着很重要的作用，要做好对学生职业生涯规划的指导,需要本科生导师加强自身就业创业教育能力和职业生涯规划指导能力的培养与提高。本科生导师应积极主动地学习有关大学生职业生涯规划和就业创业的知识,进行相关知识储备。鼓励符合条件的本科生导师考取职业生涯规划师,在备考的过程中,也是对自身职业生涯规划能力完善的过程。同时,借助学校的平台或支持政策,认真参加相关培训与课程,并勇于去本专业相关领域的企业进行挂职锻炼,增加实践指导经验,不断提升自身的指导水平。通过不断提高自身的能力与知识素养,满足学生对职业生涯规划的各种需求,从而提高学生学习的热情。

(二) 为学生量身定做个性化的学习规划

每名学生的文化背景、家庭背景、专业背景和个人的性格、天赋和兴趣爱好等是不同的,因而每个人的职业生涯规划也是不同的。尊重大学生的个体差异,不以统一标准限制个体发展,可以使每个人都人尽其才,享受充实而快乐的职业生涯。例如,美国的职业生涯规划教育一直实行以学生为本位的理想主义模式,帮助大学生分析自我的人格特质,树立自我概念,从而初步探索出适合自身的职业环境类型。我国香港地区部分高校在对大学生职业生涯规划教育时,注重"以人为本、全人发展"的原则,运用各种手段开展对学生进行职业咨询和人才测评,了解不同学生的职业兴趣、职业能力、职业倾向性等。根据学生性别、专业、地域不同的综合因素,对学生通过自身特质进行职业生涯规划教育,以达到良好的效果。因而,我们可以借鉴香港地区高校的做法,根据每名学生自身不同的特点,制定不同的职业生涯规划培养方案。这就需要本科生导师对每名学生做好个性化的学习规划,为其以后的职业生涯做好准备。

第九章 个性化的学习规划:为职业生涯做准备

要为学生做好个性化的学习规划,首先要了解和帮助学生了解自身的性格、兴趣爱好和天赋。本科生导师可以通过心理测试和沟通交流的方式进行。心理测试的方法主要是通过一些比较权威的心理测试系统或软件来对学生的性格和爱好进行初步了解。本科生导师还可以通过网络的测试系统,鼓励学生开展职业价值观、兴趣、能力、性格等方面的测试,为学生更全面地认识和了解自己提供科学、客观的依据和参考。本科生导师平日与学生的交流和关怀是进一步了解其兴趣爱好和天赋的必要手段与补充。本科生导师与学生的交流互动,可以拉近师生之间的距离,既可以让教师了解学生的兴趣爱好、想法与智力情况,又有利于为其今后的职业生涯规划做好个性化的学习指导。本科生导师给予学生必要的关怀,适时地以亦师亦友的身份,给予学生必要的关心,从而使学生愿意接近导师,愿意展示自己的兴趣爱好和天赋,并愿意听从本科生导师的指导意见。

其次,要按每个人的性格、爱好和天赋量身定做个性化的学习规划,并分阶段进行规划、调整和指导。个性化学习计划应该增加弹性,减少刚性,使之体现个体发展的目标。还要根据学生实际情况的变化,随时审视已经确定的分阶段的目标和总体目标,并进行不断地调整和优化。

大一是职业生涯准备期,本科生导师应着重大学生的职业生涯认知和规划教育,主要是进行心理教育,要求他们学会做人与学会学习,贯彻落实"走进大学门,首先学做人"的理念,让学生懂得做人比求知、求职更重要。通过通识课程教育,培养学生的学习能力、自我认知和人文素养与社会情怀。借助思政教育课程对学生的世界观、人生观、价值观进行培养,奠定学生的情感基础。通过引导学生多参加社团活动及其他大学生活动,培养其人际交往能力、动手能力、组织能力等,为职业生涯规划提供认知准备。

大二是职业选择期,本科生导师应着重专业课教育指导,职业道德,职业发展教育和社会适应性训练综合能力的培养。构建合理科学的知识结构框架,使他们具备踏入社会应有的基本专业素质和道德修养。课程内容除去本专业外还应涉及教育学、心理学、政治学、经济学、管理学等诸多学科,朝着兼具理论性与应用性的综合素质类教育课程方向迈进。针对所学专业的专业特征指导选修课程,还可通过座谈会,专题讲座等形式,搭建高年级毕业生与低年级学生沟通交流的平台,通过深入的交谈,使低年级学生逐步明确自己未来的专业学习目标,根据社会需要来培养自己相应的素质和能力。在指导的过程中本科生导师要注意引导大学生基于所学专业的知识背景去寻找自我职业生涯规划的途径和机会。

大三是职业熟悉期,本科生导师要帮助学生进一步明确个人的职业生涯目标及规划,利用专业课程培养学生的专业认识,有针对性地指导其学习、实践、锻炼等相关技能,引导学生培养竞争性就业能力。指导中应采取多学科互补、多学科有机融合的方式来推进职业生涯规划教育,帮助学生在多学科的学习中寻找适合自己未来的发展方向。还可以通过指导学生参加寒暑期社会实践活动的形式,不断融入社会,了解社会的发展现状和职业的环境。通过专业实习了解社会对人才的素质要求、所学专业与想从事职业的关系,考量个体特质与职业的匹配程度,明晰自己的职业选择。

大四是职业行动期,本科生导师应着重择业指导,心理教育和专业领域就业服务。本科生导师的指导主要围绕价值的引导、择业准备、择业技巧与方法、防止求职陷阱及完成角色的转变等方面展开,让学生学会生存。强调促进学生主动性的作用,鼓励学生主动走向社会寻找锻炼机会。要让毕业生更早更多地了解职业要求，促使学生不断修正规划，正确引导自己的职业发展，体现职业生涯规划指导的动态特征。

此外，课堂是大学生学习知识的重要渠道，本科生导师加强对学生的个性化指导，还应该有效促进课程实践性教学改革。实践教学是深化课堂教学的重要方式，在课程教学中设置实践教学的内容，设置教学的"实践情境"，让学生将学到的理论知识实现内化的基础上，通过课堂教育走向行为实践，达到"知行合一"。同时建立实践教学的过程考核和目的考核体系，保障实践教学的质量。还应将实践教学贯穿到课程教学的全过程中，使职业生涯规划课程教学切实发挥出其重要的作用。在教学方法上，以启发式、体验式、案例式的教学为主，营造师生互动的教育情境。以教师授课和学生体验、案例、研讨等形式并重，充分发挥学生在学习中的主体作用。教师在教学中承担了指导者、协助者和促进者的角色，通过实践教学的情景对话，激发学生的学习兴趣和动力，养成自主学习、团队学习、交流学习等学习方式。

本科生导师为学生制定的个性化学习规划，主要是使学生学会分析、加工、利用信息，引导学生客观地认识自己，了解自己的发展潜能、职业兴趣、个人性格，调整自己的职业生涯规划，不仅帮助学生针对眼前面临的困惑作出即时决策，还要使之了解决策方法和程序，承担决策责任，为其终身学习和职业发展奠定基础。职业生涯规划教育的理念要贯穿在整个人才培养的体系中，即融入学校的通识教育和专业教育中，并与大学生的创业教育、思想政治教育、心理教育等教育形式有机结合起来，培养大学生具备认识自我和职业的知识、增强分析自我和职业的能力、树立正确的价值观和择业观，形成稳定的个人职业生涯规划基本素质和长远视野,具有较高的定位能力、发展能力、竞争能力和社会适应性,为大学生就业或者继续深造,在知识、能力、心理等方面做好充分准备打下坚实的基础,从而成为知识经济背景下一名合格的社会公民。

第十章

本科生导师制的现实需求与制度设计

新中国成立后,我国高等教育在本科阶段全面引进苏联模式,普遍采用行政班级制度和学年教育制度模式,导师制仅仅在研究生教育阶段的人才培养中采用,这样的制度安排一直沿用下来,直至今日依然占据统治地位。随着20世纪末高等教育大众化浪潮的推进,出现了本科教育规模扩张与质量滑坡并行的局面。现行高等教育体制机制的缺陷日益显现,国内改革高等教育体制,提升本科教学和人才培养质量的呼声日益高涨,高等教育急需从外延式的扩大再生产向内涵式发展转型已成为全社会的普遍共识。正是在这一现实背景下,政府教育行政部门和高校意识到这一问题,一些有识之士开始把目光投向牛津大学导师制,寄希望于通过复制牛津大学本科生导师制来遏制本科教育质量下滑。进入21世纪后,一批国内重点大学(如清华大学、北京大学、浙江大学、湖南大学等)在全国率先借鉴国外一流大学的经验，相继引入本科生导师制，以此作为对"办人民满意的高等教育"的社会需求的积极回应。此后，国内各类高校无论是一流大学还是地方高校，都出现了在大学本科阶段教学中引入导师制的现象，相继加入试行本科生导师制的大军。在高等教育普及化的现实语境下，导师制这一以培养心智与独立思想为目标、历经数百年而辉煌不衰的自由教育理念的引入有其必然性。

一、引入本科生导师制的必要性与紧迫性

随着本科教学改革的不断推进，学分制在众多高校中普遍推广，尤其是在高等教育大众化背景下，大学生选课的自由度与学习的自主性得到进一步扩大，如何帮助大学生根据未来经济社会的发展和科学技术的进步以及人才市场的需求，确立学习的目标、选择学习的内容、构建适应时代要求的知识与能力结构已成为高等教育的一项重要内容。实施本科生导师制是实现上述目标重要的途径之一。

长期以来作为高校育人主体的教师的作用没有得到充分发挥，出现了教学与学生教育管理相脱节的"两张皮"现象；尤其是20世纪末我国高等教育的扩招，使得高校的师生比例出现了较严重的不均衡现象，从而对高等教育的培养质量提出了严峻的挑战；近年来随着学分制的普遍推行，一方面学生的自主学习空间扩大，另一方面也对学生的学习能力提出了更高的要求，迫切需要教师的指导。从当今高等教育和大学生所面临的社会环境来看，社会对人的素质要求越来越高，竞争和就业的压力越来越大，因此，引导学生适应社会、适应环境、心理疏导等比过去任

第十章 本科生导师制的现实需求与制度设计

何时候都显得更为迫切。而现行本科生教育管理模式的缺陷也使得本科生导师制的实行成为现实需要。主要表现在：教学班容量大，缺乏课堂交流互动，讨论式、启发式教学难以开展；教师评价制度被异化，教师职称评定、教学评优、职务升迁等事关教师自身发展的评价体系只注重科研而忽视教学，导致教师教学积极性不高，师生关系淡漠，教书育人的本质没有体现；当前本科生教育中辅导员管理模式存在缺陷，主要表现在学生人数众多，难以开展"一对一"的个性化指导；一些辅导员对学科和专业缺乏足够的认知，在指导学选择专业和课程显得力不从心。随着学分制的全面启动，建立适合我校的本科生导师制已势在必行。

近年来，我国各类高校相继进行了教学改革，目前各高校已普遍推行学分制，在这一背景下，本科生导师制的实施尤为迫切，这也是很多学者的共识。有学者认为，全面的本科生学分制就应该包括选课制、学分制、导师制和聘任制等一系列基本制度，其中选课制是前提，而导师制是实施学分制的重要保证。现阶段国内高校推行的学分制已经与选课制度、学籍管理制度、学分互通互换制以及与之相适应的学生工作管理模式等有机地结合在一起，其中导师制是学分制顺利实施的重要保障。本科生导师制的实质是在轻松的交流中为学生答疑解惑、做他们人生的向导与合作伙伴，师生共同研习学问、共同成长与进步的制度。

目前我国正在实施"大众创业、万众创新"的战略，高等教育体制机制创新的迫切性凸显。因为创新、创业的最主要、最核心的因素是人才，而创新教育是人才培养的关键。创新教育以提高人才素质作为重要内容和目的，对改变传统的高等教育人才培养模式、提高人才培养质量就成为必然选项。毫无疑问，具有尊重人的个性、注重能力培养的本科生导师制实施成为必然。这是因为导师制是一种基于个性化差异的教育，对于创新人才培养，特别是对人才创造力和创新意识培育的具有无可替代的作用。教师与学生在平等自愿的基础上组成一个互助合作团队，在轻松愉快、和谐融洽的氛围中，师生形成一个信息共享、优势互补、共同研习学问的团队，学生在导师高度关注和个性化的指导下自主学习，师生自由表达他们的观点，无所顾忌地讨论和争辩，这不仅有利于学生自主性和创造性的发挥，有利于学生的学业成长，也有利于导师自身的学习、研究、发展和进步。这一过程中，师生密切合作、互相学习、互相帮助，导师指导学生将所学知识转化为对事物的洞察力、概括力、抽象力和判断力，以及一个人看问题的世界观和方法论。这种思维方式并非与生俱来，而是需要通过培养、训练（特别是思维训练）转化而来的，即将知识转化成学生自己的能力；而教师在与学生的合作、交流中实现学识与思想的升华，得以在师生的互动中完成对自身的超越，实现导师的自我发展和自我完善，可谓合作共赢。

二、自由教育理念下的制度设计

从我国本科生导师制实施的实际情况来看，国内高校的导师制改革的路径大体一致，均是在自由教育理念下，结合本校实际，学习借鉴发达国家特别是英国牛津大学的经验进行导师制改革探索，程度不同，办法各异，尚未形成严格的规范。纵观各类高校本科生导师制改革的进展情况，大体上可以进行如下概括。

（一）本科生导师的资格条件

哪些人有资格担任本科生导师，或者说本科生导师需要具备哪些条件？从目前我国的实际情况来看，各类高校对导师资格的

第十章 本科生导师制的现实需求与制度设计

认定条件尚未形成统一的标准。总体来看，重点大学大多要求同时具备"副高级以上职称"和"在职教师"这两个条件，有些学校根据自身情况适度放宽了聘任条件，比如放宽到拥有硕士学位的讲师，或拥有博士学位的青年教师等；就职业条件来看，一些大学本科生导师除了强调专职教师为主，还将具备上述条件的行政、科研人员等非专职教师纳入本科生导师的遴选范围。比如，浙江大学、北京师范大学等重点高校均以具有副高级及以上职称的在职教师作为导师的聘任条件。北京师范大学本科生导师聘任的资格条件有三："学部（院、系、所）对导师的任职资格须进行认真筛选，聘请恪守职业道德、师德高尚、责任心强、为人正派、爱生敬业，能认真履行导师职责的教师担任本科新生导师。所聘请的导师应具备较高的学术造诣，有教学和指导学生的经验，了解本科教学计划和教学要求等。所聘请的导师原则上应为具有副高级以上职称的在职教师。可优先安排一年级任课教师承担导师工作。"浙江大学导师资格条件有三条："具有较强的工作责任心，严于律己，为人师表，热爱学生，关心学生的成长和成才；四级及以上的教授、副教授原则上均应担任本科生导师，具有博士学位的青年教师必须作为导师助手负责对学生的指导，也可吸收优秀博士生参与学生指导工作；不具备上述条件，或受过学校处分的教师当年不能选派为本科生导师"。同时，还有"若生师比较大、本科生导师配备有困难的学院，可向学校提出申请，由学校从公共课教师中调配"的规定作为补充；浙江大学经济学院则把担任优秀学生导师的基本条件设定为原则上应具有副教授及以上职称或博士学位；一些院校根据自身情况将导师的资格条件放宽到讲师及以上职称的在职教师。比如，北京化工大学、厦门大学就要求本科生导师要"具有中级以上职称"。此外，厦门大学对导师的聘任条件相对宽松，"受聘全职任教的讲师及以上专业技术职务的教师"作为本科生导师的资格条件,此外该校对导师的遴选范围还做了适度拓展,规定"学校机关部处、学院的党政管理干部可以受聘担任本科生导师,生师比偏高的院系可以聘请公共教学部、研究所的教师担任导师,为培养跨学科复合型人才,高年级学生可以跨院、系、所聘请导师"。

而地方院校由于自身师资条件的限制,基于其师生比明显较重点大学低的现状,一般要求具有中级及以上职称且(或)硕士以上学位的在职教师。如河南大学本科生导师的资格条件是讲师及以上职称。在其《河南大学本科生导师制实施办法》中规定:"教学经验丰富,懂得教育规律,熟悉本专业的教学计划,了解学校教学管理和学生管理的有关规定,具有一定的专业指导能力;全面理解学分制的运行机制,知识结构合理,专业水平较高,一般应具有讲师及以上职称"。

目前,困扰我国高校本科生导师实施的一大障碍就是导师资源不足,地方院校这一问题更加突出。为解决导师制实施的师资不足问题,有些地方院校采取了聘请校外导师的做法。如2013年初,四川师大地理与资源科学学院在房地产专业和地理科学专业启动了"校外导师制",并成立"校外导师指导工作委员会"。按照双向选择的原则,确定了8位院友参与本科生导师制。成都七中高新校区教师叶熊焰指导了该院2011级和2012级的4名本科生。他为4名大学生提供师范生技能学习训练的机会,帮助他们及时掌握教学前沿动态。其中一名学生姚萌说:"叶老师为我们系统讲解了有关说课、备课等方面的知识,教会了我们很多当教师的技能。叶老师的一堂'农业区位因素的选择'让我们大开眼界,见识了真正的'翻转课堂'。"

无独有偶,2014年以来,西南民族大学经济学院实施"本科生企业导师制",共聘请 57 位企业家及行业精英担任企业导师。他们大都是企业董事长、总经理等中高层管理者。截至目前,企业导师们通过论坛、讲座、班会、企业参观、创业指导等形式举行职业规划或创新创业类辅导 50 余期。比如,该院国际经济与贸易 1401 班学生在企业导师的带领下,前往青白江工业开发区了解 2008 年地震后的经济发展状况,参观公司的大型加工厂房,了解公司运营流程和研发中心建设状况。

在短时期内师资不足问题难以有效解决的现实情况,借鉴其他高校的经验,我们建议我校将"讲师及以上专业技术职务的在职教师"作为本科生导师的基本资格条件,同时可以考虑选聘部分校外导师作为补充,还可以考虑选聘部分校内退休教师作为本科生导师,从研究生或高年级本科生中选拔一部分品学兼优者作为导师助理,以缓解目前师资紧张的压力。

(二) 本科生导师是否为教师的义务

各学校规定不同,但多数大学都有这方面的规定,认为在职教师都有担任本科生导师的义务,并以此作为教师职务聘任的必要条件。比如北京师范大学、浙江大学、厦门大学、北京化工大学就要求副教授、教授必须承担本科生导师工作;浙江大学规定要求副教授、教授以及具有博士学位的青年教师都必须承担本科生导师工作;厦门大学作为教师聘任的必备条件,规定凡受聘全职任教的讲师及以上专业技术职务的教师都有义务担任本科生导师;而北京大学则没有这一强制性规定。鉴于我校导师资源相对不足的现实问题短期内难以解决的实际情况,我们认为,我校应效仿浙江大学、厦门大学等学校的做法,将具备导师资格条件的教师必须担任本科生导师作为一项基本制度,也就是说凡是具有中级职称的专职教师都必须同时担任本科生导师,并将其作为专业技术职务考核与晋升的必备条件。

（三）本科生导师的介入时期、指导周期与聘期

对于本科生导师的介入时间、指导周期，各学校也明显不同。从导师介入的时间看，有的学校规定从新生入学的第一年（甚至第一个学期）就选择导师，如北京师范大学、大连理工大学、兰州大学公共卫生学院、贵州财经大学等均有"在新生入学后的第一学年确定本科生导师"的规定；浙江大学则采取区分不同层次的学生，将导师制的重点放在低年级，对高年级学生则采取灵活的措施，该校要求"各学院要把本科生导师配备与研究生导师选配放在同等重要的位置，统筹安排。现阶段本科生导师的配备重点在低年级（一、二年级）。高年级（三、四、五年级）本科生导师的配备及具体实施办法由各学院自行制定"；厦门大学则是在新生入学后，为每名学生配备导师；而有的学校则只给高年级学生配备导师，如北京化工大学就规定导师的配备从大三开始。

对于本科生导师的指导周期与聘期，各学校也有明显差异，有的学校规定为一年，有的规定为几年，还有的规定为本科学生的整个在校期间。如北京师范大学规定"导师聘期一般为一年，第一学期结束后，如需变动，师生均可向所在系提出申请，学院、系批准后，报教务处备案"。厦门大学则是在新生入学后，为每名学生配备导师，指导周期3年（5年制为4年）。学生进入毕业班后，改为结合毕业论文配备论文导师；而北京化工大学则规定"导师的配备在第四学期进行，指导周期为第五学期至第八学期。鼓励有条件的学院尽早进入导师制。无特殊情况，导师一经选定不得随意更换"；大连理工大学规定本科生导师的指导周期一般为4年（5年制的专业指导周期为5年），即学生在

大学本科的整个在校期间。

我们认为，在新生入学后半年左右配备导师比较合理。首先，新生入学后，有一个适应新环境、新生活的过程，有一个由兴奋、激情澎湃到逐渐冷静思考、发现问题、陷入迷茫、需要帮助辅导的发展过程，这个时候是本科生导师介入的最佳时机。不仅如此，从大学一年级配备导师有利于大类教学模式下对学生的专业嵌入，便于学生在大一阶段就感知专业，以增强学生的专业认同，而这正是本科生导师制实施的初衷。其次，三、四年级，学生已经逐步成熟，独立能力较强，需要的帮助和指导并不迫切；再次，高年级学生基本形成了固有的思维方式，其学习习惯和行为习惯已经养成，靠外力很难改变；复次，三、四年级的学生面临计算机和外语等级考试、完成毕业论文（设计）、考研、就业等多重压力，没有更多的时间和兴趣参加导师制的活动，纵使参加，也只是形式多于实质——每学期和导师见一两次面而已，难以产生良好效果；最后，目前我国各类高校的普遍情况是学生用三年时间完成四年学习任务，前三年就修完所有学分，第四年则集中精力为就业、考研做准备。而且准备考研深造的学生在大二的第二学期就开始参加各类考研辅导班，难以有足够的时间和精力参与导师制的学习和研究活动，而这部分人往往是那些有上进心、喜欢学习和钻研、成绩优良的学生，也就是导师制青睐的具有培养潜质的人才。

至于导师的指导周期，我们倾向于全程导师制，也就是说从学生入学到毕业的整个在校期间。这主要是考虑到本科生导师制自身的特点和绩效评价的需要。导师制作为提升教学与人才培养质量的长效机制，其实施效果往往具有长期性的特点，实行全程导师制更有利于构建本科生导师制的激励与约束机制和绩效评价指标体系，着力完善导师制的实施载体，避免导师制运行中出现内容不实、职责不清、成效难以衡量及实施流于形式等弊端。

（四）导师指导学生人数限制

对于每一个本科生导师指导的学生数量，各学校的规定不尽相同，多数学校进行了限制，有些学校设置了每名导师指导的一个年级的学生数量的上限，总体而言，重点大学由于其师资相对充沛，每位导师指导学生的数量相对较少，而地方院校因生师比远高于重点大学，每位导师指导学生的数量相对较多。如北京师范大学规定每个导师指导的本科新生总数不超过5人，厦门大学规定每位导师指导的学生数以不超过15名为宜。浙江大学本科生导师配备的规定相对灵活，其目的可能是赋予二级学院更多的自主权，规定"本科生导师由学院选配，可以由若干名教师组成导师组共同指导一个学生小班，也可以由一位教师指导若干名学生（一般不超过10名）"。在此基础上各学院制定具体的实施细则，如浙江大学经济学院导师所带本科生的名额限制为：经济学系每位教师每届所带学生人数原则上不超过4名，金融学系每位教师每届所带学生人数原则上不超过8名，国际经济学系和财政学系每位教师每届所带学生人数原则上不超过6名，每位教师接受双向选择学生的人数原则上不能超过2名。而河南大学规定每位导师指导的学生数量原则上不超过50人；有的学校则对每位导师指导的各年级学生总数进行限制，如大连理工大学规定"各学院根据新生数量，每5—8名学生配备1名导师，"每位导师指导的学生总人数原则上不超过20名；还有些学校对每位导师指导的学生人数设置了下限，如北京化工大学规定"每位导师每年级招生的学生至少2名"。兰州大学公共卫生学院则规定：一般每位导师指导不同年级本科学生5—25名（每个年级1—5名）。

第十章 本科生导师制的现实需求与制度设计

根据教育部门户网站公布的统计数据,2011年我国普通本科院校专任教师为976937人,学生为13496577人,师生比为1:13.82①。由于我国各高校之间师资"贫富不均",许多地方高校的师生比都在1:18,甚至更高。纵观世界名校,如美国斯坦福大学的师生比为1:3,普林斯顿大学的师生比为1:6②。相比之下,我国高校师资不足的矛盾比较尖锐。笔者所在学院目前每年招生350人左右,四个年级的学生约1400人,专职教师仅为20人,生师比仅为1:70。如若再加上各高校导师的选拔有一定标准,不具有讲师资格的教师不能担任本科生导师,这样我院有资格担任导师的仅为19人。

基于我院的现实情况,我们建议学院根据新生数量,每5—8名学生配备1名导师,在学生入学后的第一学年确定本科生导师。导师的指导周期一般为4年。每位导师指导的学生总数原则上不超过20名。

(五) 导师的职责定位

教师作为学校的"资源"具有经济意义上的稀缺性,学生作为这种稀缺资源的消费者具有需求的无限性。所以必须对本科生导师的职责进行清晰的界定,即"导什么"。北京大学林建华教授明确指出:本科生的导师与研究生的导师不同,本科生的导师更多的是使学生从中学到大学的学习方法和思维方式有所转变,为学生选择课程等提供建议。研究生的导师主要是指导科研,而且学生的研究方向与导师的研究方向也一致。本科生参与

---

① 我国普通本科院校专任教师统计数据,http://www.moe gov.cn/。
② 闫瑞祥:"我国本科生导师制存在的问题及其改革",《教育发展研究》,2013年第21期。

科研的目的与研究生也有所不同,研究生阶段的科研活动更主要的是要出成果、发表论文,而本科生阶段的科研活动的主要目的是让学生通过科研实践理解所学过的基础知识,养成学生研究问题的科学方法,培养学生的科研兴趣及创新能力[①]。

目前,我国本科生导师制存在两种不同的定位:一种是将本科生导师制定位在对学生进行专业学习及学术研究指导这一个模式上,当前大多数实施本科生导师制的高校都采取这种模式;另一种是综合导师制,即导师对学生做到既教书又育人,对学生进行思想引导、专业辅导、生活指导、心理疏导。部分师资力量充沛、教学科研条件好的高校采用这种模式[②]。

具体而言,本科生导师"导什么",即本科生导师须履行哪些职责、完成哪些任务?就目前而言,各高校还没有形成统一的标准,总体而言,重点大学导师的职责范围较窄,主要是指导学生的学业成长,比如指导学生选课、选择专业方向、养成良好的学习习惯、严谨治学的态度、科研指导等,如厦门大学规定本科生导师具有如下五个方面的职责:为人师表,通过言传身教,引导、帮助学生树立正确人生观、价值观和社会主义荣辱观;指导学生安排学习进程,包括按照教学计划指导学生个性化选择学习方向、选课等;引导学生确立正确专业思想;培养学生刻苦学习精神和严谨治学态度;引导学生参加科学研究训练。

兰州大学公共卫生学院实施的本科生导师制,将本科生导师的职责定位为四个方面:

1. 导师应向学生介绍学科专业特点、发展动态及其社会需

---

① 王明明:"高等院校实行本科生导师制的思考",《江苏高教》,2005年第1期。
② 马艳秀:"对清华大学本科生实行导师制的实证研究",《江苏高教》,2006年第3期。

求，结合专业培养目标，教育、帮助学生端正学习态度，树立积极的专业思想，帮助学生进行学业进程设计和人生发展规划。

2. 导师应针对不同年级的实际情况和教学目标，采取相应的指导，帮助学生完善学习方法，制定个性化的课程选修和研读计划，提高文化素养，养成良好的学习、工作和生活习惯。对于已掌握了一定基础知识和专业知识的高年级学生，导师应根据每位学生的特点，扬长避短，有针对性地进行学业和人生指导，促其早日成才。

3. 导师应积极指导学生开展社会实践活动、科技创新活动、文化创建活动、社团活动和科研活动，有意识地培养学生的科研兴趣、科研能力、创新能力和社会实践技能。根据实际情况，有条件的导师应适当安排学生参与科研课题或教学改革课题的研究或辅助性工作。

4. 导师应积极关注国家、大学和学院的大学生创新创业项目，并积极组织学生申报，对获得资助的本科生研究团队加强项目实施的过程管理、学术行为和研究成果管理。

相比重点大学，一些地方高校对导师的职责范围规定较宽泛，如河南大学就规定导师的职责和任务包括如下十个方面，分别是：

1. 坚持以马克思列宁主义、毛泽东思想、邓小平理论和"三个代表"重要思想为指导，加强对学生进行爱国主义、集体主义、社会主义教育以及民族精神教育和公民道德教育，引导他们树立正确的世界观、人生观和价值观，树立民族自尊、自信、自强的精神。

2. 熟悉所指导学生，了解他们的学习基础和爱好特长。帮助学生了解学科的知识结构和学分制本科教学计划的指导思想、总体框架，帮助学生掌握课程之间以及相关学科之间的关系。

3. 对学生所学专业及相关课程给予指导，使学生了解专业的基本情况、发展动态、社会需求等，帮助学生对所学专业有一个全面深刻的认识，激发学生学习的积极性和主动性。

4. 根据学校教育资源状况和学生的具体情况，为学生选课提供咨询和指导，给出合理的选课方案和建议。对学习成绩优秀和较差的学生，提出特殊的培养计划。

5. 随时掌握学生各方面动向，对学生反映普遍的教与学的问题、选课问题等要及时反映给学院领导及相关职能部门，以便改进教学，完善学分制管理制度。

6. 配合基层党团组织做好对学生干部、入党积极分子的选拔、推荐和培养工作，协助辅导员做好学生的评优奖先和精神文明建设等日常工作。

7. 与学生多接触多交流，负责学生的养成教育工作，培养学生的自我教育能力。指导学生广泛开展积极向上、活泼健康的活动，促进学生全面发展。

8. 对学生中发生的重大事情，如违法乱纪、意外灾祸、严重伤病等要及时发现，配合辅导员做好处理工作。

9. 负责学生素质拓展计划的实施工作，指导学生积极开展课外科技文化、社会实践活动，通过活动培养学生的创新精神和实践能力。

10. 熟悉本专业学科建设和发展方向，发挥自身专业优势，对学生的专业及考研给予指导。全面了解社会对人才的需求趋势，广泛搜集人才需求信息，为所指导的学生毕业后走向社会的择业、就业作出必要的指导和帮助。

鉴于目前我国普遍实行的是引入苏联的行政班级管理模式，同时，师生比过低、资金投入欠缺、办公场所缺失等现实问题难以在短期内彻底解决，为了避免与专职辅导员/班主任工作的重叠，在行政班级学生管理制度改革到位以前，应该仍然由辅导员负责学生的日常管理、生活帮扶、心理疏导等。从本科生导师制对学生个体交往能力和批判性思维的培养的重要作用出发，将本科生导师的职责定位为人才培养，不应承担人才培养之外的其他职能，即应以学业指导为主，在学业指导的过程中，导师以自己的人格魅力对学生的思想品德、人生观、价值观、职业素养等进行间接引导。基于此，我院拟对导师的职责作出如下规定：导师应关爱学生、立德树人、为人师表，以社会主义核心价值观引导并教育学生树立正确的人生观和价值观。导师应培养学生的人文精神、科学精神，教育学生刻苦学习和严谨治学。导师应引导学生结合自身特长和职业规划，合理选择专业，树立正确的专业思想，对学生进行学业指导，指导学生合理安排学习进程，包括按照培养计划指导学生修读个性化学分、选择专业方向模块、个性化选课、参加第二课堂活动等。指导学生创新创业训练计划项目、科研实践、社会实践、读书报告、论文写作等教育教学环节；指导本科生有效利用资料室、图书馆、实验室等资源条件，积极为本科生参加科研课题创造条件。

（六）导师的工作要求、指导时间和频次

关于本科生导师指导学生的次数及时间的规定，中外各国的各类学校都有导师定期指导的规定，但内容又不尽相同，如最早实施这一制度的英国牛津大学规定，导师每周指导一次，每次指导时间为半小时；目前国内实行本科生导师制的学校大多也都有类似的规定，湖南大学岳麓书院本科生导师制明确规定各类导师与学生交流的频率不低于每两周一次，每次交流时间不少于 1 小时。如果每年上课时间按照 10 个月计算，岳麓书院本科生平均每年师生交流的时间将不低于 80 小时。有的学校规定每学期导

师指导不少于 6 次（如北京师范大学、北京化工大学等），有的学校规定为每学期不少于 4 次（如大连理工大学规定"一般情况下每学期导师与被指导学生一对一面谈或集体指导不少于 4 次"），还有些学校规定每月指导不少于 1 次（如北京化工大学）。还有些学校对导师与学生见面的时间、形式、频率等方面均作出了明确的规定，比如浙江大学就有"每学期开学初必须与学生见面，并保持一定频度的接触，每月与被指导的学生面谈或集体指导不少于一次，每学期参加学生集体活动或面向学生开设讲座不少于一次"的规定；厦门大学的规定具有较大的弹性，规定导师"开学初必须与学生见面，了解被指导学生的学习情况，并保持不断的联系；一般情况下，每月与被指导学生面谈或集体指导 1 次，一学期面谈或集体指导 3—6 次。每次约谈之后需在被指导学生的《本科生导师指导册》上填写指导记录并签名"。兰州大学公共卫生学院规定："导师在每学期初，根据师生双方情况制定工作计划并呈交导师制工作领导小组。可以通过谈话、专题讲座、学术报告、组织讨论和参与课题等方式对学生进行指导，也可以通过电子邮件、电话等形式。导师可采取集中指导和个别指导相结合的方式，当面指导每位学生每月不少于一次"。

还有的高校规定开学初 2 周内、学期结束前 2 周内导师必须对学生进行一对一或集体面对面的交流辅导，旨在了解学生的学习情况以及对学生选课和期末复习考试进行有针对性的指导。

借鉴牛津大学本科生导师制的经验并参考其他学校的做法，我们拟规定：导师需定期与所指导的本科生见面，了解并记录所指导学生的思想状况和学习情况，并保持经常联系。一般情况下，每学期与被指导学生的指导不少于 6 次。每学期开学初期、中期、期末，即每学期对 1—2 周、第 8—9 周、学期结束前 2 周内，导师必须对学生各进行一次一对一或集体面对面的交流辅导,并计入"学生学业成长手册",旨在指导学生选课、了解学生的学习情况及问题以及对学生的期末复习考试进行有针对性的指导。

（七）导师的工作量与待遇

实行本科生导师制的各高校对此均有明确规定，但具体标准不尽相同，总体而言，导师的薪酬与学校对导师的要求（包括导师的职责范围、指导时间与频率、约束机制、考核办法等）正相关，要求导师付出的时间、精力越多薪酬就越高；从导师薪酬的支付周期来看，有的学校是按照学期给付报酬，另一些学校则是按学年给付报酬；按薪酬标准是否与职称挂钩来看，各学校的规定也有区别。比如，北京师范大学2013年开始试行本科生导师制时，就规定"担任新生导师工作任务计入工作量并纳入学校薪酬体系。2013年导师津贴标准暂定为每学期每生1000元，学校拨至学部（院、系、所），由学部（院、系、所）结合导师工作考核情况发放。2013年以后的工作量和津贴标准以学校将出台的相关政策为准"；大连理工大学为每学年每生10小时计算教学工作量和酬金；厦门大学则将本科生导师工作列入教学工作范畴，规定每学年指导1名本科生视同承担5个标准课时的教学工作（但不直接顶替课程教学），学校按每位导师实际指导的学生数拨给相应的指导经费。有些学校的规定比较笼统，比如而兰州大学公共卫生学院只有"导师对学生的指导按照指导人数计算教学工作量，计入年度岗位考核，并安排发放一定量的教学津贴"的原则性规定。四川省某高校规定："担任导师完成其工作任务按一年20个课时计入工作量，其工作量津贴按每年每生60元核算。"该校老师说，就算一个导师"定额"指导20名学生，一年也只能拿到1200元津贴。西南民族大学管理学院要求导师每月与被指导学生面谈或集体指导1次，一学期面谈或集体指导4至6次。每次约谈之后，由学生在《本科生导师工作手册》上填写指导记录并签名。该院实行导师岗位津贴，给予相应导师指导费，前三年标准为100元/生/年，毕业论文指导费标准为8个课时费/生。根据指导记录支付相应指导费，一学期完成4次指导，按100元/生支付；未完成4次者，不支付费用；超过一次，按200元/次支付。同时，根据考核内容，对工作成绩显著者，授予"优秀导师"称号（约占导师数5%比例），并给予一定的物质奖励。①

综合国内高校的相关规定，比照我校研究生导师的待遇，在学校本科生导师专项基金尚未设立的情况下，学院可参照其他地方高校的做法，暂时按每位导师实际指导的学生数计算工作量并支付一定的课酬。如若学院经费紧张、资金不能到位，也可以采取其他办法，比如前三年按照一定标准对经考核合格、优秀的本科生导师给予一定的奖励，第四年按照学校的毕业论文指导的工作量和课酬计付办法计算工作量和津贴；还可以考虑采取其他措施，如在教师年度考核、职称评定、评定各种荣誉称号中，作为加分项，以体现对导师工作的肯定。

（八）关于本科生导师的绩效评价、激励与约束机制

为了保证本科生导师制的实施效果，建立激励与约束机制，对导师制参与的主体（师生）的绩效评价就显得十分重要和必要。从国内实施本科生导师制的学校来看，各学校均有对于本科生导师的激励机制，但标准不详、办法各异，评优的比例亦有所

---

① 李益众："本科生导师制如何走出'试验田'？"，《中国教育报》2016年11月23日第4版。

第十章　本科生导师制的现实需求与制度设计

差别。有的学校按年评选优秀本科生导师，如北京师范大学是学校按学生人数和每个学生缴费标准将经费下拨到各学院，每学年由学院组织评选优秀导师，并对优秀导师给予表彰和奖励；有些学校按指导周期进行评优和表彰奖励，如北京化工大学就采取"学校在每个指导周期结束前（第八学期）评选一次优秀本科生导师并给予适当奖励"；至于评优比例，各校也不尽相同，有的学校规定优秀的比例为导师总数的5%（如厦门大学），有的规定为10%（如浙江大学），有的学校更高，如河南大学优秀的比例为30%。浙江大学的规定则更为具体，对导师的评价信息收集、考核的责任主体、激励与约束机制等均作出了明确规定，其规定"本科生导师工作考核纳入学校教职工的年度考核，每学年进行一次，本科生导师的考核由各学院负责，考核细则由学院制定。紫金港校区学工委负责做好收集一、二年级学生对导师评价的工作；本科生导师工作的考核结果，作为教师工作年度考核、专业技术职务晋升和岗位聘任的门槛条件。本科生导师工作考核不合格的教师，视为当年度考核不合格，取消当年职务晋升资格，低聘或暂缓岗位聘任；学校设立优秀本科生导师称号，对本科生导师工作表现突出的教师和博士生给予表彰和奖励，其比例不超过本科生导师总数的10%。被评为优秀本科生导师的教师，在岗位评聘时给予特别关注，同等情况下优先聘岗；被评为优秀本科生导师的研究生导师，在"双向选择"前提下有权优先选择免试研究生。"厦门大学则采取每两年表彰一批优秀本科生导师（约占导师数5%比例）的办法，并将表彰情况记入个人档案。

　　为检查督促导师工作质量，河南大学采取的办法是：各学院每年要对导师按优秀、合格、基本合格三个等级进行考核，其中，优秀的比例不得超过30%，学院对考核优秀的教师要给予一定的奖励。年终各学院要将本年度考核结果上报人事处，由人事处、教务处和学生处联合下文，对全校考核优秀的导师进行表彰。

西南民族大学管理学院对导师采取的激励机制是：根据考核内容，对工作成绩显著者授予"优秀导师"称号（约占导师数5%比例），并给予一定的物质奖励。四川师范大学法学院的本科生导师制则采取按指导人数计算工作量，经考核获评全校优秀本科生导师称号的，一次性给予不低于1000元的奖励，在评优评奖等方面优先考虑。每年教师节评选表彰一批优秀本科生导师。该校化学与材料科学学院则采取座谈会、问卷调查等多种形式，加大督促检查力度，对不负责任或履职不力的导师及时提醒、约谈。加大考核力度，对考核不合格的导师，暂停导师资格。①

成都医学院（一所新建本科院校）则采取项目导师制，该校每年都会开展"项目"形式的大学生创新实践活动。为调动教师指导学生的积极性，该校对于指导"大学生创新创业训练计划"项目并通过结题验收的，计指导教师36学时的教学工作量。同时，在教师职称评定中认定为教育教学改革与研究项目；对超目标完成的项目，指导教师计额外工作量，按（发表论文数-1）$\times 10$标准计算②。

借鉴其他院校的做法，我们建议学院要将导师的工作计入年度考核档案，建立严格的激励与约束机制，本科生导师工作作为教师年度业绩的重要考核内容，并将导师的指导工作纳入优秀教

---

① 李益众："本科生导师制如何走出'试验田'？"，《中国教育报》2016年11月23日第4版。

② 同上。

师等荣誉称号、专业技术职务晋升的条件之一。每年或每两年组织评选表彰优秀本科生导师，优秀比例不超过30%；指导周期结束前（第八学期末）进行总结和改进并进行本科生导师的名师评选活动。对于未完成指导次数的要扣发导师津贴和工作量，对于年度考核不合格的导师，由学院进行诫勉谈话，责令其改进，对不负责任的导师除取消其导师资格外，还将取消该教师当年的评优、晋升资格；对犯有错误的要批评教育，必要时给予相应的纪律处分。

（九）学生的选择及其资格条件

几乎所有学校在本科生导师制的制度安排上，都把"双向选择"作为基本原则，采用师生互选制，即学生和导师是通过互选的方式组成一个团队，学生通过学院网络了解本科生导师的基本情况，然后填写申请表从本院导师库中任意选择自己心仪的导师，从而完成"学生选导师"的使命；导师可以通过面试等各种方式，从申报到自己名下的学生中筛选团队合作伙伴，从而完成"导师选学生"的任务。比如，浙江大学经济学院在其本科生导师制实施细则中就有"排名前30%的学生填写《浙江大学经济学院本科生选导师申请表》，在规定的时间内联系导师，经导师签字确认后将表格交至经济学院本科生教育科。学院审核通过后双方指导关系确立。其余同学和双向选择未果的同学均由专业系统一随机安排导师。学院将对结果进行公示"的规定。

至于哪些学生申请导师，换句话说，具备哪些条件的本科生才有资格申请导师的帮助，对此各个大学规定不一，没有统一的标准，一些学校推行全员导师制，而另一些学校则实行英才导师制，即只有成绩优良的学生才能获得导师的帮助。实行全员导师制的学校，对学生申请导师的资格条件均没有明确要求或限制，事实上推行的是普惠制的、类似全员导师制的制度安排，凡有需要的本科生皆可申请导师。早期推行全员导师制的学校大多是一些师资力量雄厚、生师比低的一流大学，如湖南大学岳麓书院、兰州大学公共卫生学院、北京师范大学等，也有些地方院校通过扩大每位导师指导的学生人数，或者通过拓宽导师选聘范围（如将研究生、校内行政人员、校外人员纳入导师的选择范围）等办法，通过制度创新成功地解决了师资不足问题（如贵州财经大学）。

另一些学校则遵循"择优指导"的原则，事实上实行的是优秀学生导师制（英才导师制），也就是说只有成绩优良的学生才有资格申请本科生导师。比如浙江大学经济学院在其颁布实施的《浙江大学经济学院本科生导师制实施细则》中，就有"从2008级本科生开始，经济学院本科生导师制实行部分双向选择，即按累计专业成绩排名前30%的学生可以在学院规定的范围内双向选择导师（即导师原则上应具有副教授及以上职称或博士学位且须为学生所在专业系的教师）"的规定。中国人民大学也采取了类似英才导师制的做法，学生入学后通过一定的程序和机制选拔的优秀学生组成实验班，比如金融学数学实验班，经济学数学实验班，经济学基地班等。只有实验班的学生才有资格选择本科生导师。四川农业大学也实行基于双向选择的精英导师制，按照"总量控制、竞争申请、双向选择、限额指导"的原则，从大三下学期（第六学期）开始实施"本导制"，"总量控制"即受导学生不超过该专业学生总数的20%；"竞争申请"指前五学期平均成绩列本专业前50%，且通过全国大学外语四级考试方可申请。"双向选择"就是导师和学生拥有自由确定关系的权利；"限额指导"即每位导师的带生数目不超过8人。从2009年开始，四川农业大学约有20%左右的本科生能够获得导师的指导。

从目前情况看，相当多的高校采取了较灵活的办法，实行的是"混合式"导师制。这些学校导师制实施办法中没有对学生申请导师的资格条件进行约束的条款，这类似于全员导师制，理论上所有本科生都可以申请导师的指导。如西南民族大学管理学院、上海海事大学经济管理学院、陕西师范大学、中国劳动关系学院、燕山大学等等。然而，这些学校对导师的资格条件、每位导师指导学生的数量都有严格限制。在导师资源紧缺的情况下，导师制实施过程中，按照"双向选择、限额指导"的原则，难免会出现部分学生未被导师选中的现象，因而这种"全员导师制"可能依然会形成学生之间的竞争，即只有表现良好的学生才能获得导师的指导。这样，又具备了优秀学生导师制的某些特征。

基于偏好的多样性，又鉴于我院导师资源紧缺的现实及其短期内难以改变的实际情况，我们以为，现阶段宜实施高等教育供给侧结构性改革，即"精准导学"的战略，将有限的资源用于那些有自主学习的强烈愿望且各方面表现优良的"可造之才"的培养上，等各方面条件成熟后再逐渐扩大范围。现阶段可以考虑实行基于双向选择的"优秀学生导师制"，按照"总量控制、竞争申请、双向选择、限额指导"的原则，从大一下学期（第二学期）开始实施，受导学生不超过该专业学生总数的一定比例；资格条件亦可以加以限定（比如限定为前一学期平均成绩列本专业前50%的学生）。这种模式可能产生的成本是"教育公平"的道德约束；为避免有失教育公平的职责，可以效仿其他院校，实行"混合式导师制"，即对学生的资格条件不进行明文约束，而是按照"双向选择、限额指导"的原则，采取师生互选的机制，由导师"择优而导"。这样做的好处是：在导师资源供给不足的现实背景下,既可以形成"鲶鱼效应",即学生之间的竞争机制,又避免了背负违背教育公平原则的道德压力。

(十) 导师制对学生的要求

本科生导师制是师生共同研习学问的事业,是"大道之知"的古典教育及其精神遗产的重要组成部分,大道之知的信仰表达了古典教育叩问天命、追求卓越、通达世道人文的大道精神,也是约翰·亨利·纽曼再其教育学巨著《大学的理念》中所倡导的博雅教育思想和自由教育理念的体现。古典教育为教育确立了高贵的性格,追求不带私人目的的公共精神。在导师制的实施过程中,学生在教师指导下的自主学习完成自我教育,从而实现博雅教育的理想,即"拥有受过教养的心智,精致的品位,正直、公平和冷静的头脑,以及生活行动中的高贵而又有理性的姿态,等等,所有这些,都是一种博大知识的固有性质。它们正是一所大学的目标。"[①] 在这一制度的实施过程中,团队成员的团结协作、密切配合是至关重要的。师生之间相互学习,共同探讨专业领域中的基础理论和现实问题。在师生的互动效应中,学生的主动互动更有助于大学生的自身成长。因而,可以说相对于导师的指导而言,学生的主体作用是第一位的,学生的态度和行为是影响导师制实施绩效的首要因素。很难设想,一个没有学生积极响应的导师团队能够取得追求卓越的预期效果。正因为如此,无论是教育理论界还是大学,在导师制实施过程中都十分注重学生的态度和行为激励与约束,各高校在本科生导师制的相关制度中均有对进入本科生导师团队的学生的要求。如浙江大学就对学生提

---

① [英] 约翰·亨利·纽曼(John Henry Newman)著,高师宁、何克勇、何可人、何沪光译:北京大学出版社 2016 年版。

出了如下五点要求："尊重导师，主动与导师联系、寻求导师的指导和帮助；每学期开学两周内与导师见面，并根据导师的意见与本人的实际情况制定出本学期的学习与综合素质发展计划；以主动、认真的态度，参与导师确定的各项活动，积极主动参加导师所在系（所）或课题组的学术活动。在科研训练中要认真、踏实、多思、多问，努力培养和提高自身的科研能力与创新思维；自觉遵守所在实验室、课题组的有关管理制度；每学年要客观、公正地对导师的指导情况进行评议。"我们以为，应借鉴浙江大学的做法，对学生进行必要的约束，切实提升本科生的培养质量和学术水平。

三、本科生导师制的运行机制

本科生导师制作为牛津大学的核心教学模式，以其优异性和独特性成为牛津大学卓越本科教学质量的根本保障。目前全球很多大学都在复制这一基于自由教育、关注学生个性、致力于培养学生理性思维的独具特色的教学模式。我国高等教育在经历了"大众化"的转型发展后，作为对内涵发展与质量提升的新时期高等教育发展的社会需求的回应，引入牛津大学导师制，是提升人才培养质量、办人民满意的教育的重要抓手。在缺乏文化土壤和思想共识的国内高校，本科生导师制遭遇了"同名异质""形式神不同"的尴尬处境。

在增强文化自信、建设高等教育强国、提高人才培养质量、争创一流大学的时代需求下，旨在提高人才培养质量，现实"有教无类"的古典教育理想，国内高校对本科生导师制产生了浓厚兴趣，纷纷复制效仿，形成了蔚为壮观的本科生导师制众生相。21世纪初,以清华、北大、浙大、厦大、北师大等顶尖高校为代表的一批高校在部分院系试行本科生导师制,取得不错的成效。其后,包括地方高校在内的其他高校,如四川农业大学、四川师范大学、广西师范大学、安徽工业大学、山东大学青岛校区、西南民族大学、广西右江医学院、成都医学院等多所高校也相继效仿,也陆续传出试行或全面启动本科生导师制的消息,相继加入本科生导师制探索者的行列。综合当前我国国内各类高校实行(试行)的本科生导师制的现实情况来看,目前国内本科生导师制的运行机制可谓五花八门,类型众多:按照本科生导师制的学生覆盖面来分,有全员导师制与精英导师制;按照指导周期来划分,又可以分为本科全程导师制、本科新生导师制、本科低年级导师制、本科高年级导师制;按照新设团队的构成来看,本科生导师制又可以分为社团导师制、项目导师制、论文导师制、年级导师制、班级导师制、兴趣小组导师制,等等。此外,还有由学生担任本科生导师的朋辈导师制、生活导师制等。

(一) 全员导师制

所谓本科全员导师制,就是为所有全日制本科阶段的学生配备导师。学生进校后即通过教师与学生的"双向选择"确定合作伙伴关系,导师工作的重点在学生不同的学习阶段亦有所不同:一年级阶段主要指导学生思想、学业,介绍专业发展情况和前景,指导选课,指导暑期社会调查,协助制定调查提纲、点评和批改调查报告等。二、三年级阶段主要是加强其实践动手能力培养和科研素质训练,比如吸收学生参与导师的科研项目,指导学生实地调研、文献检索,鼓励并指导学生申报各类研究项目,参与学生的课题论证工作,指导学生撰写调研报告或论文,与学生面对面讨论他们撰写的课题申请书、调研报告或论文,并指导其修改完善；导师还可以通过从学生中选拔教学助理、吸收学生参与导师的教学研究项目等方式，使其感知教学活动，培养其教学与学生管理的能力，提升其教学研究素养。到了大学四年级，导师工作的重点是指导学生完成毕业设计（论文），要求学生结合自身的兴趣、前期的课题研究等选择合适的毕业论文题目，指导学生撰写开题报告和毕业论文。此时，导师还可参与学生的就业指导，帮助学生树立正确的择业观，积极向用人单位推荐学生。

（二）精英导师制

所谓精英导师制，亦称英才导师制、优秀学生导师制，它不同于本科全员导师制所推行的"普惠制"形式，它是一种基于公平竞争原则，对部分优秀学生（即精英）采取的一种激励机制，只给各方面表现良好的学生配备本科生导师，也就是说，只有品行和学习成绩优良的学生才能得到导师的指导。为促进创新人才的培养，加强个性化培养，受高校资源的稀缺性、学生偏好的多样性等因素影响，目前国内部分高校推行这一导师制模式。这一模式堪称是高等教育大众化阶段的精英教育。为保证受教育的公平正义，要引入公平竞争、公开选拔的机制，以前期学生综合素质测评为主要依据，按照总量控制、双向选择的原则，确定各专业领域的导师和指导对象（学生）的数目，并把每位导师指导的学生数量控制在合理幅度。如四川农业大学即推行这一导师制模式，具体做法是：按照"总量控制、竞争申请、双向选择、限额指导"的原则，从大三下学期（第六学期）开始实施导师制，"总量控制"是指实际接受本科生导师指导的学生不超过该专业学生总数的20%；"竞争申请"指前学生五学期平均成绩列本专业前50%，且通过全国大学外语四级考试方可申请；

"双向选择"就是导师和学生拥有自由确定关系的权利;"限额指导"即每位导师的指导的学生数目不超过 8 人。通过模式创新,本科生导师制实施绩效得到了极大的提高,90% 以上的受导学生对导师制给予充分肯定和积极评价,认为导师制丰富了自己的精神生活,提高了自己的专业水平,也使自己积累了更多的社会经验[①]。

(三) 全程导师制

本科全程导师制,是指从大学本科生一入学就为其配备导师,导师的指导周期为学生在本科阶段在校学习的全过程。通过一定的机制(多为师生平等资源基础上的"互选"机制)确定指导关系,师生组成相对固定的平等、密切的互助合作伙伴关系。导师与学生的指导关系一经确定,不得随意变更。从此师生经常面对面讨论,利用 QQ、微信等各种现代化手段及时交流,合作开展科研、教学研究活动,一起探讨学问、解决问题,共同成长、进步,从而实现教学相长的理想。比如兰州大学公共卫生学院就采取这一模式,从学生选课、专业方向选择、职业生涯规划到毕业论文指导,导师陪伴学生走过整个大学本科学习阶段的全程。这种导师制最大的优点是能够最大限度地解决师生关系淡漠问题,长期的师生交流与合作,往往会不自觉地形成了亦师亦友的亲密伙伴关系,这种友谊甚至会伴随彼此的一生。

(四) 低年级导师制

本科低年级导师制,就是在大学本科教育阶段,只给低年级

---

① 丁林:"高校深入推进本科生导师制的三个关键问题",《教育研究》,2010 年第 9 期。

第十章 本科生导师制的现实需求与制度设计

的学生配备本科生导师制。至于为全日制本科阶段学习的学生在哪个年级配备导师，并无统一标准，具体实践中，受多种因素制约，各校的做法五花八门。有些学校为本科阶段一至三年级的学生配备导师，对学生进行思想品德和学习提供专业指导，主要包括专业感知、学习方法、课程选择、专业发展方向选择等方面进行指导与帮助，此外有些学校还要求导师负责指导学生的暑期社会实践、专业实习、协助制定调查提纲、点评和批改调查报告等工作。培育学生的探究精神和科研素养，主要是对学生进行实践动手能力培养和科研素质训练等。有的学校则只给大学一年级的学生配备导师，其主要目的是帮助大一新生尽快适应大学生活，顺利度过刚进入大学时的"迷茫期"，尽快建立适应大学学习的方式方法；大类招生与培养的教学模式下，帮助学生提前感知专业，提高学生对专业的认同感。主要依据可能是考虑到高年级学生，比如大学学习的最后一年的两个学期，学生们一个学期用来考研究生、考公务员或事业单位职员、考银行职员等，另一个学期用来做毕业论文、为就业而参加各种面试、研究生面试等。根本无心参加导师制教学，即使不得已参加，大多也无暇认真完成导师布置的大量阅读任务，阅读导师布置的大量文献、在此基础上撰写大量的读书笔记和小论文，因而对于高年级的学生而言，导师制沦为"形式主义"的"花架子"似乎就成为一种必然。

（五）新生导师制

本科新生导师制，顾名思义，就是对全日制大学本科学习阶段的一年级新生配备专业导师的教学制度。本科新生导师制，本质上属于本科低年级导师制的一种具体类型，其主要做法是在大一新生一入学就为其配备专业导师。本科新生导师制在具体实践中，各试点学校的做法也并不一致，有的学校是只给大学一年级的学生配备导师，二、三年级以后就不在配备本科生导师的一种制度安排。一般而言，无论采取哪种模式，本科新生导师制，其主要目的是帮助大一新生尽快适应大学生活，帮助其顺利度过刚进入大学时的"迷茫期"；指导学生转变学习方法，尽快找到适应大学学习的方式方法；在大类招生与培养的高等教育模式下，帮助学生提前感知专业，提高学生对专业的认同感。不仅如此，大一阶段就借助于双向选择机制，学生、教师组成平等、互助的团队，学生与同伴、教师之间亲密的社会关系纽带得以确立；导师制团队成员彼此熟悉、了解，大家一起学习知识、共同进行学术探究，一起成长与进步。导师基于尊重个体差异的个性化指导使得真正意义上的"因材施教"得以实施，基于学生的个体禀赋、兴趣、爱好的个体成长计划、专业选择、课程体系构建、学术研究计划、创新创业计划等由于教师的指导和同伴的论证而更加精准与适用，很大程度上避免了"随波逐流"、"盲人瞎马"的误打误撞，极大地提高了信息质量，这不仅有助于培养学生的团队协作能力、与人交往的技巧，而且可以增强学生的归属感，进而促进学生的学业进步和未来的学业成功。

（六）高年级导师制

本科高年级导师制，是指为全日制大学本科阶段学习的高年级学生配备专业导师的一种教学制度。从国内各类高校导师制实际运行情况看，一般情况下是全日制大学本科生从大学三年级开始配备专业导师。比如，中国劳动关系学院采取这一模式。从2009年开始试行的《中国劳动关系学院人力资源管理专业本科生导师制实施办法》规定：本科生导师制度在本科三至四年级学生中实施，本科三年级从第一学期开始接受导师指导。本科四年里学生的指导由毕业论文指导老师负责。无特殊情况，导师一经选定,不得随意更换。在高年级学生中推行导师制,其主要目的可能是针对学生选择职业发展方向。一、二年级主要是基础课、通识课的学习,到了大三才进入集中的专业知识学习阶段,本科生导师熟悉本专业人才培养方案和课程设计,精通专业知识,此时专业导师的介入更加精准、高效。如《中国劳动关系学院人力资源管理专业本科生导师制实施办法》中就规定,本科生导师的主要职责是引导学生确立准确专业思想,指导学生熟悉本专业人才培养方案及课程教学大纲,对学生选课、专业发展方向选择、学习方法、职业生涯规划设计等方面进行指导;言传身教,注重学生个性健康发展和科学精神、人文精神培养;针对学生个体差异,引导其明确学习目的和成才目标,促进学生知识、能力、素质协调发展。

(七)社团导师制

所谓本科社团导师制,就是以学生社团为依托,把导师制建立在学生社团上。社团既是承载学生激情与梦想的地方,也是成员展现和锤炼能力的乐园,其类型可谓五花八门,包括理论研究、学术科技、文学艺术、志愿服务等。作为拥有相似禀赋、兴趣、爱好和特长的个人的自由选择和自愿组合,社团成员可能由来自同一专业、同一宿舍的学生,抑或不同年级、不同专业的学生组成,但无论如何,有一点是不变的,那就是作为同一社团的成员,一般都具有比较一致的资质条件、志向偏好、情感体验和价值取向。比如贵州财经大学的"英语六级背单词""英语四级背单词"等兴趣小组就具有社团导师制的某些特征。实践中可以采取"多对多""导师组"或"一对多"等各种方式,把导师制建立在学生社团上,一方面,可以增强社团的吸引力、感召力和凝聚力,防止管理上的松散、无序和建设上的低水平;另一方面，通过开展自由、平等和民主的对话与互动，有意识地进行思想碰撞、观念交锋和行动导引，能够促进社团成员潜质的有效开发和长足进步，培养在这一特定方面的创新精神和实践能力。

（八）项目导师制

项目导师制，顾名思义，就是依托各类科研项目、教学项目（如各类比赛、竞赛项目）、创新创业等时间项目为载体，在全日制本科教学中实施本科生导师制的一种制度模式。从目前国内各类院校的实践来看，项目导师制大致可以分为如下类型：第一，教师科研项目导师制，就是以导师承担的项目（包括课题、教学研究项目）吸纳部分本科阶段学习的学生进入课题组，作为研究助理、教学助理，师生之间建立起平等、相互包容与尊重的互助合作伙伴关系，最终达到教学相长的目标。在导师制教学过程中，合作的各方（师生）都能获益，可谓"合作共赢"。对导师来说，通过师生的通力协作更好地发挥学生年轻、精力旺盛、有激情、对新事物的适应能力强等优势（这些优势是研究急需、多数教师所不具备的），很好地弥补了老师时间、精力不足的问题，能够更好地兼顾教学与科研，促使科研"反哺"教学，把学术水平转化为教学能力；对学生而言，通过参与项目研究能使其较早地进入本专业科技前沿地带，导师的言传身教、严谨的治学态度、优良的职业道德、学术研究方法等都能够使学生获益，从而助其成长为学生群体中的学术"领跑者"。第二，学生研究项目导师制，就是为学生自己主持的各类研究课题配备导师。在推进不同层次的大学生科研和创新性实验计划中，政府相关部门（如教育行政部门、共青团等）、大学一般都会划拨出专项资金，专门针对学生设立创新、创业和创意研究项目及学校设立的学生科研项目。为申请或承担研究项目的学生配备专业导师，对学生的课题申请进行论证，指导其进行修改、完善，在调研过程中师生并肩战斗、亲密合作，能够提升学生的科学精神和科技素养，有助于学生实现其在成才之路上的"弯道超越"。第三，学生竞赛项目导师制，就是把导师制建在学生的各类竞赛项目上。全国、区域和行业性院校的各类竞赛项目很多，如迄今全国最具影响的、大学生广泛参与的"挑战杯"课外科技学术竞赛、百校百题竞赛等，这些都为"本导制"的实施提供了重要载体和平台。通过高水平导师对参赛学生的精准指导，可以帮助学生增长知识和能力，收到快出成果、快出人才的良好效果。

(九) 论文导师制

所谓论文导师制，就是为即将毕业的本科生的毕业论文配备指导教师。毕业论文（设计）作为学生在校期间的最后一份"作业"，既是对所学知识的一次梳理、提炼和升华，也是对其能力的一次系统训练和全面检阅。对毕业论文实行"分流指导"的导师负责制，使指导贯穿论文的选题、框架确定、资料收集、撰写和修改等整个过程，可以避免以往主要由任课教师进行"批量指导"，却因精力和时间投入不足影响论文质量的弊端。实践中，各校没有统一标准，一般而言，各类高校都会为大四学生制定毕业论文指导教师，只不过大多不叫导师制；还有些学校采取导师制提早介入的方法为高年级优秀学生配备导师，有些学校从大学新生一入学就为其配备了专业导师，导师除了负责对学生的学业指导、科研素养培进行全方位的指导，最后还要在评阅论文的基础上，对其是否毕业及授位提出综合性推荐意见。

（十）生活导师制

至于本科生生活导师制，各校更是"百花齐放"。从导师的选聘范围看，有些学校由班主任、辅导员担任本科生的生活导师，有的学校采取从品学兼优的硕士、博士研究生中选聘。至于每位导师指导学生的数量，一般而言，由班主任、辅导员担任生活导师的，一个导师要同时指导几个行政班的学生，少则几十个、多则几百个，生师比普遍较高；而生活导师由研究生担任的，每位导师指导的学生数量一般比较少，多数情况是一位生活导师同时指导几个本科生。

（十一）兴趣小组导师制

本科生兴趣小组导师制，有些类似于社团导师制，是基于一些本科学生勤奋好学，学有余力，对课程之外的知识兴趣浓厚，或对某一方面的知识极度好奇，表现出强烈的求知欲或学术研究的浓厚兴趣，学院因势利导，设立若干兴趣小组或研究小组，并为其配备指导教师，引导学生拓展学术视野，了解学术前沿，熟悉学术规范，培育理性思维，提升其学术研究的能力。如湖南大学的学术兴趣小组导师制。

（十二）朋辈导师制

所谓朋辈导师制，实质上就是本科生之间的学习交流，即高年级学生指导低年级学生，本科生导师从高年级的学生中选拔各方面表现良好（特别是学习成绩优良）的担任本科生导师，通常是每个行政班选聘一名学生导师，令其以过来人的身份对师弟师妹们进行学习指导，以帮助其尽快适应大学的学习、生活。

国内本科生导师制发展至今，已经形成了千差万别、形态各异的本科生导师制指导架构，难以详尽列举。除上述导师制模式外，还有其他模式类型，如年级导师制、班级导师制等等。所谓年级导师制，顾名思义，就是以年级为单位，为每个年级的本科生配备一个专业导师。这一模式下，每个导师往往要同时指导几个行政班的学生，也就是说，每个导师要同时指导数十个乃至上百个本科生。显而易见，年级导师制由于生师比过高，导师制难免沦为徒有其名的"花架子"。班级导师制，是以行政班为单位，为每个班的本科生配备一个专业导师，通常每个导师要同时指导四五十个本科生。这样的制度安排，导师很难关注到每一个学生，更不大容易对每个学生熟悉、了解，所以基于师生彼此熟悉、了解，根据学生的自然禀赋、兴趣志向的个性化指导的导师制恐难以达成。本科生学业导师制，学业导师通常由教师担任，一个导师同时指导几个学生，导师负责对学生在大学本科学习阶段进行个性化指导。至于导师的职责范围各校标准不一，一些学校本科生导师主要负责学生在校期间的学业辅导；另外一些学校（如湖南大学岳麓书院）要求本科生导师全面负责学生的成长辅导，既包括思想道德的培养，也包括学业指导。

需要特别指出的是，目前我国内地高校的本科生导师制尚处于探索阶段，实践中各高校采取的试点办法与模式可谓百花齐放百家争鸣，不是上述导师制所能够完全概括得了的。事实上，各种导师制模式类型的划分也并非泾渭分明，而是相互交叉的。比如，本科全程导师制与本科新生导师制、本科论文导师制、项目导师制就可能存在交叉重叠，在本科全程导师制的运行过程中，导师从大一开始就介入对学生的学业指导，只是在学生学习的不同阶段，导师指导的侧重点有所不同：低年级主要是心理疏导，帮助其尽快适应大学学习生活，并在学习方法、职业志向、课程选择等方面提供帮助，到了高年级阶段，导师指导的重点就转向了毕业设计、毕业论文。至于科研活动，在本科生在校期间的任何时点，师生之间的研究合作都可能发生，学生参与导师的项目研究，抑或导师指导学生进行课题论证和调查研究、指导学生参加各类竞赛（比赛）等，这些就是导师的日常工作、职责所在。由此观之，本科全程导师制可以同时包括本科新生导师制、项目导师制和论文导师制，它们之间并不是非此即彼、彼此独立的，而是相互交叉、融合的关系。其他导师制模式亦是如此，此处不再一一列举。

在辅导方式上也没有一致标准，有"一对多""多对多"。从目前情况来看，最常见的指导方式是一个导师指导几个或十几个、几十个学生，即所谓的"一对多"；个别高校根据自身情况，基于不同的目标，为本科生选聘几个类型的本科生导师，从而形成"多对多"的导师制辅导方式。比如湖南大学岳麓书院就采取这种指导方式。岳麓书院本科生导师制在八年的探索中经历了多次调整、补充，至今已经发展成为独具特色的本科生导师制类型。其包括四种不同类型的本科生导师：本科生学业导师制、本科生生活导师、本科生班级导师、本科生兴趣小组导师。一个本科阶段学习的学生可能同时拥有多个本科生导师，一个导师也要同时指导几个甚至是几十个本科生。

客观地讲，目前国内高校导师制运行机制与模式类型各具特色，难分高下。我们以为，一种制度形成以后衡量其有效性的最重要标准就是看其是否适合本地（本国、本校）实际。本科生导师制作为一种教学与人才培养模式的制度创新，在实践中也应遵循因地制宜的原则。鉴于目前我校的实际情况，建议采用本科全程导师制，从大一新生开始，按照"总量控制、双向选择、择优指导"的原则，确立师生的指导关系、组建导师制团队，指导关系确立后不得随意变更。也就是说，团队一经建立就要持续运转四年。本科生导师的指导周期为本科生在校期间的全过程，特殊情况需要变更指导关系的，需经过一定的程序（学院审批）方可变更。在指导方式上，宜采用"一对多"的模式，即一个导师指导几个学生，并对每个导师制团队的规模和结构进行适当的调节与控制，一般每个团队学生总是（四个年级的学生）不超过20人，每个年级的学生最多不超过8人为宜。这样既可以形成合理的导师制梯队，便于高年级学生协助导师指导低年级学生，形成"朋辈效应"，也在一定程度上保障导师有精力关注每一个团队成员，了解每个学生的天赋、兴趣、爱好、志向，基于每个学生的禀赋对其进行个性化指导，使导师制真正发挥其应有的作用。

第十一章

本科生导师制的成效与问题

本科生导师制是指在本科阶段为每位学生配备导师,在学业、科研、品德、生活等方面对学生进行有针对性指导的一种制度,其核心思想是:在教学方式上强调个别指导、言传身教和循循善诱;在教学理念上营造和谐、自由和宽松的氛围;在教学内容上注重德智并重。这一制度最早产生于14世纪的英国,在英国牛津大学率先实行,后来逐渐推广、流行于欧美国家,到近现代才传入中国[①]。本科生导师制教学模式进入中国后,并未向欧美发达国家那样得到广泛的推广应用,相反,在复制模仿的过程中,因文化、环境等因素的制约被迫终止。直到20世纪90年代,随着我国高等教育改革的推进,本科生导师制又陆续在我国的一些高校试行。

---

① 杜智萍:"牛津大学本科生导师制教学模式探析",《大学教育科学》,2006年第6期。

第十一章 本科生导师制的成效与问题

一、本科生导师制兴起的背景

高等教育的目标是培养具有创新精神和实践能力的高级专门人才，这已经成为国内教育界的普遍共识。本科教育是高等教育的重要组成部分，在本科教育中实行导师制，是当前大学生管理体制、育人体制改革的重要突破口，是实现创新教育的重要保证，也是新形势下做好学生思想政治工作、培养德才兼备的国家各项事业的建设者与接班人的重要保证。本科生导师制的基本含义是指，根据学校（院）的统一组织，由具有相应资格的教师招收一定数量的本科学生，在注重学生个性发展原则下进行因材施教、个别指导的教学方法。本科生导师制的目标是提高学生的思想道德修养和文化素质，培养学生的理性思维和创新能力，不断提高办学质量和教学水平。

高校在普遍推行学分制的情况下有必要实行本科生导师制，这是很多学者的共识。有的学者认为全面的学分制应包括选课制、学分绩点制、导师制和聘任制等基本制度，其中选课制是前提，而导师制是实施学分制和选课制的重要保证。现阶段我国高校推行的学分制，已与选课制、学籍管理制、学分互通换制以及与之相适应的学生工作管理模式等有机地结合在一起。随着学分制的全面启动，建立适合我国高校的本科生导师制已势在必行。由此看来，导师制可以说是学分制顺利实施的制度保障之一。基于本科生正处于从不成熟到成熟的发展阶段，有学者甚至认为在本科阶段实行导师制比在研究生教育阶段更有意义。从对学生的调查来看，学生普遍认为应该在本科教育阶段实行导师制。比如中南大学商学院对已经实行了导师制的2001级、2002级学生所做的"本科生实行导师制的实践与问题"问卷,统计结果显示,有93.5%的学生表示"本科生应该有导师"。同样,浙江大学2003年对紫金港校区导师制实施情况进行调查,收回的4300份调查问卷中,有95%的学生认为应该给本科生配备导师。[①]

(一) 牛津导师制在我国复制模仿的初衷

如前所述,回顾中国教育发展的历史可以看到,与牛津大学导师制相似的自由教育理念与教学方式,最早可以追溯到古代书院教育。自唐宋兴起到晚清废除,书院历经千余年的发展,在中国文化史、教育史上产生了深远影响。随着书院教育传统的没落、中断,导师制教学传统也没落其中,逐渐淡出了人们的视野。直到20世纪30年代,竺可桢担任浙江大学校长,自由教育传统才逐渐在国内恢复和引入。竺可桢深受西方教育思想影响,熟悉东西方教育之底蕴,对当时中国教育制度的弊端深深忧虑。他在《大公报》上发文指出,"自从我国创设学校以来已逾三十年,这三十年当中,在设备和师资方面,不能不算有进步,但是有个最大缺点,就是学校并没有顾及学生品格的修养,其上焉者,教师传授他们的学问就算了事;下焉者,则以授课为营业。在这种制度下,决不能造成优良的教育……"。[②] 为改变这种只注重传授知识而忽视学生品德培养的高等教育现状,实现教书育人的有机结合,1937年10月,在浙江大学搬迁至浙江省临安市西天目山禅源寺临时办学时,模仿复制牛津大学的导师制教学模式,在大学一年级学生中试行导师制教学,但因时局动荡、师资

---

① 罗国基、周敏丹、王迎娜:"近年来高校本科生导师制研究综述",《东华理工学院学报(社会科学版)》,2007年第4期。

② 竺可桢:"大学生之责",《大公报》,1937年,李国仓:"应然与实然的距离:牛津大学导师制在中国的发展与困境",《中国高教研究》,2013年第8期。

第十一章 本科生导师制的成效与问题

不足、师生课堂教学负担重等原因，这一指导在推行了七、八年后被迫搁浅。

（二）21世纪本科生导师制的引入与回归

新中国成立后，在高等教育阶段普遍效法、复制苏联的教育制度，本科阶段全面采用学年制教学制度和以行政班级为单位的学生管理制度，导师制作为研究生教育的培养方式沿用至今，而在大学本科阶段没有实行导师制教学模式。导师制仅用于研究生的培养，这种状况一直持续到20世纪末。进入21世纪后，经历了高等教育大扩招，本科教育质量滑坡问题逐渐显现，本科生培养急需从规模扩张的"粗放经营"模式转向个性化、素质化的"内涵发展"。这也引起了部分学者的重视。基于办人们满意的高等教育的社会需求，旨在提高高等教育大众化背景下的本科教育质量的导师制在一些高校"试水"。其后试行本科生导师制的学校逐渐增多，目前已成燎原之势，如北京大学、清华大学、浙江大学、湖南大学、厦门大学、武汉大学、华南农业大学等名校相继进行本科生导师制的探索。随着2005年1月7日，教育部在《教育部关于加强高等学校本科教学工作的若干意见》中指出："有条件的高校要积极推行导师制，努力为学生全面发展提供优质和个性化服务"，这标志着本科生导师制已获得国家层面的支持和提倡。本科生导师制在各类高校中逐步推行，导师制的运行机制也呈现多元化特征，如浙江大学效法牛津模式引入本科生导师制，湖南大学秉承中国传统书院文化的岳麓书院本科生导师制。

近年来本科生导师制在我国的兴起，有其时代背景和现实需要。是新时期中国高等教育发展第一阶段的客观要求，具体来说，是进入21世纪以后我国高等教育大众化以及我国实施的一系列高等教育改革举措的必然结果。

首先，本科生导师制是改革大学教学模式的需要。我国现行的高等教育教学模式系引入苏联的，其核心是以学年制、课程中心为特征，长期以来这种机械、僵化的高等教育体制机制导致的培养模式单一，一直是困扰我国高等教育改革与发展的主要弊病，这一模式的突出特点是忽视人的个性差异与偏好的多样性，硬性要求"整齐划一"：统一学制、统一教学进度、统一培养方案、统一教材、统一试卷、统一标准答案、统一评分标准……，教学过程俨然工业流水线，这在一定程度上抑制了学生的个性发展与创造力的发挥与提升。

现实情况表明，我国现行的高等教育教学模式存在诸多弊端，其主要表现在：一是师生关系淡漠。高校师生之间的交流与互信机制缺失，许多教师上完一学期（甚至是几个学期）的课程以后对学生仍然不认识、更不了解。教师的职责就是授课，学生管理是专职辅导员和班主任的事，教师对"育人"既无权利也无责任，专职教师基本上处于"拎包上课，下课走人"的"走读"式工作状态；二是教师的教学方法陈旧，满堂灌的"填鸭"式、"灌输"式的教学方法仍是主流形式，学生的学习方式也没有改观，仍然沿袭从小就养成的应试教育背景下的"死记硬背"方式，所谓"上课记笔记，考前背笔记，考过扔笔记"就是其学习生活的真实写照；三是学生的学习态度不端正，相当一部分学生存在"混毕业证"思想，把"课程内容简单、考试容易"作为其选课的重要原则，对课程的态度（即是否选择"逃课"）则视任课教师而定，即在学生中广泛流传的"选修课必逃，必修课选逃"；四是学生评价标准的制定（奖学金、各种荣誉称号等）重理论轻实践、重分数轻能力和重智商轻情商的情况相当普遍，从而培养了一大批"眼高手低"和"高分低能"

的"人才"。这种状况已引起政府高层和教育界的广泛关注，必须进行改革。

其次，本科生导师制是加强学生管理、提高办学质量的需要。我国现行的教学与学生管理一直沿用苏联的模式，学生管理采用行政班制度，学生管理由专职行政人员负责，即班主任管生活、纪律，辅导员管思想，辅导员和班主任共同负责学生的最终综合考核与评价，如各类奖学金的评定、组织发展、三好学生、优秀学生干部、优秀毕业生等各类荣誉称号的评定。专职教师没有学生管理的权责，任课老师只负责教课，对学生课程之外的学习、生活、人际交往、心理状况、思想道德等无权（也无责）过问，因而也就一概不问。学生对任课教师也是敬而远之，甚至连"敬"也免了，形同陌路（有的学生甚至根本不认识其曾选修课程的任课教师），师生之间缺乏沟通与交流。这种教学与管理各自为政、相互脱钩的学生管理体制导致的结果是：学生管理完全由行政人员负责，而辅导员往往对专业领域的知识和学科发展并不了解，况且学生人数过多，能够受到关注的只是一小部分学生（高校流传的所谓的前10%和后10%），难以对学生进行个性化指导；专职教师精通学科发展和专业知识却没有学生管理的权限，导致任课老师只教书、不育人。学生一旦出了问题又相互推诿扯皮，致使学生对任何一方都缺乏信任[1]。

再次，本科生导师制是高等教育大众化的必然结果。20世纪末以来，我国高等教育的招生规模空前扩大，伴随高等教育扩张的是精英教育向大众化教育的转型，反应这一变化的一个重要标志就是高校生师比激增；与此同时，教学管理也在悄然发生变

---

[1] 刘月秀、谭仕林、徐正春："本科生导师制的实践与探索"，《黑龙江高教研究》，2005年第8期。

化，自由教育理想的回归，对我国僵化的高等教育体制机制形成巨大冲击，导致高等教育自下而上的改革，愈来愈多的高校尝试改变学年制，至 21 世纪初国内各类高校普遍实行学分制、选课制，学生在课程选择和自身知识结构的构建等方面拥有了更大的自主权。这些政策的推出，加之进入大学之前长期的应试教育惯性依赖，使得原本就难以迅速适应的大学生活本科新生更加手足无措，基于自由教育理念下的自主学习、自我教育、自我发展、团队合作、人际交往等方面变得更加迥异于中学生活，令本科生无所适从。大学新生难以确定自身的职业志向，无法独立设计适合自己发展的学习方案，急需具有丰富经验的老师的指导与帮助。

最后，素质教育呼唤本科生导师制。素质教育强调学生的全面发展与进步，传统的教学模式显然不能适应素质教育的要求，注重培养学生的全面素质与能力、尊重学生个性与差异的本科生导师制应运而返。现行的学生管理模式和教育方式已经不能很好地解决大学中日益复杂的各种问题和矛盾。学生（特别是大学新生）需要有比较固定的良师益友对其学业进行个性化指导，为其四年大学生活排忧解难，保驾护航。

二、本科生导师制的进展情况

英国教育学家早在 14 世纪就提出了"导师制"（tutorial system）的概念。到 17 世纪，英国的牛津大学、剑桥大学等高校在研究生教育中普遍采用导师制，实质上也就是对学生的"个别辅导制"。美国哈佛大学校长艾略特（Eliot）于 1869 年在哈佛大学推行本科生选课制（elective system），1872 年开始实施学分

第十一章 本科生导师制的成效与问题

制（credit system），并很快带动美国其他高校实行选课制和学分制。英国的牛津大学、剑桥大学等高校在 19 世纪末开始仿效美国高校实施学分制，并进一步将原来用于研究生培养的导师制推广到本科生的培养中。20 世纪上半叶，美国部分高校为改进选修制，也采用了导师制，并率先在普林斯顿大学、哈佛大学、瓦萨学院等院校实行。1937 年，英国学者 Michael Linsday 受聘于我国的燕京大学并着手推行牛津大学式的导师制，当时国内其他高校相继效仿。1938 年竺可桢任浙江大学校长时，也曾实行了一段时间的本科生导师制，效果很好。

（一）高等院校的导师制探索

新中国成立后，我国高等学校废止了新中国成立前曾实行的学分制，学习苏联的经验，引入学年制，本科生导师制也因此未能有用武之地，导师制仅仅在研究生教育阶段采用。直到 20 世纪 90 年代，一批学者开始对一个世纪以来中国高等教育的发展历程进行深刻的反思，社会各界（特别是新闻媒体）也从不同角度指出中国当代高等教育的问题与弊端，时至今日，如何在高等教育领域体现中国文化的主体性、重建中国文化自信，已经成为当今社会共同关注的热点话题。加之随着我国高等教育的改革与发展，高等教育大众化带来的大班教学隐含教学质量滑坡问题，这些因素综合作用的结果是本科生导师制的回归。进入 21 世纪后，本科生导师制又陆续在我国的一些高校（如北京大学、清华大学、浙江大学、湖南大学、厦门大学、武汉大学、华南农业大学等名校）试行。导师制的运行机制呈现出多元化特征，如浙江大学继承 20 世纪 30 年代的导师制传统，实行效法牛津大学模式的本科生导师制，湖南大学秉承中国传统书院文化的岳麓书院本科生导师制，等等。

1. 浙江大学的导师制探索

2000年初,浙江大学农业与生物技术学院秉承上世纪初的导师制传统,开始试行本科生导师制。2002年,作为浙江大学教学改革的一项新举措,浙江大学在全校一、二年级全面推行本科生全程导师制。《现代教育报》2002年11月对此还做了报道,并认为此举将加强教师与本科生的密切联系,促进教学质量的提高。因为导师制要求导师直接面对学生进行指导,不仅传授知识和技能,还要以自己高尚品德影响学生,做到既教书又育人,进而全面提高学生的综合素质。同时,在对学生进行指导的过程中,教师的师德意识和社会责任感也会得到增强,从而提高课程教学水平和教学科研能力,实现"教学相长"的目标。导师的选聘是实行本科生导师制的重要环节,为此,浙江大学选聘高水平教授主持本科生教育教学工作,并作出如下规定:凡是四级以上的教授、副教授原则上都要担任本科生导师,具有博士学位的讲师和近两年参加工作的新教师担任导师助理;导师配备的重点放在一、二年级,各教学班均配备由教授、讲师等组成的三人导师组,其中,教授任组长,全面负责导教与导学,讲师则负责学生管理的具体工作。

2. 北京大学的导师制试点

北京大学是也最早全面开始实行本科生导师制的试点院校之一。2002年10月北京大学在本科新生中全面实行导师制,这一消息曾一度引起社会各界的关注。北京大学率先在本科生中实行导师制试点,旨在让本科生提前介入科研,培养创新能力,学校为此设立了专项基金,为数十名本科生配备了一流导师,指导他们开展独立研究,体验科学探索的奥秘、快乐与辛劳,一些学生甚至直接参与了导师主持的国家重大科研项目。2003年,北大招生不再分专业,实行按院系、学科大类招生,并在本科生中全面实行导师制。北大校长在回答《南方日报》记者的提问时对本科生导师做了如下说明：北大在本科生中实行导师制的"导师"更确切的应该叫指导老师，这个概念不同于现今在研究生阶段实行的导师制。这些指导老师的职责主要有三项：一是负责对学生进行政治思想方面的指导；二是对低年级学生给予从中学阶段到大学阶段学习方法的帮助；三是给学生选择专业提出一些建议。

（二）政策层面的认可与支持

党的十一届三中全会以来，我国从高等教育体制入手进行了一系列改革。特别是党的十八大以来，以习近平同志为核心的党中央，坚持把教育摆在优先发展的战略位置，全面深化教育领域综合改革，一批标志性、引领性的改革举措取得明显成效。教育公共服务水平和教育治理能力不断提升，中国特色社会主义教育制度体系进一步完善，我国教育总体发展水平进入世界中上行列，为13亿多人民提供了更好、更公平的教育，为经济转型、科技创新、文化繁荣、民生改善、社会和谐提供了有力支撑，中国特色社会主义教育自信不断增强。

到了21世纪，国内各个大学改革现行高等教育制度、旨在提高本科教学质量的本科生导师制探索与实践也逐步得到了官方的认可与支持。2005年1月7日，教育部在《关于加强高等学校本科教学工作的若干意见》中，第一次以官方文件的形式提出："有条件的高校要积极推行导师制，努力为学生全面发展提供优质和个性化服务"。这标志着本科生导师制已获得国家层面的支持和提倡。2010年我国在《国家中长期教育改革和发展规划纲要（2010—2020）》中明确指出："关注学生不同特点和个性差异，发展每一个学生的优势潜能。推进分层教学、走班制、学分制、导师制等教学管理制度改革"。2012年教育部在《关于全面提高高等教育质量的若干意见》（高教［2012］4号）中更进一步指出："改革人才培养模式，实行导师制、小班教学，激发学生学习主动性、积极性和创造性，培养拔尖创新人才"的要求。由此可见，我国决策层已经将个性化人才培养提升到国家战略层面，本科生导师制不仅得到了决策层的肯定和鼓励，而且已经成为重构我国文化自信的重要保证机制。而在大学教育的本科阶段即推行导师制，无疑是对个性化人才培养的有益尝试。

2017年9月中共中央办公厅、国务院办公厅印发的《关于深化教育体制机制改革的意见》（以下简称《意见》），是新时期党中央、国务院推进教育综合改革的又一纲领性文件。《意见》提出到2020年，教育基础性制度体系基本建立，形成充满活力、富有效率、更加开放、有利于科学发展的教育体制机制。并进一步提出"全面深化教育综合改革，全面实施素质教育，全面落实立德树人根本任务，系统推进育人方式、办学模式、管理体制、保障机制改革，使各级各类教育更加符合教育规律、更加符合人才成长规律、更能促进人的全面发展，着力培养德智体美全面发展的社会主义建设者和接班人。"《意见》指出，要健全立德树人系统化落实机制。健全全员育人、全过程育人、全方位育人的体制机制。要注重培养支撑终身发展、适应时代要求的关键能力。在培养学生基础知识和基本技能的过程中，强化学生关键能力培养。培养认知能力，引导学生具备独立思考、逻辑推理、信息加工、学会学习、语言表达和文字写作的素养，养成终身学习的意识和能力。培养合作能力，引导学生学会自我管理，学会与他人合作，学会过集体生活，学会处理好个人与社会的关系，遵守、履行道德准则和行为规范。培养创新能力，激发学生好奇心、想象力和创新思维，养成创新人格，鼓励学生勇于探索、大胆尝试、创新创造。培养职业能力，引导学生适应社会需求，树立爱岗敬业、精益求精的职业精神，践行知行合一，积极动手实践和解决实际问题。要建立促进学生身心健康、全面发展的长效机制。《意见》强调要建立以学生发展为本的新型教学关系。改进教学方式和学习方式，变革教学组织形式，创新教学手段，改革学生评价方式。《意见》指出，要健全促进高等教育内涵发展的体制机制。强调要创新人才培养机制。高等学校要把人才培养作为中心工作，全面提高人才培养能力。不同类型的高等学校要探索适应自身特点的培养模式，着重培养适应社会需要的创新型、复合型、应用型人才。把创新创业教育贯穿人才培养全过程，建立健全学科专业动态调整机制，完善课程体系，加强教材建设和实训基地建设，完善学分制，实施灵活的学习制度，鼓励教师创新教学方法。深入推进协同育人，促进协同培养人才制度化。

三、本科生导师制取得的成效

2004年以来，本科生导师制似乎成了全国各类高校教学改革的新宠，实施本科生导师制的学校不断增加，这一制度如雨后春笋般遍布祖国的大江南北。国内一流大学如清华大学、哈尔滨工业大学、厦门大学、南开大学、广东外语外贸大学、北京师范大学、北京化工大学、兰州大学、陕西师范大学、扬州大学、中南大学、大连理工大学、南京财经大学、华中师范大学等已经全面开始了本科生导师制的实施，大批地方高校也开始试水本科生导师制，如贵州财经大学、云南中医学院、宁波大学、四川农业大学、广西右江医学院等一大批高校开始在部分院系尝试实行本科生导师制，进而在全校范围内普遍实施了本科生导师制。目前国内各类高校都在进行大规模探索和实施本科生导师制，而且已经取得一定的积极成效。分析这些高校实施导师制的经验，结合我国高等教育发展趋势，对于提高本科教学质量无疑具有积极意义。

导师制是一种因材施教的学生培养机制，一定程度上弥补了大班教学存在的不足，如对学生关注度低、师生关系淡漠、互助合作机制缺失、团队协作能力不足、理性思维和创新意识普遍较低等，有助于学生的身份认同和学业成功，从而使学生的大学本科学习经历成为永生难忘的美好时光。

目前在各类高校试行（实行）的本科生导师制，在一定程度上促进了教育观念的变革和教育质量的提高。种种迹象表明，导师制的实施已取得明显成效。导师制的实行在学生中反响强烈，大家感到既新鲜又兴奋，坦言导师制为学生的个性化发展提供了更多的可能与机会，切实解决了学生在学习过程中的不少难题，对教学质量的提高奠定了更加坚实的基础。中南大学的问卷调查统计结果显示，65.9%的学生认为"导师制对自己有帮助"，25.3%的学生觉得"导师制对自己有较大的帮助"[1]。

华南农业大学林学院的调查统计结果显示，本科生导师制取得了积极成效[2]，主要有：第一，学生的思想道德素质得到很大提高。在导师的影响下，学生培养了良好的道德品质，学会如何做人，如何做事，学会正确认识世界，认识社会，认识自我，树立正确的世界观、人生观和价值观。政治立场坚定，爱党、爱国、爱校。对人对事不偏激，充满理性。遵纪守法，明理守信。

---

[1] 罗国基、周敏丹、王迎娜："近年来高校本科生导师制研究综述"，《东华理工学院学报（社会科学版）》，2007年第4期。

[2] 刘月秀、谭仕林、徐正春："本科生导师制的实践与探索"，《黑龙江高教研究》，2005年第8期。

第二，学生的心理素质普遍提高。由于学生能够经常性地与导师进行接触与交流，许多内心的矛盾和烦恼都能及时得到排解，不容易产生心理障碍，引发心理问题。第三，学生的人际交往能力增强。由于导师的言传身教和潜移默化，学生与人交往时不卑不亢，落落大方，真诚相待。许多学生经常和导师出差，接触社会多，既增加了对社会的认识，明确了自己的学习目标和努力方向，也增强了自信心，锻炼了自己的社会活动能力和人际交往能力。第四，学生的专业技能和学习成绩明显进步。参加导师制的学生能较早地介入到导师的科研工作，提高了实验动手能力和科研能力，同时也加深了对书本知识的理解和掌握。这些学生动手能力强，能够独立思考问题，考试成绩普遍提高，补考率和重修率显著下降。第五，培养了学生的创新能力。当今世界正处于高速发展的知识经济时代，大学生在校期间应当学到的不仅仅是知识本身，更重要的是培养自主学习和不断创新的能力。在导师制运行机制下，学生摆脱了传统教育的负面影响，在导师的引导下，学会了独立学习。通过参与导师的科研课题或工程项目设计，实践动手能力得到很大提高，视野变得更加开阔，创新能力和创新水平明显提高。在各类科技创新竞赛活动中捷报频传，屡获大奖。第六，融洽了师生关系，形成了教学相长的良好氛围。学生与老师之间的交流多了，增进了彼此之间的了解。他们既是师生，又是朋友。学生有什么心里话，都会找自己的导师倾诉。导师懂得关爱学生，真正做学生的良师益友。师生之间形成了一种和谐、默契和互信的良好关系。本科生导师制真正营造了教学相长的良好氛围。学生从导师的言传身教中受益匪浅不言而喻。同时，教师在指导学生的过程中不断升华自己的思想，提升自己的学术水平。导师制一方面要求学生多思多想，勤学好问，多学多实践；另一方面要求导师必须具有强烈的创新意识，提高创新能力，不断提升业务水平和自身素质。参加导师制的学生取得一些成绩，对其他学生是一种带动和促进，形成一种比、赶、帮、超的良好学习氛围。总之，导师制能够在制度上确保大学生适应大学生活并顺利完成学业，有利于学生进入研究生以后独立开展学习和研究，不仅教会学生做学问，更教会学生做人，疏导学生的心理问题，培养良好的情商。

湖南大学岳麓书院通过问卷调查和师生访谈反馈的情况是①：通过八年的尝试，本科生导师制的实施效果开始显现，无论是从教师还是从学生的角度来看都受益匪浅。可以预见，随着时间的推移，本科生导师制会在不同层面、以多种方式充分显现出来。

从学生方面看，学生是最大的受益者，通过导师制，学生入学适应能力、人格养成与学术兴趣培养、对书院和班级的归属感等方面呈现出明显优势。主要表现在以下几方面：第一，学生入学适应能力明显增强。对比分析湖南大学八个自主招生专业的学生入学适应情况发现，实行了本科生导师制的历史专业学生无论是在大学生入学适应各维度还是在整体上，都优于其他七个专业②。导师制更有利于提供有效的社会支持，有针对性、个性化地引导和陪伴本科新生，能够使其更好地适应大学生活。第二，促进学生人格养成和学术兴趣的培养。导师以自己的道德修养影响和感染学生，引导学生进步和成长，这正是教育的意义所在。岳麓书院本科生导师制明确规定各类导师与学生交流的频率不低于每两周一次，每次交流时间不少于 1 小时。如果每年上课时间按照 10 个月计算，岳麓书院本科生平均每年师生交流的时间将

---

① 肖永明、潘斌："书院教育传统与现代大学教育的融合——岳麓书院实施本科生导师制的探索和思考"，《大学教育科学》，2017 年第 2 期。

② 潘斌、肖永明："生活导师制：本科生入学适应入学教育新模式"，《大学教育科学》，2016 年第 3 期。

不低于80小时。据统计①，目前有接近80%学生与导师交流的时间超过这个数字，可见书院师生交流之频繁。在与导师的密切接触交流中，学生对人生与社会、历史与现实有了更为深刻的理解，确立了人生的目标，价值观念趋于成熟，在人格养成方面打下了基础。同时也进一步增强了对专业的认知和兴趣，开始自己的学术研究之路。对于调查问卷中关于"学业导师对您的把主体现在哪些方面"有三分之二的学生选择了"人格熏陶"和"论文写作"；而在"书院给你最多的是什么"选项中，选择"人格熏陶"和"论文写作"选项的人数接近70%。第三，增强学生对学院的归属感。基于多导师制，岳麓书院围绕学生培养组织的各类学术沙龙和文体活动，都是理所当然地邀请师生同参与，而且参与活动的单位，除了传统意义上的班级和宿舍之外，还有以师门为单位的不同年级乃至不同学历层次学生组建的团队，对于增强学生的团队归属感、促进师生之间的融洽关系发挥了重要作用。

从导师方面看，担任本科生导师的教师和研究生同样受益匪浅。在针对本科生导师的访谈中，不少导师谈到本科生导师身份对自己提出了很高的要求，促使自己在与本科生的日常交流接触中不断反思自身品德、学养是否堪为人师；担任导师是自己有一种强烈的责任感，会不断思考与学生相处的适合方式以及对学生进行教育的最佳方式；在与学生进行交流的过程中也可以给自己很好的补充，让自己对当前的青年和社会有更深入的认识，有助于更加有针对性地对学生进行引导。因此，伴随着学生的成长，

---

① 寻梦依："湖南大学岳麓书院本科生导师制实施的情况调查与分析"，2016年。肖永明、潘斌："书院教育传统与现代大学教育的融合——岳麓书院实施本科生导师制的探索和思考"，《大学教育科学》，2017年第2期。

教师也在成长，真正实践了"教学相长"理念，师生在互动交流中砥砺前行、相得益彰。

四、本科生导师制的现实境遇

本科生导师制是我国高等教育和教学改革的一项有益探索，适应解决当前大学教育中存在的矛盾和问题的紧迫要求。从目前各学校本科生导师制的运行情况来看，已经取得了初步成效，主要表现在给学生以具体化、个性化指导，实现因材施教的理想；激发学生学习主动性、科研潜力和活力，全面提高学生的综合素质；创新教师和学生之间有效沟通和交流机制，建立新型、密切的师生关系，形成了教学相长的良好氛围。实践表明，本科生导师制以其独有的优势和特色，能够有效地实现对现有大学制度框架内无人问津的教育荒芜地带的全覆盖，从而不仅能够对学生进行个性化指导、学术化指引，而且能够激发学生潜力，释放学生的潜能，同时也能够构筑起良好的师生关系，从而有效促进学生成长①。

（一）本科生导师制的境遇：形式主义和试验田

牛津大学的本科生导师制一直享有美誉，从牛津导师制的产生背景、特征和发展历程来看，其本质特征不仅仅是培养所谓的"绅士"，而是培养学生的批判性思维素养。追溯历史可以发现，纽曼所推崇的苏格拉底方法实际上就是一种导师制，其教学的核

---

① 贾绘泽："高校推行本科生导师制的几个主要问题"，《教育探索》，2016年第10期。

心就是培养独立思考和批判思维素养。从本质上看，牛津导师制与苏格拉底方法是一脉相承的，导师制就是把苏格拉底的教学方法正式化、制度化，其精髓依然是人格养成：自由思想、独立精神，因为批判性思维素养是个体创造性的核心体现。批判性思维包括批判性思维的意识和批判性思维能力两方面。一个具有批判性思维素养的人，一定是既拥有批判性思维意识又拥有批判性思维能力的人。

随着时间的推移，世界各国政治经济形势的变迁，高等教育所面临的环境也在改变，这些外部因素的变化势必在一定程度上对高等教育教学与人才培养模式产生影响。导师制的发展历程也证明了这一点。以苏格拉底自由教育理念为哲学基础的牛津大学导师制教学模式，师生之间在共同研习学问的过程中，始终保持质疑的态度和探索精神，强调导师对学生的个性化指导、学生的制度参与、师生之间互助合作、平等对话等自由教育的特质。牛津导师制在其诞生之初及早期阶段，英国社会弥漫着绅士文化，社会竞争的程度远没有现在激烈。那时人们可以慢节奏地生活，可以优雅而与世无争，接受高等教育的只有少数精英。随着社会发展，商业文化逐渐渗透到社会的方方面面，人口激增导致的资源稀缺性日益凸显，社会竞争加剧，社会生活节奏随之逐步加快，直至今天人与人之间的激烈竞争。在这样的现实环境中，牛津导师制也经历了自身的嬗变。随着社会经济发展，高等教育规模扩张，师生比降低，导师所带的学生增多。受此影响，加之学科与专业分化、高校的财政压力、自然科学和技术研究等多重因素的影响与制约，传统上"一对一"的导师制教学成为一种奢侈品，逐渐被"一对多"的小规模的导师辅导课所取代。但导师制教学关注学生个体发展、因材施教的内在特征却不曾改变。

近年来，实行本科生导师制的高校越来越多，经过"在部分学院、部分学生中试点"后,很多高校选择全面推广,要求全部教师、全部学生参与。比如在四川师范大学,部分学院探索本科生导师制已有10年历史。2015年底,该校召开"本科生导师制工作推进会",表明了全面实施本科生导师制的决心。从2009年开始,四川农业大学实行双向选择的精英导师制,约有20%左右的本科生能够获得导师的指导。2010年,该校继续加大投入,实行全员导师制。总体而言,截至目前,我国的本科生导师制虽然成效显著,但也存在一些问题,如由于导师数量不足且质量参差不齐、导师在教学和科研重压下动力不足等等障碍,导致的结果是导师的指导流于形式。此外,从实际情况来看,导师制在我国并未全面实施,也没有形成规范的制度模式,各校仍在探索之中。也就是说我国的本科生导师制仍处于试点阶段。可以说,我国本科生导师制的现实困境是"形式主义"和"试验田"。基于这样的现实,有人提出了这样的疑问:在试验田里看起来土肥苗壮的本科生导师制,如何遍地开花?如何将这一制度做实,避免成为"花架子""走过场",让导师制真正发挥其应有的作用?这些问题考验着教育工作者的智慧。

导师制这一历经八百多年而不衰的行之有效的教学模式,在我国的恢复和引入已有一二十年的历史。时至今日,其发展依然处于自发探索阶段——也就是所谓的"试验田",尚未在全国全面推开。导师制之所以发展缓慢,是因为目前我国全面推广本科生导师制,依然面临诸多障碍。根据教育部《2014年全国教育事业发展统计公报》,2014年普通高校生师比为17.68∶1,地方高校这一比例显然更高,地方高校师资相对匮乏已是不争的事实。由于生师比的缘故,导师数量不够,导致"僧多粥少";教师的教学和科研任务本来就重,很难再抽时间细心指导本科生;教师素质参差不齐,部分教师缺乏指导本科生的意识和能力;激励手段不够，等等。因此，四川农业大学党政办主任丁林担心："建立和运行在高生师比之上的本科生导师制，恐怕很难避免走过场、搞形式和低效益的现象。"四川师大化学与材料科学学院党委书记饶显周表达了类似的看法，他表示，学院实行本科生导师制存在的主要问题，一是导师整体上能力不足，且参差不齐；二是导师内在动力不足，部分导师责任心不强[1]。

事实上，作为导师制的重要参与者，导师本身由于当今大学"科研至上"倾向不断强化，高校对教师的科研考核强化，其对导师制教学本身的信仰和崇敬程度不如往昔，辅导学生的时间和精力锐减，这些变化造成了世界各国大学本科生导师制的变异。在当今的中国情境下，由于高等教育传统的缺失与中断，"科研一票否决"的考核机制等多重因素的影响，本科生导师制更加形式化，甚至出现了"南橘北枳"的现象，很大程度上偏离了牛津传统导师制的本质。有学者认为[2]，牛津导师制引入国内高等教育实践，其形式主义成为一种必然。

本科生导师制在中国遭遇形式主义主要体现在如下几方面：一是导师制教学师生比过低。牛津传统导师制中，一个导师只带一两个或少数几个本科生，每周花一小时左右的时间切磋，借以提升学生批判思维意识和能力。但在当前国内情况下，经常出现的是一个导师同时面对十几个、几十个甚至上百个学生。导师的辅导课只能流于形式，不可能开展一对一的教学。这与导师的品德、素养、态度无关。二是本科生参加导师辅导课的敷衍。国外的世界一流大学注重学生的自主学习，其课程安排大多是：学生

---

[1] 李益众："本科生导师制如何走出'试验田'？"，《中国教育报》2016年11月23日第4版。

[2] 何齐宗、蔡连玉："本科生导师制：形式主义与思想共识"，《高等教育研究》，2012年第1期。

每学期修四门左右的课程，大学四年一共修30门左右的课程。而目前国内高校的现实情况是，本科生在四年中要修完50门甚至更多的课程，学生修课数量普遍多于国外顶级大学。不仅如此，为了方便学生升学和就业，目前国内院校的教学安排一般都是四年的课程三年修完，最后一年的两个学期，一个学期用来实习，准备考取研究生、公务员、事业单位、银行等就业考试；另一个学期用来做毕业论文、就业或研究生面试的升学就业的后续工作。学生在校的基本状态是：一至三年级白天上课，晚上上课，甚至周末还有课，疲于上课"抓学分""抓资格证书"。这与西方教学传统截然不同。西方大学的本科生往往是自学多、上课少，上课安排大多是一周四次课，一天里只上一次课，其他时间预习或做作业。每门课的老师都会布置大量的阅读任务，学生要阅读大量文献，并在此基础上完成读书笔记和课程论文。在这样的教学模式下，学生主要是自主学习，有时间认真准备导师辅导课，完成导师布置的阅读任务、写小论文，认真准备导师辅导课即将讨论的话题并准备相关发言和陈述。反观国内学生，每天要上七八节课，而且历经应试教育养成的被动学习方法、简单记忆标准答案的习惯，导致本科生既没有时间充分准备导师辅导课，也没有能力高质量地完成导师制学习任务。因为长期以来，本科生主动学习、发现问题、质疑权威的意识尚未被培养出来。其结果是学生形式主义地参与、应付导师辅导课。三是本科生导师的敷衍。导师的敷衍许多时候无关教师本身的品德和素养，相关的是导师的生存、工作环境等外部因素。教育部要求高校师生比为1:16，但国内许多高校、特别是地方高校都达不到这一要求。生师比过低，师资短缺，加之本科课程设置过多，教师普遍课程负担过重，每学期要承担三四个"课头"（即教学班的教学任务），且大多为数百人的"大课"，每周要上十几节课甚至更

第十一章　本科生导师制的成效与问题

多,而且高校官僚主义盛行,课程安排过于分散,无论课时或学分多少,一律分散在整个学期(17-18周)进行,教师每天在几个校区(校区之间通常有一个小时左右的车程)之间疲于奔命,周末还要玩命地处理学生作业,其中的艰辛可想而知。另一方面,国内各类高校,无论是一流大学还是地方高校,科研都是压倒一切的头等大事,科研一票否决的教师考核办法普遍盛行,关系切身利益的教师年度考核、职务和职称晋升、荣誉称号、工资、住房等福利等均取决于科研成果。在这种情境下,再好的导师制制度安排也难以阻止导师辅导课事实上的敷衍。四是考核的象征性和复杂性。客观上,高校管理层对本科生导师的绩效评价本身具有复杂性,对导师工作的评价与考核具有一定的困难。一方面,导师作为普通人,也是机会主义者,也是自身利益最大化的追求者,其行为动机也是达成个人收益最大化。高校难以对本科生导师的工作进行全程监控,或者说这种全程监控成本过高,几乎不可能达成;在高校普遍存在的"重科研、轻教学"的现实语境下,面对自身的科研导向,加之导师工作环境和负荷下,只能使这种考核象征化。本科生导师制在国内高校的"形似神异",偏离了牛津传统导师制质的规定性,形式主义的特征使其对培育学生的批判思维没有多大益处[1]。

西方自由教育的传统追求受教育者心智的全面发展。这种传统尽管受到了中世纪基督教神学长达千年的侵蚀,但到了文艺复兴时期,人文教育的全面复兴使自由教育重新成为西方教育发展的主导性传统,而且一直延续至今。[2] 今天,虽然西方国家的年

---

[1] 何齐宗、蔡连玉:"本科生导师制:形式主义与思想共识",《高等教育研究》,2012年第1期。

[2] 金耀基:"大学之理念",生活·读书·新知三联书店,2008年版。

轻人与其他国家一样，社会竞争加剧，就业已经成为一种普遍性的社会压力，但教育界对高等教育"高"在何处——高等教育与其他教育的本质区别就是高等教育是"自由教育"，这一主流价值观念依然没有改变。纵观中国教育的发展历史，不难发现，古代中国并不缺乏自由教育传统。中国的私塾教育，以孔孟为代表的儒家文化的教育理念与教学内容与西方的自由教育具有相似之处，古代教育家非常崇尚自主学习、自由教育，旨在培育学生做人的基本道德素养，学习礼仪、文学、诗歌、音乐等，这些至少在形式上与西方自由教育的"博雅七艺"有共性，基本上属于自由教育范畴。儒家文化自汉武帝开始成为官方意识形态，成为传统中国社会的主流价值观。与早期的私塾教育相比，古代中国的书院教育，则更好地体现了自由、平等、尊重、包容等自由教育理念。所以，古代中国并不缺乏自由教育的基因。但是近代以来，随着对传统文化的否定与排斥，科学主义在国内盛行，特别是新中国成立后对文化的革命，导致中国连形式上的自由教育都成为历史的记忆。"文化大革命"以后，实用主义思潮泛滥，应试教育占据主导地位，虽然出现了经济上一定程度的繁荣，但几千年的科举考试和应试教育强化了知识传承的理念。加上高校扩招后，学生的就业压力骤增，读大学的目标被矮化为单一的"就业"，衡量大学教育好坏的唯一标准是好不好找工作、好不好找"好"工作。在社会层面上，本科毕业生一次就业率成为高校考核的硬指标，本科教育本来的自由教育旨趣被异化为"应职教育"。当今国内的高等教育，无论是对学生还是对学校而言，属于自由教育的通识课都是不"重要"的课程，计算机、英语、各种职业资格证书等与就业相关的课程已成为"显学"，理论课程不被重视甚至被认为是奢侈品和点缀，认真学习哲学、历史、文化、艺术、政治学等"不实用"的课程被认为是迂腐的表现。最终导致了自由教育在中国消失殆尽。

（二）本科生导师制运行中的主要问题

由于本科生导师制这一人才培养模式在我国还是一种新的尝试，还处于起步和探索阶段，所以还很不完善，很多学者对于我国实行本科导师制存在的问题给予了客观的分析。归纳起来有下面一些问题①②。

1. 思想观念上的误区

由于受到传统教育管理模式的影响，部分高校领导对学分制的实质、特点、利弊等认识不清，更不能科学地制定出本科导师制方案，从而造成各学院或系科对本科生导师不重视。另外相当一部分教师不能处理好教书与育人的关系，一些高校教师认为学生的学习是学生自身的事，学的好坏与己无关，作为教师只要该上的课上好就行了，把教书和指导学生、教书和育人割裂开来。

2. 导师投入精力不足

随着20世纪末高校扩招，我国高等教育已从精英教育进入了大众化教育。但师资队伍的建设不能一蹴而就，存在着明显的周期性和滞后性。高校教师少、学生多、生师比过高是目前高校普遍存在的现实问题，地方高校这一矛盾尤其突出。面对面交流仍然是本科生导师制实施过程中学生与导师的沟通渠道中最主要的方式。在当前教师评价体系中科研"一票否决"的大背景下，教师不仅要承担课程教学任务，还要承担本科生实践环节的教学和科研课题申报、论文发表的任务，繁重的科研和教学重任大大

---

① 罗国基、周敏丹、王迎娜："近年来高校本科生导师制研究综述"，《东华理工学院学报（社会科学版）》，2007年第4期。

② 翟国栋、武晓华、曹洪治、李亚男："本科生全程导师制：问题与对策"，《中国大学教育》，2017年第1期。

挤压了教师与本科生面对面交流的时间、精力。因此，单单依靠导师的责任心和学生的主动性来保证导师制的实施效果具有很大的难度。此外，不少高校（特别是地方高校）普遍存在导师指导学生人数过多的现象，有些学校甚至一个导师负责一个教学班的指导任务。一般认为，合理的指导数量应该是一个导师指导15名左右学生。目前由于一些学校师生比过低，一个导师要同时指导几十人。导师指导的人数过多，使得一些学校的导师制名存实亡。

3. 导师的责任心有待加强

由于教学、科研工作任务繁重，学生很少能见到导师的面，导师也无法履行导师职责，这样的导师制对学生来说，也就形同虚设。从中南大学的调查来看，有52%的学生认为导师没有按校方的要求行事，有65.9%的学生认为与导师见面的次数太少，约有55.2%的学生认为导师制并没能充分发挥它应有的作用。同时，导师对学生的关心与了解还不够，多数学生认为导师对自己学习方面的事情了解较多，而对自己的思想、特长、弱项和兴趣了解得不够。浙江大学2003年对紫金港校区导师制实施情况进行了一项调查，收回的4300份调查问卷中，有22.7%的学生感到导师制对自己没有帮助，调查统计也显示有65位导师与学生是零接触。此外，导师专长于某一领域，所谓术业有专攻，而本科生全程导师制要求导师在思想、心理、就业等各领域进行全方位的指导，导师往往心有余而力不足。再加上师生比低，导师时间、精力有限，且导师与学生之间的日常交流缺乏必要的规范，最终的结果是不能保证每一个学生都得到应有的指导。

4. 约束机制和激励机制缺失

一方面，很多高校的本科生导师制缺乏制度的约束，随意性比较大，导致有些高校的导师制度只是流于形式，名不副实。另一方面，已实行导师制的多数高校的导师"义务劳动"的成分更大一些，不利于调动导师的积极性。导师的教书育人地位在目前的学校工作体制中并没有得到充分反映和切实保证。表面上学校重视，但实际操作中院系责权不清，党团组织、学工系统与导师缺乏联系，对导师的教书育人工作没有及时、恰当地指导、考核和评定，导致导师对本科生导师制缺乏热情。

5. 学生的主动性不足

由于长期以来应试教育模式的路径依赖，教师大多习惯于谆谆教诲，学生习惯于洗耳恭听。在这种情况下，大多数学生习惯于被老师确定目标而学习的状态，缺乏主动学习、探索的意识和习惯，批判性思维和主动联系导师的勇气缺失，其结果是学生很少主动联系导师，总是等到导师叫才去见导师。而导师的时间和精力是有限的，这样导师和学生之间很难建立起教学相长的双向互动关系。对于低年级学生来说，由于对各方面都不熟悉以及对导师的畏惧，参与导师指导的频率相对较高，但多数学生都是被动的，缺乏主动提问、探索创造的行动。而对于高年级学生，相对来说比较油滑，很多情况是导师主动联系学生，学生只是被动完成导师布置的任务。即便是导师布置了任务，不同学生完成任务的质量也是参差不齐，还有一些学生自以为是，听不进导师的意见和建议，影响了本科生导师制的效果[①]。

6. 因材施教实现难度大

在高等教育大众化背景下，随着社会经济发展，城乡居民收入水平不断提高，学生基础参差不齐，加之偏好的多样性，学生的个体差异性越来越大。有的如鱼得水在知识的海洋里徜徉，有

---

① 翟国栋、武晓华、曹洪治、李亚男："本科生全程导师制：问题与对策"，《中国大学教育》，2017年第1期。

的基础差甚至有厌学倾向，有的存在严重的偏科，有的迷失了自我得过且过，有的对专业缺乏信心，有的存在心理问题和情感问题，等等不一而足。由于未来志向不同，学生的需求与行为差异也很大。立志进一步深造的学生专注考研相关课程的学习，忙于各类考研辅导班，以便为本科毕业后的深造做准备；准备毕业后就业的学生忙着从事兼职和实习，以便积累实践经验，发展自己的综合能力；准备出国发展的学生则把学习的重心放在专攻外语上，忙着考托福、雅思，多方申请学校。基于指导对象自然禀赋各异、利益诉求多元化的现实，显然是目前以专业导论、通识教育、科研选题训练、大学生创新训练项目和毕业论文为主要内容的指导鞭长莫及的。换言之，目前本科生导师制的指导还难以实现因材施教的目标。

五、传统书院教育制度的启示

目前国内各高校实施本科生导师制的机制不尽相同，但主要的形式是通过双向选择，确立导师与学生指导关系。比如，华南农业大学林学院实施的本科生科研导师制[①]，学生通过参与导师的科研课题和科技创新活动，加强与导师的联系与沟通，在此过程中培养和提高了综合素质和各方面能力（尤其是动手能力和

---

① 华南农业大学林学院本科生导师制的前身是"林业之星"科技小组，2001年以后在"林业之星"科技创新活动基础上全面实施导师制。导师制采用双向选择和组织安排相结合的运行机制。导师的主要职责是指导学生的学习、工作和生活，引领学生参与管理或科研工作，具体包括制订培养计划、课程学习与创新活动指导、毕业设计（论文）选题指导、择业和考研指导，日常生活的行为规范和人文素质的教育，使学生在政治思想、专业知识与能力、心理素质和人际交往等方面得到良好的熏陶和培养，促进学生全面成长。

创新能力)。导师根据学生的个性、潜质,实施个性化指导,既融洽了师生关系,又真正实现了因材施教、教学相长。从国内各高校的导师制运行机制来看,湖南大学岳麓书院最复杂也最具有代表性。

岳麓书院创建于公元976年(北宋开宝九年),历经宋元明清各代,一直办学不辍,弦歌不绝。1903年在书院改制的大潮中,岳麓书院改为湖南高等学堂,几经变迁之后,发展成为现代高等教育机构—湖南大学。目前岳麓书院是湖南大学下属的二级学院。1990年开始招收历史学硕士生,2003年开始招收历史学、中国哲学博士生以及考古学与博物馆学硕士生,2009年获得历史学博士后科研流动站。同年,开始招生历史学本科生,每年约30名。岳麓书院的恢复与发展是与中国当代高等教育的发展相伴随的。岳麓书院由古代书院发展演变而来,又是现代高等教育的重要组成部分,可谓接通古今。

书院是介于官学和私学之间而又兼有私学和官学某些特点的独特的文化教育组织。在中国传统社会后期,书院在培养人才、创新学术、积累文化、传播儒学、教化民众等方面都发挥了重要作用,为中国古代教育事业的发展和学术文化的创新与繁荣作出了重要贡献。一般认为,书院具有讲学、藏书、祭祀等功能,其中人才培养是书院的核心功能。在历经千年的发展演变过程中,书院形成了颇具特色的教育宗旨和人才培养理念,在人才培养环境的营造、教育内容、组织管理方式、教学形式等方面都留下了宝贵的经验,为当代教育改革与发展提供了重要资源,也可以为本科生导师制的完善提供借鉴与启示[①]。

---

① 肖永明、潘斌:"书院教育传统与现代大学教育的融合——岳麓书院实施本科生导师制的探索和思考",《大学教育科学》,2017年第2期。

（一）注重品格培养

传统的书院教育追求"求学"与"求道"的统一，融德行与学问为一体，关注知识的传授，更重视学生品德的培养，强调"以学明伦""以学成人"，将学生品格的养成作为教育的根本目的。正因为教育的根本目的在于涵养德性、成就人格，所以对教师的"身教"、教师的示范表率作用特别强调。学生道德意识的培养、对道德原则的认同、价值取向的形成、道德行为的产生，都建立在对教师高尚品格产生认同的基础之上。这就对教师自身的品格、素质提出了很高的要求，需要教师成为楷模。书院教育的这一理念引发我们对现代教育理念的思考。基于高等教育中普遍存在的重知识传授轻人格养成的倾向，本科生导师制希望建立纠偏机制，把学生的人格培养作为导师的基本职责，要求导师不仅在学业方面对学生进行引领与指导，还要在学生价值观、人生观形成的过程中给予指导和帮助。

（二）师生关系密切

在传统书院中，师生亦师亦友，朝夕相处，谈论古今，切磋砥砺。教师以自身的品格和修养感召、影响学生，学生长期追随老师，受到其精神熏陶和人格浸染。古代书院密切的师生关系使得儒家的教育往往能够以润物无声的方式收到潜移默化的效果。钱穆先生为新亚书院制定的《新亚学规》中提到："中国宋代的书院教育是人物中心的，现代大学教育是课程中心的。我们的书院精神是以各门课程来完成人物中心的，是以人物中心来传授各门课程的。"① 美国学者帕利坎在论及大学的理念时，对大学中

---

① 钱穆：《新亚遗铎》，联经出版公司，1998年版。

健康的师生关系有这样的论述:"就大学的理念而言,在智识探索的各领域,苏格拉底的方法中有一个含义是没有变异的:教师应该教导学生,而不是招募门徒……在一种健康的关系中,应该服从于——真正的共同体、师生之间日益加深的共事合作关系,最后也许达到老师对学生的依赖超过学生对老师的依赖。对于有这种经历的人,作为老师也好,学生也好,或者二者也好,对于全部有关的人来说,这都是一种旅途的礼仪,旅途中充满了喜悦与成就之感,但是也充满了深深的忧虑。但是,如果这种共同体在这一过程开始的时候没有出现,则不会在独立性到来的时候简单地出现;从事务的性质上看,促成其形成的责任主要在于老师。①"在以课程为主中心的现代教育体制中,教书与育人被人为分割开,师生之间的淡漠与隔膜屡遭诟病,这与以人物为中心的书院教育亲密的师生关系形成鲜明的对比。大学扩招更加剧了师生关系的疏离。古代书院教育中师生相处之道,完全可以为导师制和谐融洽的新型师生关系的构建提供参考与借鉴。本科生导师制的实施可以从制度上保证师生相处的时间和机会,一定程度上弥补现代高等教育以学科和专业为本位、以课程为中心导致的师生关系淡漠与隔膜。如帕利坎所言,基于对学生个性的尊重,导师制将一定数量的学生和教师组成一个真正的学术共同体,师生之间日益加深的共事合作关系,从而建立起一种密切交流与合作、感情深厚的师生关系。而导师制使师生之间有频繁的交流、沟通、互动、合作,可以将以课程为中心的现代大学和以人物为中心的书院教育的优势有机结合。

---

① [美]雅罗斯拉夫·帕利坎著、杨德友译:《大学理念重审》,北京大学出版社 2014 年版。

(三) 重视因材施教

传统的书院教育特别强调尊重学生的个性，就其才性所近加以引导，充分发挥学生的潜能。随着现代高等教育规模扩张，流水线式的人才培养方式使得因材施教的理想难以实现。如同工业化产品的批量生产，学生被按照统一的规格加以塑造，其作为个体的独特性被抹杀。如何增进对学生的了解、实施个性化培养，实施创新人才战略，对这些问题的思考是近年来不少大学实施本科生导师制的主要原因。本科生导师制的实施与完善应当继承古代书院的教育理念，践行因材施教的原则，根据学生的知识基础、认知水平、个性差异、能力倾向、偏好志向等差异，进行个性化指导，促使学生人尽其才，脱颖而出。

(四) 强调自主学习

传统的书院教育强调学生自主学习、自我管理、自由成长，同时又重视来自于外部因素的促进作用，如教师的引导、点拨以及同伴的激励、合作，力求实现内外两种力量的协调统一。一方面，鼓励学生们自主探究，通过研读经史、博览群书，习得广博知识。另一方面，又有师生之间的切磋商讨、质疑问难，学生之间相互质疑、辩难。书院师生作为一个学术群体，在交流与争辩中相互启发、相互促进，共同进步。在这一过程中，教师对学生的学业指导，不是进行具体的知识的灌输，而是启发、诱导学生自主学习、自由探索。正如帕利坎对大学的理解所言[①]："大学必须是学者的共同体，这是符合大学在其教学活动中乃是学者自

---

① ［美］雅罗斯拉夫·帕利坎著、杨德友译：《大学理念重审》，北京大学出版社2014年版。

由而负责任的共同体这样的大学理念的。这意味着教师与学生、教师与教师之间具有内在的关系。"帕利坎在分析大学教师的职责和角色定位时借用了苏格拉底的观点,他进一步指出"耶格尔(Werner Jaeger)回顾了苏格拉底作为教师的独特才能的主要组成部分。核心是教师对学生的尊重和师生双方对一种信念的培育,即:他们一起从事的是对学问的共同的追求。""教师的天职不是给学生灌输知识,而是允许本来已经留驻在那里的知识见到光明;用苏格拉底耳熟能详的比喻来说,教师不是真理的父亲,而是产婆。苏格拉底通过参与共同探索来教学的方法也是教师与学生乃是共同体这一实情的有力表现(在学术和智识探索各领域中,也存在一些并非微不足道的变异)。"

帕利坎和亨利·纽曼都非常重视学生之间的同伴效应和团队合作,认为"大学是一个自由而负责任的教学共同体,大学理念的这一定义的一个重要含义就是,在其工作计划和远景之中,大学必须留出自我教育的空间"。帕利坎十分认同纽曼的自我教育主张,认为"纽曼显然反映出了他自己在牛津大学当本科生时的经验,他说:'年轻人敏锐、开放、富有同情心、观察力强。当他们走到一起自由交往的时候,即使没有人教他们,他们肯定也会互相学习的'。"纽曼认为,这样的"青年团体将构成一个整体体现出某种特定的理念,代表某种理论,实施某种行为准则,提供思想与行动的原则"。于是他得出结论:"独立于师长的直接教导,还存在一种自我教育。"帕利坎进一步将本科生的教育分为三个部分,而且认为这三部分都是不可替代的,不能有失偏颇。他指出"借用一个数学公式,可以这样说:学生对学生的教导占本科生教育的1/3,教授对于学生的教育占另外一个1/3,每个学生独自在图书馆、实验室和宿舍所做占最后一个1/3。如果这三个部分之中的任何一个严重偏离规范,接近一半,就造成了非常不健康的失衡。"①

大学作为学者自由共同体的理念，强调学生的自主学习、自我教育、同伴效应与教师的启发和引领的有机结合，从而实现追求卓越的目标。在这一点上西方的理念与中国古代书院教育传统不谋而合，这对于本科生导师制的实施无疑具有重大的借鉴价值。本科生导师制需要把导师的指导与学生自主性的自由探究有机结合。一方面，任何人格养成和知识习得活动，都必须充分发挥主体的自身能动性。在本科生成长过程中，其关键作用的是学生，主要依靠学生的自觉意识和积极性、主动性，导师的作用只是辅助性的。另一方面，教师的人格魅力的熏陶、感染，学业上的引领、启发，团队协作中的同伴效应、学生间的交流、切磋，对处于本科阶段的学生来说都是不可或缺、无以替代的，尽管这三个方面未必能够用严格的数学公式进行区分，但它们对学生的学业成功确实是不可割裂、同等重要的，三者缺一不可。只有将三方面统一起来，本科生导师制才能够真正发挥其在高素质创新人才培养中的作用。

六、本科生导师制的制约因素

如前所述，近年来，实行本科生导师制的高校越来越多，经过"在部分学院、部分学生中试点"后，很多高校选择全面推广，要求全部教师、全部学生参与。总体而言，截至目前，我国的本科生导师制虽然取得了初步成效，但其现实境遇不容乐观，

---

① ［美］雅罗斯拉夫·帕利坎著、杨德友译：《大学理念重审》，北京大学出版社 2014 年版。

其中最具代表性的就是形式主义和试验田问题。由于导师数量不足且质量参差不齐、导师在科研重压下动力不足等障碍，导致的结果是导师的指导流于形式。此外，从实际情况来看，导师制在我国并未全面实施，也没有形成规范的制度模式，各校仍在探索之中。也就是说我国的本科生导师制仍处于试点阶段。

基于我国本科生导师制的现实困境——"形式主义"和"试验田"，有人提出了这样的疑问：在试验田里看起来土肥苗壮的本科生导师制，如何遍地开花？如何将这一制度做实，避免成为"花架子""走过场"，让导师制真正发挥其应有的作用？这些问题考验着政府、高校管理者、教师的智慧。那么，当前我国实施本科生导师制的主要障碍在哪里呢？我们以为，大学管理层和教师僵化的高等教育理念、大学僧多粥少的教学资源配置、"一刀切"的教师考核机制以及应试教育的路径依赖，这四个方面的因素是阻碍本科生导师制全面实施的最主要障碍，也是影响导师制实施效果的主要因素。

（一）中庸之道的文化土壤

自由教育、关注学生个体、培养学生理性思维是牛津大学导师制一以贯之的卓越特质。我国引入和复制本科生导师制过程中，出现了"南橘北枳"的现象。有学者认为，我国本科生导师制之所以会遭遇"形式主义"的困境，其根本原因在于文化环境的不同[①]。

在以"中庸之道"的价值观为哲学基础的传统文化影响下，"求同"文化成为整个社会的主导意识，大家主要各种观点要具

---

① 李国仓："应然与实然的距离：牛津大学导师制在我国的发展与困境"，《中国高教研究》，2013年第8期。

有委婉含蓄的解释，而不是经由质疑和诘问式的严谨推理和辩论得出结论。在一些基本问题和重大问题上，更多的是寻求普遍的一致性，而不是各种观点的正面交锋和平等共存。师道尊严、权威观点被赋予"不容置疑"的特殊地位。平等的师生辩论、自由的思想探索似乎有些"另类"且往往会招致非议。在这样的文化背景下，教师更像是高高在上的传道者，成了学生获取知识的权威传递者，学生也习惯于被教师指引，习惯于对权威观点、现有规范的顺从与遵从，教师自然而然地成为所在领域的权威观点的"卫道士"和日常工作的勤务兵。师生间平等、密切合作的伙伴关系也就难以达成。

有研究表明，一个国家或社会滋生于某种文化土壤并被实践证明有效的制度，不易被成功地移植到另外一个国家或社会，因为一种制度和制度能力中的"社会和文化因素"有效移植不易达成。由此可见，一种制度被有效移植的关键就在于社会文化因素。牛津导师制表层和形式容易移植过来，但制度相关群体的思想基础、共识却难以达成。东西方社会价值观和文化底蕴的差异，使得我们在引入本科生导师制度的过程中，由于缺乏自由教育思想基础，在考试文化、就业至上的语境中，难以达成内在的教育理念与卓越特质的一致性。

（二）课程中心的教育理念

纽曼在《大学的理念》一书中提出了博雅教育和大学的定义，"这一定义可能比其他任何地方都更为精辟："制定准确的标准，按照这样的标准进行培养，依据学生不同的能力帮助他们向这个目标前进，我认为，这应该就是大学的职责"①。本科生导师制作为高等教育教学改革的重要举措，其目的就是提高高等教育人才培养质量，更好地完成大学教育的使命。其实施以教师为主导，以大学本科生为主体，当然也离不开大学领导层的积极推动和支持。大学管理层、教师和学生对导师制的认识将直接关系到这一制度的实施效果。但是，从现实情况来看，无论是大学决策层、教师还是本科生，对导师制的认识都存在一些问题或误区。在大学决策层和管理层方面，一直以来重学术、轻教育，重科研、轻教学，重研究生教育、轻本科生教育，重教师学术的博大精深，轻教师的品德对学生的影响，重市场功利对学校的要求、轻学校对学生人格尊严的培养。此"五重五轻"归根结底是：重当前的有形、有用，轻长远的无形、"无用"②。基于这种急功近利的理念，有些大学领导认为，本科生导师制不过是从事学生管理的院系搞出来的哗众取宠的"花架子"，没有什么现实意义，甚至有些学院领导虽然力推导师制，但也只是将其当作增加政绩的噱头，而不是作为提高人才培养质量的工具，所以在人、财、物的支持力度上远远落后于现实需要，有些院系甚至根本就是零投入。本科生导师方面，由于长期的源于苏联的学生管理制度的影响，一些教师认为学术管理是行政人员的职责，作为专职教师自己在学术管理上既无权利又无义务，没有意识到导师在学生成长过程中的重要作用，对导师制的意义、对导师的责任缺乏正确、深刻的理解，没有真正进入导师角色，责任意识不

---

① [美]雅罗斯拉夫·帕利坎著、杨德友译：《THE IDEA OF THE UNIVERSITY A REEXAMINATION 大学理念重审》，北京大学出版社2014年版。

② 中国科学院院士、华中科技大学前校长、教育部高等学校文化素质教育指导委员会主任杨叔子语，德雷克博克著，侯定凯译：《回归大学之道——对美国大学本科教育的反思和展望》，华东师范大学出版社2012年版。

强；长期以来，大学管理层倾向于教学、管理人人都能做，科研才是衡量教师水平与学术能力的主要指标，有些导师迫于学校的绩效考核和职务升迁的压力，认为科研是硬指标，人才培养是软指标。因此将更多的时间、精力用于申请课题、发表论文，而对于对本科生的培养投入不足，其表现就是与本科生很少见面，即使是严重缩水的师生见面也难有质量保证。在学生方面，由于本科生导师制是一个新事物，大部分学生对其缺乏了解，一些学生不能正确处理自主管理与导师指导的关系，认为自己已经成年，应当有更多的自主性，不需要教师的管束；一些学生自我期望值低，学习动力不足，兴趣爱好缺乏，志向和职业生涯规划缺失，从心理上排斥导师的引导和帮助。凡此这种，这些现象都在一定程度上影响了本科生导师制的实施，制约了本科生导师制在提高人才培养质量上作用的发挥。这就需要我们加大对本科生导师制的宣传力度，从理论上阐述本科生导师制的意义和作用，提高相关主体（大学决策层、管理层、教师、学生）的认识，使其在认同本科生导师制的前提下，积极投身其中，避免其沦为形式主义和"花架子"，确保本科生导师制的有效实施，充分发挥其在本科人才培养中的积极作用。

（三）僧多粥少的资源配置

不可否认，当前我国全面推广本科生导师制，依然面临诸多障碍。其中最主要的制约因素就是大学导师资源的严重不足。根据教育部《2014年全国教育事业发展统计公报》，2014年普通高校生师比为17.68:1，地方高校这一比例显然更高，地方高校师资相对匮乏已是不争的事实。由于生师比的缘故，导师数量不够，导致"僧多粥少"；教师的教学和科研任务本来就重，很难再抽时间细心指导本科生；教师素质参差不齐，部分教师缺乏指导本科生的意识和能力；激励手段不够，等等。因此，四川农业大学党政办主任丁林担心："建立和运行在高生师比之上的本科生导师制，恐怕很难避免走过场、搞形式和低效益的现象。"四川师大化学与材料科学学院党委书记饶显周表达了类似的看法，他表示，学院实行本科生导师制存在的主要问题，一是导师整体上能力不足，且参差不齐；二是导师内动力不足，部分导师责任心不强①。

（四）顶部沉重的高校治理

伯顿·克拉克在对各国高等教育治理模式进行比较研究时，提出了一个著名的"三角协调图"，即国家、市场和学术权威在不同国家的高校治理中有不同的配置模式，其中，苏联属于国家权力主导型模式，意大利属于学术权威主导型模式、美国属于市场主导型模式，而瑞典、法国处于国家主导型和学术权威主导型模式的中间地带，英国、日本、加拿大属于学术权威主导型和市场主导型的中间地带②。作为市场力量的一个代言人，高等教育中介组织在我国还很不发达。各种学会或协会如中国高等教育学会等，虽然也有较大影响，如组织学术研讨会和学术成果评价等，但对高校的组织、管理和决策没有影响力。市场治理力量缺失是我国公办高校外部治理结构的普遍特征。总之，政党权力和政府权力主导，二者分工合作，是我国公办高校外部治理结构的一个重要特征③。

---

① 李益众："本科生导师制如何走出'试验田'？"，《中国教育报》2016年11月23日第4版。
② 【美】伯顿·克拉克著、王承旭等译：《高等教育系统——学术组织的跨国研究》，杭州大学出版社1994年版。
③ 王绽蕊：《高校治理：比较与改进》，光明日报出版社2013年版。

基于国家权力主导型模式的高校外部治理下，我国高校基层学术组织的治理制度存在诸多问题①，主要有如下几方面。

一是外部治理结构问题："顶部沉重"。高校常常被称为"底部沉重"的学术组织，但这一经典概括不适用于中国高校，原因在于这些高校的事业重心虽然在基层，但权力重心却在高层。换句话说，中国高校的内部权力配置是"顶部沉重"、头重脚轻的"倒金字塔形"。责权的严重不对等使得基层学术组织在招生、人财物资源配置等方面缺乏应有的自主权。

二是内部治理结构问题：教学科研人员学术权力边缘化。基层的高校教师，尤其是没有行政职务的教师，无论专业技术职务是否为教授，其学术决策权都十分有限，或者流于形式化。行政权力强势，强化了传统的官本位文化，对基层组织的学术发展造成了不良影响。一方面，造成优秀学术人员从教学科研岗位向行政岗位"漂移"，希望"学而优则仕"。高校里设置的理论上为学术事业服务的行政职能部门被视为官职，教师当官后不仅没有成功地将学术文化渗透到行政文化之中，反而进一步强化了高校的官僚文化、等级文化。这些所谓的"学官"们继续霸占着学术资源，却没有足够的精力继续致力于学术创新。另一方面，受这种极端强势的"官本位"文化的影响，在高校教师的聚集地——基层学术组织，不少人心中都有一个"做官梦"。一句话，强势的行政权力腐蚀了高校的学术文化，削弱了教师的学术创造激情，致使高校教师所代表的基层学术组织智力资源内耗严重。高校培养不出创新人才、出不来创新性成果，其实质不过是这种制度及其背后所隐含的文化所带来的"机会成本"。

三是治理机制问题：单位制度的影响导致人财物管理封闭僵

---

① 王绽蕊：《高校治理：比较与改进》，光明日报出版社2013年版。

化。单位不仅是国家组织社会成员进行生产的场所,而且是一个社会成员全面依赖于国家的福利组织。功能合一性、资源的不可流动和生产要素主体之间的非契约关系是单位制度的内部特征。[①] 无论是企业单位还是事业单位或政府机关,都概莫能外。长期以来中国公办高校都是作为事业单位而存在的。在这种大环境中,基层学术组织也深受单位制度的影响。设置一个系或研究所首先要考虑的问题是给几个编制,被"编制"固定下来的教学科研人员对基层学术组织具有一定的人身依附关系。基层组织的教学科研仪器设备往往是这些组织内部成员才能使用,其他院系很难共享。教学科研人员和所在基层学术组织与高校之间长期以来缺乏真正平等的契约关系,高校不能随便解聘员工,员工的正常辞职或调动也常常受到很多阻挠。

总之,基层学术组织自主权缺乏、行政权力主导学术事务、人财物管理体制封闭僵化等问题普遍存在,严重影响了我国高校学术生产效率与人才培养质量,也是制约本科生导师制全面实施的主要障碍。

(五) 应试教育的路径依赖

迈克尔·威舍(Michael Wesch)在《爱与学习的艺术》一文中,介绍了贝伦吉(Belenky)等人在1986年描述的四种常见的学习类别。一些学生习惯于被动地接受已有知识,对他们来说,"学习就是要从一个专家那里习得客观真理,被称作'接受型认知者'。一些学生可能反对这个观念,并且走向完全的反面,认为没有真理,我们所有的不过是各种选择。这些学生被称为'主体认知者'。主体的方法是进行更彻底和更有活力的学习

[①] 杨晓民、周翼虎:《中国单位制度》,中国经济出版社2002年版。

必须作出的转换,作出这一转换的学生被称为"程序性认知者"。学习者通过主体的方法,学会学科的一些做法来判断事物的正确性和相关性。当学习者开始将这些做法融入他们每天的生活,他们就成了'建构性认知者'。建构型认知者认为,'他们的参考框架很重要,而且他们有责任检查、质询、发展出他们用来建构知识的系统'。"

迈克尔·威舍向 200 名学生介绍了这种不同的学习方法之后,进行了一次调查,发现超过 85% 的学生认为他们基本上是"接受型"学习者。在剩下的那些人里面,大部分是"主体"学习者,只有少数几个学生坚持程序性或深入的学习方法。[①] 事实上,被动接受性学习形态成为大学生学习的主流形式,这一情况不仅仅局限于澳大利亚,已经成为世界性问题。导致这种状况的原因是复杂的,其中一个主要因素是:近代以后随着知识转型演绎了追求不带私人目的的公共精神的"大道之知"的退场,在失去大道知识的信仰之后,教育形态也随之向"识记之学"退化,最终导致现代教育的价值变迁。

雅罗斯拉夫·帕利坎指出"一个即将入学的本科生必须承认,接近教师的次数可能并不是衡量师生关系的唯一指标,因为接近教师的质量可能远为重要。在学术迅速地发生突破性变化的时代,最引人注目的是在自然科学上,但也不独在那里,学生必须询问,自己是否会遇到这样的困境:他们的精神需求和学术需求可能超过了教师的水平。大学教师,包括大学的本科生教师,不能单单只是从他人那里接受知识,而必须同时为了他人而增加

---

① 埃恩·海(Lain Hay)著,邢磊译:《教学的智慧——来自世界最好的大学教师的经验》,华东师大出版社 2013 年版。

现存的知识。"①

然而，我们的现实情况是：长期的应试教育体制机制强化了学生的机械记忆、被动接受的"知识接受性"学习者色彩，而主动学习的习惯和能力、批判性思维缺失，对本科生导师制这种基于自由教育的理念的全新的教学模式既缺乏认知，且能力、动力皆不足。导致其对导师制兴趣缺乏、参与积极性不高，其结果是即使加入了导师团队主动性也不高，与导师交流的质量和数量均有较大的提升空间。

---

① [美]雅罗斯拉夫·帕利坎著，杨德友译：《大学理念重审》，北京大学出版社2014年版。

第十二章

高原上的明珠
——贵州财经大学本科生导师制经验

为了贯彻落实 2017 年 9 月中共中央办公厅、国务院办公厅《关于深化教育体制机制改革的意见》精神,践行深化教育体制机制改革的基本原则,切实将党中央"健全全员育人、全过程育人、全方位育人的体制机制"的要求落到实处,我们一行三人于 2017 年 10 月 18 日奔赴贵州财经大学进行本科生导师制实施情况的调研、考察,收获颇丰。据我们了解,在目前国内地方高校中,贵州财经大学的本科生导师制最具特色,也最为扎实、深入。众所周知,目前国内院校全面推广本科生导师制依然面临诸多障碍,生师比过高导致的导师资源供给不足是困扰本科生导师制有效运行最突出的障碍。贵州财经大学经济学院立足于现实基础,成功地打开了这一"死结",走出了"形式主义"和"试验田"的误区,在本科生导师制这一高等教育教学与人才培养模式创新之路上留下来浓重的一笔。如果说牛津大学的导师制是英国乃至全人类的"教学瑰宝或不可侵犯的圣牛"的话,那么,贵州财经大学的导师制则堪称是镶嵌在云贵高原上的"明珠",闪烁着智慧的光芒!其经验更加弥足珍贵,值得我们仔细研究、潜心学习与借鉴。

纵观贵州财经大学导师制的发展历程,可以看到,与国内其他院校一样,该校的本科生导师制也经历了一个"研究探索—局部试点—逐步完善—全面实施—再逐步完善"的探索与实践过程。从2008年开始试点,其后逐步探索,对试运行过程中发现的问题、缺陷再进行研究、调整方案、完善制度,然后再付诸实践,并随着制度的优化逐步扩大试点范围,直至条件成熟时全面实施。目前该校已经探索出一条符合自身实际、具有鲜明的地域特色的本科生导师制发展之路,形成了较为完备的导师制制度体系及其配套的制度和保障机制。笔者以为,目前贵州财经大学的本科生导师制就其发展现状来看,大体可以用如下五句话来概括:全面覆盖、责权分明、制度完备、管理有序、成效显著。

一、高原明珠:贵州财经大学导师制

(一) 高原新星:贵州财经大学

贵州财经大学是云贵高原上冉冉升起的新星。学校秉承"艰苦奋斗、严谨务实、负重致远"的精神,恪守"厚德、博学、笃行、鼎新"之校训,致力于"富民兴黔",培养经世致用的"儒魂商才",积累了较为丰富的办学经验,形成了较为鲜明的办学特色,为区域经济社会发展尤其是中国证券业发展作出了积极贡献。

该校创办于 1958 年，原名贵州财经学院，2012 年经教育部批准更名为贵州财经大学，是一所以经济学、管理学学科为主体，法学、文学、教育学、艺术学、理学、工学等多学科协调发展的财经类大学，是贵州省委、省政府重点建设的贵州省经济管理人才培养基地，著名经济学家、"孙冶方经济学奖"获得者、南京大学原党委书记洪银兴教授任贵州财经大学名誉校长。

该校现有花溪、河滨、鹿冲关三个校区，其中主校区位于国家级开发新区——贵安新区花溪大学城。学校占地总面积 5106.8 亩，总建筑面积 106 万平方米，仪器设备总值 3.9 亿元，图书馆馆藏纸质图书共 208 万余册，电子图书 159 万余册，电子期刊 3.4 万余种。该校坚持"立足贵州、面向西南、辐射全国"的服务定位，重视平台建设和科研服务，现设有省级重点实验室 1 个，省级协同创新中心 2 个，省级科研机构（基地）4 个，省级大学科创园 1 个，获批贵州省经济管理人才培养基地、金融人才培养基地、经济数据人才培养基地、社会工作人才培养基地，设置校级科研机构 31 个，初步形成了绿色发展、反贫困、生态经济、山地经济、经济史及农村金融等特色研究领域和人才培养特色。《贵州财经大学学报》被评选为北大中文核心、CSSCI 期刊。学校依托学科、人才、智力等优势，积极服务地方经济社会发展，努力把学校建设成为贵州省高素质经济管理人才培养基地、欠发达地区经济管理理论研究中心和贵州省经济社会发展政策咨询中心，充分发挥"智库"的作用。

学校坚持开放办学，深入开展对外交流与合作，不断拓展国内外交流和研究的战略合作。先后与中央财经大学、南京大学、武汉大学等高校建立了科研教学合作伙伴关系；与俄罗斯普列汉诺夫大学、印度尼西亚特里沙克旅游学院、英国哈德斯菲尔德大学、挪威奥斯陆大学、澳门大学、泰国苏南拉里理工大学等高校合作进行教师培训、教师互派。与马来西亚友尼达国际大学、匈牙利多瑙新城大学、意大利罗马第二大学、泰国北碧皇家大学、台湾圣约翰科技大学等合作开展科研和留学生短期交流项目。与美国西密歇根大学联合申报的非独立法人中外合作办学机构——贵州财经大学西密歇根学院,是西南地区首家获批的4+0中外合作办学机构,设有三个专业,在校学生119人;与英国爱丁堡龙比亚大学、美国西密歇根大学、马歇尔大学和伯克莱学院合作举办有3个本科、4个专科中外合作办学项目,有在校本科生769人、专科生1515人;与国家留学基金管理委员会合作举办有国际本科学术互认课程(ISEC)项目,开设4个本科专业,在校生2231人。积极参与中华文化传播和汉语国际推广工作,与非洲厄立特里亚政府合作建有1所孔子学院。

该校目前共设有学院(部)17个,其中包含1个开放型的贵阳大数据金融学院。现有全日制在校生2.3万余人,其中:本科生近2万人,硕士研究生1603人,留学生40人。有教职工1895人,专任教师1273人,其中高级职称767人,拥有博士学位487人。聘请海内外知名专家、学者担任学校客座教授和兼职教授,为学校开展教学、科研、学科建设、团队建设发挥了积极作用。学校设有7个一级学科硕士学位授权点,52个二级学科硕士学位授权点,7个专业学位硕士学位授权点;有3个重点建设的区域内一流建设学科、6个省级特色重点学科、10个省级重点学科、16个校级重点学科。有本科专业59个,涵盖8个学科门类,其中:国家级特色专业6个,省级示范专业9个,省级特色专业4个。有国家级经济管理实验教学示范中心1个,国家级经济管理虚拟仿真实验教学中心1个,国家级人才培养模式创新实验区1个,省级实验教学示范中心5个。有4个贵州省一流大学专业重点建设项目,2个贵州省大学生创新平台建设(含培育)项目,4

个贵州省师资团队重点建设项目，3个省级课程重点建设（含培育）项目。形成了多学科协调发展的学科专业体系。

贵州财经大学经济学院是由该校原经济学院、国际经济学院、财政与税收学院及资源与环境管理学院资源环境与发展经济学系的基础上组建而成。学院现设有经济系、财政与税收系、国际经济系三个教学机构，现有在校本科生2355人。目前有经济学、资源与环境经济学、财政学、税收学、国际经济与贸易和国际商务6个本科专业招生，其中财政学为省级示范专业；拥有政治经济学、经济史、经济思想史、西方经济学、世界经济、人口·资源与环境经济学、国际经济与贸易、财政学、区域经济学九个专业硕士学位授予权，国际商务1个专业硕士授予权。拥有理论经济学、应用经济学两个省级特色重点学科。

贵州财经大学经济学院是贵州财经大学最早推行本科生导师制的二级学院，也是该校导师制实施最好的学院。为此，我们首先到经济学院考察调研，经济学院对我们的到来非常重视，在百忙中专门召开了"本科生导师制调研工作会议"，会议由经济学院党委书记朱红琼主持，对我们的来访表示热烈欢迎，双方围绕本科生导师制规章制度、组建结构、管理办法、激励措施等方面进行了讨论交流。对此，贵州财经大学经济学院还在学校官网上做了专门报道。经济学院院长、副院长、书记、副书记、教学主任、学生会导师制小组负责人、优秀本科生导师均出席了本科生导师制调研座谈会，徐艺副院长介绍了经济学院概况和经济学院的前身——财税学院试行本科生导师制的情况；陈波副书记介绍了经济学院导师制的制度设计，包括导师制领导小组、本科生导师制专门软件的开发和应用、导师的职责定位、导师的激励机制、导师指导学生的数量界限等；副书记罗玉江介绍了经济学院本科生导师制实施的初衷——大类教学模式下对学生的专业嵌入,便于学生在大一阶段就感知专业,以增加学生的专业认同。也介绍了导师制的发展历程——从最初依靠填写纸质的指导记录的手工指导到依托专门的软件在电脑系统中填写指导记录。

目前贵州财经大学已经在全校范围内全面实施了本科生导师制,为此我们走访了该校教务处。教务处的范平花副处长现场解答了我们的提问,杨杨副处长(现已转任继续教育学院副院长、也是财政学专业的本科生导师、教授、博士生导师)则在我们的调研中全程陪伴并详细介绍了贵州财经大学财政学专业本科生导师制的实施情况,陪伴我们参观了该校的图书馆、校史馆、票据馆,令我们耳目一新,也感慨万千。这其中既有贵州人民的淳朴民风与热情好客,也有作为东部省属高校的自我认知与危机意识。

之所以选择贵州财经大学作为调研的重点,并将其作为国内本科生导师制的典型经验专门介绍,主要是基于如下理由:首先,相较于国家一流大学(如北京大学、浙江大学、湖南大学、北京师范大学等),贵州财经大学与我校(河北经贸大学)具有诸多的共同之处,诸如两个学校均为地方高校,而且基本上在同一个层次上——同为省属重点高校,无疑具有更强的可比性,其本科生导师制的经验无疑对我校具有更强的借鉴价值。其次,从我们所了解的情况看,在目前国内地方高校中,贵州财经大学(特别是其下设的经济学院)的本科生导师制最具特色,也最为扎实、深入。众所周知,目前国内院校全面推广本科生导师制依然面临诸多障碍,生师比过高导致的导师资源供给不足是困扰本科生导师制有效运行最突出的障碍。分层次来看,相对于国内一流大学,地方高校师资匮乏的矛盾更加尖锐已是不争的事实。当前我国地方高校本科生导师制的现实困境是"形式主义"和"试验田"问题。正是基于这样的现实基础,有人提出了疑问:在试验田里看起来土肥苗壮的本科生导师制,如何遍地开花,让这一制度惠及所有的本科生？如何克服"云在天上"（看上去很美，但看得见、摸不着）的尴尬，真正将这一制度"做实"，让导师制真正发挥其应有的作用？一直以来，这些现实困境和难题始终考验、困扰着教育工作者的智慧，甚至可以说是目前国内地方高校本科生导师制的运行的"死结"。

（二）高原明珠：贵州财经大学导师制

纵观贵州财经大学导师制的发展历程，可以看到，与国内其他院校一样，该校的本科生导师制也经历了一个"研究探索—局部试点—逐步完善—全面实施—再逐步完善"的探索与实践过程。从2008年开始试点，其后逐步探索，对试运行过程中发现的问题、缺陷再进行研究、调整方案、完善制度，然后再付诸实践，并随着制度的优化逐步扩大试点范围，直至条件成熟时全面实施。目前该校已经探索出一条符合自身实际、具有鲜明的地域特色的本科生导师制发展之路，形成了较为完备的导师制制度体系及其配套的制度和保障机制。笔者以为，目前贵州财经大学的本科生导师制就其发展现状来看，大体可以用如下五句话来概括：全面覆盖、责权分明、制度完备、管理有序、成效显著。

1. 本科生导师制已经覆盖全校所有学院和专业

贵州财经大学自2016年起在全校范围内全面实施本科生导师制。根据该校教学督导组2017年3—6月的调查，该校凡是有本科生的学院都已实施了本科生导师制，实施率为100%，且覆盖了各学院所属的所有专业，本科生导师制已经得到全面实施，而且本科生导师制作为教育教学制度的一项新的改革举措得到了各学院的认同和重视。

2. 各学院均制定了本科生导师制的管理制度

该校教学督导组在其所调查的11个学院中发现，各个学院均根据《贵州财经大学本科生导师制度》文件精神，结合自身的实际情况，制定了相应的本科生导师制的管理制度，制定率达到100%。其中，有9个学院还制定了对本科生导师工作业绩的考核、奖惩办法，占82%，并完成了2016—2017学年第一学期对本科生导师的考核。

3. 师生比为1：15，绝大多数本科生导师经考核合格

截止到2017年5月底，全校承担本科生导师工作的教师为517人，指导的本科生数量达到7705人；师生比为1：15，但各学院、各专业之间不均衡，差异较大。在2016—2017学年第一学期各学院对担任本科生导师的教师所进行的期末考核中，合格本科生导师为474人，所占比重达到93%。

4. 本科生导师制受到学生的普遍欢迎

大多数学生对本科生导师的工作表示满意，评价优良率达到80%，学生普遍表示欢迎、支持本科生导师制的实施，认为其对学生的个人成长、学业和专业发展很有必要，好处很多。多数学生对导师评价很高，有60%的学生认为自己导师的工作质量优秀，有20%的学生认为自己导师工作质量良好。①

二、本科生导师制的制度设计

（一）导师制的目标定位

依据"一个主基调，两个发展极"的办学目标与办学理念，

---

① 资料来源：关于《贵州财经大学本科生导师制的调研报告》，贵州财经大学教学督导通讯，2017年第4期。

积极探索高等教育教学与人才培养模式改革,发挥专业教师在学生培养中的主导作用,提升学生的主动学习能力,倡导专业教师更多地参与本科生的指导工作,构建新型师生关系,切实改进和端正学风,提高学生培养质量和学校办学水平,制定本科生导师制的实施方案。

本科生导师制不同于研究生导师制度和学生辅导员制度,本科生导师主要从思想、专业、心理等方面给予学生引导和帮助,促进学生综合素质的全面提高。本科生导师应与学生辅导员保持联系沟通,相互协作。

(二) 导师的遴选、聘任与指导周期

1. 导师的资格条件

贵州财经大学导师制在学校层面仅有原则性规定,具体的的实施办法和组织实施的权责均交给了二级学院。学校层面规定的导师的资格条件为:本科生导师要求思想素质好,具有较强的工作责任心,能够严于律己,为人师表,热爱学生,关心学生的成长和成才,并具有中级以上(含中级)专业职称。受过学校处分的教师当年不能遴选为本科生导师。本科生导师的具体遴选条件由各学院根据自身情况确定,出台遴选办法,报教务处审核后方可执行。

该校经济学院本科生导师的资格条件设定为:

(1) 有良好的职业道德或社会责任感,热心学生教育事业,乐为人师;

(2) 有较好的沟通表达能力,喜欢并善于同学生沟通交流;

(3) 学校专职辅导员、科级以上职务、讲师以上职称及硕士以上学历的教师均可担任本科导师;

(4) 学院外导师须具有良好的社会声誉,有一定的专业素养或行业成就。

2. 导师的聘任

该校本科生导师实行聘任制,由各学院负责聘任。原则上,生师比合理的学院由一位教师指导若干名学生(一般不超过 10 名);生师比较高的学院可以适当聘请公共课教学单位及研究院、中心的教师担任导师。也就是说,该校本科生导师的遴选可以不受专业限制,可以在全校范围内跨学院选聘导师。比如该校经济学院为了解决导师资源不足的矛盾,采取了多措并举的战术,首先充分挖掘内部资源,在学院内打破专业界限,凡具备导师资格条件的专业教师、行政、管理人员均可申请担任本科生导师;其次在全校范围内,从其他教学、科研单位选聘导师,以弥补学院内导师供求缺口;最后是从合作单位(如财政局、税务局)选聘导师,并取得了不错效果。

3. 指导周期与人数

贵州财经大学的本科生导师制度在本科一至四年级学生中实施,本科阶段一年级新生第一学期选择导师,从第二学期开始到第八学期结束接受导师指导。导师指导学生的数量实行弹性管理,上限为 30 人/师,下限为 10 人/师。导师将学生分成若干兴趣小组分类指导。本科生导师制度从新生入学后本着"学生自愿""导师自愿"和"学院自愿"的三个"自愿"原则执行。可见,该校实行的是"本科全程导师制",导师的指导周期为整个本科生大学学习期间的四年。

(三)本科生导师的职责定位与要求

1. 导师的职责定位

贵州财经大学本科生导师的职责范围比较宽泛,包括思想品德、学业、心理等多个方面,学校规定的本科生导师的职责范围包括如下六个方面：

（1）引导学生确立正确的专业思想，指导学生熟悉本专业人才培养方案及课程教学大纲，针对学生个体差异，对学生选课、专业发展方向选择、学习方法、职业生涯设计等方面进行指导。

（2）言传身教，以自己严谨的治学态度、优良的职业道德影响学生；注重学生的个性健康发展和科学精神、人文精神的培养。

（3）配合学生辅导员指导学生树立正确人生观价值观，关心学生的思想进步，引导学生明确学习目的和成才目标，端正专业思想和学习态度，促进学生知识、能力、素质协调发展。

（4）引导学生参加科研训练，有意识地培养学生的创新意识、实践能力和综合素质。

（5）了解学生的成绩、绩点等影响学生毕业和获取学位证的相关信息，引导学生顺利按时毕业和获取学位证，同时收集学生对学校教学工作的意见和建议，并及时向学院反馈。

（6）学院安排的其他任务。

2. 导师的指导要求

如果说上述本科生导师的职责定位解决了本科生导师"指导什么"的问题，那么对于本科生导师应"如何指导"这一问题，该校亦有明确规定："导师可采用集中指导与个别指导相结合的方式，通过面谈、电话、网络等形式对所指导的学生进行点对点的指导；本科导师应与学生保持密切联络，每生每月至少接受深度辅导2学时，学生要对老师的指导意见进行记录，以此作为今后考核依据"。

对于导师指导的具体要求，各二级学院在学校规定的基础上，均需要制定更加细化的实施细则或补充规定，比如经济学院本科生导师制对导师的指导的要求包括：

（1）导师每月至少深度辅导 2 学时，学生要对老师的指导意见进行记录。

（2）每月出一期指导简报，由导师联络人发给本科生导师工作小组备案。

（3）导师必须引导学生制定每学期的学习计划，学生于每个学期末撰写本学期总结。

（4）每学期为学生指定必读的四本书，并按要求每本撰写一份读书心得。

（5）学院将《贵州财经大学经济学院本科生导师指导手册》发至每位被指导的学生，并由学生本人保管；指导教师在"导师指导记录栏"中根据指导工作情况每学期填写对学生的指导建议；学院本科生导师制工作小组每学期收回一次，检查导师工作实施情况。

（四）导师的考核与绩效评价

1. 导师的考核办法

贵州财经大学导师制在学校层面仅仅原则上规定了对本科生导师的考核办法，而将对导师考核的细则与实施的权利下放给了二级学院，充分体现了"底部沉重"的管理理念。学校导师制制度规定：本科生导师工作考核纳入学校教职工的年度考核，每学年进行一次，本科生导师的考核由各学院负责，考核细则由学院制定。考核方法可采用导师自我评价和学生评价相结合的办法，全面考核导师履行职责情况和指导效果。教务处在教学质量检查中将把此项作为检查项目。学校制定《贵州财经大学本科生导师指导手册》，学院印刷后发至每位被指导的学生，并由学生本人保管；指导教师在导师指导记录栏中根据指导工作情况每学期填写对学生的指导建议及约谈记录；学院每学年收回一次，检查导师工作实施情况。教务处也将进行不定期检查，检查结果将在教务处网页上公布，对于有异常的将作为学院激励约束课酬的减分项对待。本科生导师工作的考核结果，必须作为教师工作年度考核、专业技术职务晋升和岗位聘任的依据。各学院应建立本科生导师工作的激励约束机制，调动本科生导师工作的主动性与积极性。

学校层面没有具体的绩效评价办法，但该校下设的二级学院则制定了精细化的考核细则与绩效评价办法。如该校最早推行导师制的经济学院2017年制定的导师制考核细则中明确规定，本科生导师考核的目的是：

（1）教师"教书育人"的目的真正得以实现，确保教师发挥"导"的主体作用。（监督促进作用）

（2）教师工作量有具体的量化要求，导师开展工作有章可依、有迹可循。（量化作用）

（3）总结教师的优秀经验和成果并推广，供教师之间相互参考和借鉴。（推广作用）

2. 导师的绩效评价

该校经济学院对本科生导师的绩效评价采取积分制，并以此作为发放津贴的依据，按照指导学生的内容分项考核积分（只加分，不扣分），具体规定是：

（1）集中指导：每学期至少出五期集中指导简报，每期0.2分，每学期最高1分。

（2）分别指导：

①引导学生制定每学期学习计划，每生每学期0.5分；

②每学期撰写期末总结，每生每学期0.5分；

③每学期引导学生读5本书，每生每学期0.5分（以图书馆

借阅记录为准）；

④要求学生每学期专修读书心得5份，每生每学期0.5份（读书心得800字以上）；

⑤每学期填写《经济学院本科生导师指导手册》指导记录5次，每生每学期0.5分。

以上各项得分按照指导内容完成比例计算相应得分。

（五）导师的薪酬、激励与约束机制

1. 导师的薪酬

学校对考核合格的本科生导师按每生每学年6个课时的标准发放相应的课酬，但不计入当年教学工作量。各学院必须在每年的4月份进行核算，核算后报教务处，经教务处审核后统一拨付给学院，再由学院根据考核结果分配给导师，考核不合格的导师，考核年度不能获得课酬。

2. 导师的激励与约束机制

与学校层面的原则性规定不同，二级学院制定了更加细化、切实可行的考核办法与激励约束机制，其中，经济学院对本科生导师的激励与约束机制最具代表性，该学院不仅制定了精细化的绩效评价标准，激励机制与薪酬制度有机结合，激励约束也有章可循，量化标准比较合理，而且学院每学年组织评选"优秀本科生导师"，对工作表现突出的本科生导师制给予表彰和奖励，其量化标准如下：

（1）教师以"本科生导师制"为内容，获得课题立项的，国家级加10分，省级5分，校级2分；发表论文的，CSSCI加10分，北大核心5分，公开发表2分。

（2）本科生导师指导学生获得课题立项的，国家级加10分，省级5分，校级2分；发表论文的，CSSCI加10分，北大核心5分,公开发表2分。

(3) 结合学校教务处相关文件精神,学院统一发放导师指导津贴。发放办法为:本科导师津贴=学校划拨给学院总的本科导师津贴/所有本科导师总积分＊本科导师所得积分。

(六) 学生的遴选与约束激励机制

1. 学生的条件与遴选机制

贵州财经大学实行的是"普惠性"导师制,凡是有意愿的本科生(继续教育学院和国际学院的学生除外)从入学至毕业,其在校期间均可申请本科生导师的指导与帮助。师生在平等、自愿的基础上"双向选择"。学生在申请导师时可以同时填报多个志愿,类似于高考结束后填报志愿,遵循"志愿优先"的原则,导师要尊重学生的第一志愿,一志愿不足的从第二志愿选拔,以此类推。通过多轮互选结成导师制团队。

2. 对学生的要求

(1) 尊重导师,主动与导师联系,寻求导师的指导和帮助。

(2) 每学期开学两周内与导师见面,并根据导师的意见与本人的实际情况制定出本学期的学习与综合素质发展计划。

(3) 以主动、认真的态度,参与导师确定的各项活动和导师所在单位或课题组的学术活动。在科研训练中要认真、踏实、多思、多问,努力培养和提高自身的科研能力与创新思维。

(4) 本科生每学期选课计划必须征得导师同意。

(5) 每学年要客观、公正地对导师的指导情况进行评议。

此外,该校赋予本科生导师参与学生年度考核与评价的权利,规定"各学院对学生的评先评优等工作应听取导师意见",一定程度上体现了权责一致的原则,也是对党中央、国务院"全员育人、全过程育人、全方位育人"要求的积极回应。

三、导师制的运行保障机制

（一）组织领导与职责分工

机构设置：为保证本科生导师制度的顺利实施，学校成立本科生导师制度领导小组。由学校分管本科生教学工作的副校长任组长，教务处、人事处、各学院等有关部门的负责人为成员，负责指导、监督、评价、审核各学院开展本科生导师制度的相关工作。

职责分工：领导小组下设办公室，办公室设在教务处，负责本科生导师的岗位审查、调剂，配合学院开展导师上岗培训，汇总全校配备、考核结果，组织评选优秀本科生导师和管理协调等工作。

（二）日常管理与保障机制

贵州财经大学本科生导师制的日常管理与组织实施主要依靠二级学院进行，学校要求各二级学院成立本科生导师制度实施小组。由各学院院长或者分管教学工作的主管领导担任组长，书记或者分管学生工作的副书记、系主任、教务办公室主任、副系主任、学生辅导员等为成员，负责本学院导师的遴选、聘任、考核、评优、日常管理和组织协调工作，并根据本学院的实际情况，制定相应的本科生导师制度管理规定和实施细则，抓好本科生导师制度的工作落实。以该校经济学院为例,为了保障导师制的顺利实施,避免成为徒有虚名的"花架子",学院根据《贵州财经大学本科生导师制度(试行)》文件精神,将"本科生导师制"作为完善学院人才培养模式的重要改革试点,作为实现学院"致力于培养内外兼修、德才兼备,具有宏观经济视野、微观实践能力的高素质复合型人才"这一人才培养目标的重要工作抓手。经过充分的酝酿论证和实践探索,经济学院于2015年10月正式实施本科生导师制。其主要做法与特色是:

1. 加强组织领导,健全工作机制

一是成立导师制工作小组,经济学院组织成立了由学院党委副书记李文龙担任领导组长,由学院教职工、学生干部以及导师联络人组成的导师工作小组,全面负责学院导师制度的具体组织和实施推进。

二是建立学院导师制工作交流群,通过QQ、微信等方式使导师之间及时沟通交流,定期推送每位导师开展指导工作的简报等内容。

三是推选导师制联络人(学生联络员),在每位导师所带的学生中推选一名联络人,在本组学生与导师、导师工作小组之间沟通协调,从事及时传达学院要求、配合导师开展组内学习等工作,使导师制工作高效有序地开展。总体而言,学生参与导师制工作主要由两部分构成。

(1)学生导师制工作小组。学院层面,由学生会成员组成,组建导师制工作小组,构成导师制领导小组的重要组成部分,是导师制日常运营和维护的核心机构,其职责主要有:负责联系学院领导,领导定好的工作由联络员传达给导师、学生;联络导师;负责对导师工作业绩的检查、评优;领导小组仅仅与学院100多个联络人沟通,年终总结工作、评优等级信息发布等也是学生领导小组的重要职责。

(2) 学生联络员。每个都是团队选定若干联络人进入导师领导小组,学生联络人的职责主要有:"天天 60 秒"等独具特色的指导形式与经验的组织实施和推广;对学生兴趣小组(如"四级背单词""六级背单词""千村百户调查"等)的工作和学习情况的日常检查,并向导师汇报检查的结果,为导师工作调整提供帮助;组织高年级学生对低年级学生的指导,通过不同年级学生之间的沟通传授经验,进行学业指导,包括选择专业、选课、科研等方面的咨询与指导。这种团队成员之间的交流互动不仅局限于学业指导,也包括考研、公务员招考、事业单位或银行等行业招聘、其他就业经验和技巧、娱乐、人际交往等多方面内容的交流。

为了调动学生联络人工作的积极性,学院每年的年终都要对学生进行优秀联络人、领导小组优秀工作者的评选活动,评优比例为 1∶10。

2. 开发互选系统,确立匹配方式

经济学院开发了本科生导师制网络互选系统,于每学年初,按照学生选择时段和导师选择时段对师生开放。在学生选择时段,学生按照第一志愿到第五志愿依次排列的形式选择自己意向的导师;在导师选择时段,导师可以在系统里与已选择自己的学生进行互选。通过互选平台的操作,极大地增强了师生相互选择与合作的自愿性、自主性。

同时,学院以互选系统为基础,确立了以"师生自主互选为主、学院调配相结合"的方式来匹配师生资源,均衡师生比例,完善互选系统操作带来的个别问题。

3. 完善顶层设计,制定管理制度

为了更好地实施本科生导师制,经济学院先后制定了《贵州财经大学经济学院本科生导师制实施细则》《贵州财经大学经济学院导师制指导手册（管理办法）》等规章制度，对实施本科生导师制的理念目标，导师的工作职责、工作要求，导师制开展的指导形式、考核方式等方面作了详细的规定。根据考核细则等相关规定，明确了对导师制工作进行考评的指标体系，学院于每学期对优秀导师以及优秀导师工作者进行表彰，并颁发荣誉证书。

4. 师生访谈调查，建立跟踪机制

一是问卷调查，经济学院定期对全院参与导师制的学生进行问卷调查，反馈本科生导师制实施过程中发现的问题以及建议。二是定期召开导师制联络人座谈会，及时掌握导师制工作开展的动态。三是导师制工作的开展采取简报制度，及时汇报导师制的活动内容，同时便于交流和推广导师制开展的优秀经验和良好做法。

5. 整合资源优势，开展特色工作

在本科生导师制基础上，紧紧围绕人才培养目标，经济学院对于提升本科教育水平开展了系列特色工作。一是毕业季组建"优秀毕业生宣讲团"，对非毕业班进行巡回演讲，交流学习、就业心得，分享成长、成才体会。二是针对专业知识难度大、数学等基础课程薄弱的情况，面向全院学生组建了"基础研究能力提升班"，利用专业老师的课余时间，有组织有纪律地对学生授课，这对有学习困难、有考研意向的同学提供了很大的帮助。三是通过学院本科生导师的微信公众号"天天60秒"，分享形式多样的内容，得到学院师生的关注和喜爱。

四、本科生导师制取得的成效、存在的问题及改革建议

（一）导师制取得的成效

1. 促进了我校人才培养向教书与育人结合的进一步转变

长期以来，该校对本科生的教育管理，基本上是辅导员、班主任管思想教育，任课教师管知识传授的格局，专业教师基本上不过问学生的思想、品德教育。本科生导师制的实施改变了这一现状，使学生思想工作由过去班主任一个人做，转化成全体导师一起做。本科生导师在课外多次接触学生，加深了对学生思想动态、道德修养、学业状况、兴趣爱好等各方面的了解，思想品德教育与学业指导高度融合，师生之间感情加深，关系更加密切。学生不仅在学业上得到导师的指导帮助，更重要的是得到导师思想上的引导，精神上的抚慰、鼓励，生活上的关怀，这些都十分有利于学生的健康成长。

2. 促进了人才培养向课堂讲授与课外指导结合，知识传授与专业规划、职业发展指导结合的转变

目前我国高等教育不同程度地存在重第一课堂，轻第二课堂；重知识传授，轻学业指导和专业规划、职业发展指导的现象。我校实施本科生导师制，改变了专业教师上完课就走人，与学生基本脱离的现状。本科生导师既指导了学生的学业，满足了学生课后学习的需要，又能对学生在选课、专业方向、未来职业发展等问题答疑解惑。学生反映，有的导师积极向学生介绍专业发展情况，及时解答有关专业学习的各种疑问，有的导师介绍阅

读专业书籍并组织读书会，有的导师布置并检查英语学习。导师们有针对性的指导，不断地激励学生的学习积极性，激发学生最大的学习潜能，十分有利于学生的个人发展，对人才培养目标的实现具有重要促进作用。

3. 促进了我校人才培养向知识传授与实践能力、创新能力培养结合的转变

本科生导师一般在专业上都学有所长，不少导师承担有各类科研项目或自身进行着各类科学研究，有的导师还参与政府、事业、企业等单位的咨询、管理等工作。实施本科生导师制后，不少导师根据所指导学生的个性、志趣、能力、特长，适当地、有选择地让学生参与到自己所从事的科研、管理等活动中去，让学生更早、更多地进入社会实践；有的学生在导师的指导下获得了高校大学生科研项目立项和大学生创新创业项目立项，这些对于培养和提高大学生在实践中应用所学知识发现问题、解决问题的能力，科研创新的能力，全面提升素质，提供了一条新的途径，成效显著，学生特别欢迎。

（二）导师制存在的问题

2017年贵州财经大学教学督导组对本科生导师制的运行情况进行了专门调查，认为导师制运行中仍存在一些矛盾与问题，主要有：

1. 总体上本科生导师指导学生人数过多，部分学院、专业师生比失调严重，少数导师专业背景与学生不一致

按学校文件规定，原则上，生师比合理的学院由一位教师指导若干名学生（一般不超过10名）。但由于师资力量短缺，实际上我校本科生导师与指导学生人数之比已达到1∶15，超出了50%；部分学院的专业问题更为突出，比例严重失衡。如工商学

院，64位导师要指导1815名学生；平均每一位导师要指导学生28人，其中人力资源管理专业平均每位导师要指导34人，导师指导学生人数过多、负担太重，必然影响指导质量。

另外有学生反映，少数导师的专业背景与学生的专业不一致，对学生的指导针对性不强，影响指导效果。

2. 少数本科生导师的责任心不强，积极性不高，与学生见面次数少，指导无实质内容

承担本科生导师任务的教师的责任心和积极性如何，在很大程度决定了本科生导师制实施的成效。从整体上看，我校绝大多数承担本科生导师任务的教师能够尽职尽责，对学生及时、认真地开展指导工作，但也有少数教师责任心不强，积极性不高，没认真准备，与学生见面就是随便聊聊，无实质内容；有学生反映，有的导师一个学期与学生见不了一次面，有的见上一面，却要求学生填写见了几次面的资料。以致2016—2017学年第一学期各学院对担任本科生导师的教师所进行的期末考核中，有7%的教师考核为不合格。

3. 学生的参与积极性有待提高

本科生导师制的实施是一个师生互动的过程，学生作为被指导的对象，首先要自愿并积极地参与其中，否则，本科生导师制的成效也只是一句空话。在教师座谈会上，不少教师反映，有少数学生对导师的课后指导积极性不高，不是缺席，就是被动参加，不提问题，对导师的指导不闻不问，漠不关心，使师生之间的互动、交流、融合难以实现。

4. 各学院实施时间较短，经验不足，对导师履行职责的监管不够

各个学院虽然都制定了关于本科生导师制相应的管理制度，但由于本科生导师制实施的时间较短，经验不足，各学院在对本

科生导师履行职责全过程情况的监管还未能有效开展，对本科生导师制实施中存在的问题也未能及时掌握。

5. 有些学院对本科生导师的考核方式流于形式，挫伤了教师积极性

有教师反映，有的学院要求导师指导学生，必须每次都要拍照片留作证据，作为期末考核时的依据。而老师又担心给学生留下就是为了拍照才来指导的印象，感到很尴尬、为难。

6. 学校规定的本科生导师工作只发课酬，不计算教学工作量，让很多老师不理解，影响了他们担任本科生导师工作的积极性。

(三) 完善导师制的建议

针对本科生导师制运行中反映出来的问题，该校教学督导组提出了如下建议：

1. 对各学院按具体情况分类施策，解决导师指导学生过多及专业不一致问题

由于各学院本科生导师与指导学生师生比差异较大，如何解决部分学院导师负担过重及专业不一致的问题，他们提出了如下建议：对师生比不高，专业教师数量能满足指导工作需要的学院，仍可继续采用从一年级新生即开始实施本科生导师制的办法；对部分本科生导师负担过重，师生比过高的学院，可在大类培养阶段，按年级设置"年级专业发展顾问"，一个年级由2—3名教师担任，指导学生解决刚进入大学面临的若干学习和生活问题，包括对有关专业的了解等。在大类培养阶段结束，分流确定专业之后，再正式启动本科生导师制，力求导师与其所指导的学生在专业上大体一致，以提高专业指导质量。"年级专业发展顾问"可以在这个阶段转任本科生导师。

2. 加强对本科生导师履职的监管和考核，兑现奖惩办法，增强本科生导师的责任心，切实保障指导的数量和质量

本科生导师的履职情况好坏，直接影响到众多学生对老师人品、学识、能力等的感受和评价。一方面，建议各学院在本科生导师选聘完成后，召开专题会议，宣讲本科生导师的职责，激发、增强导师们的责任心、积极性、荣誉感。另一方面，要加强对本科生导师履职的监管和考核，兑现奖惩办法，并将此结果作为教师年终考核、专业技术职务评聘和岗位聘任的参考条件，用制度来切实保障指导的数量和质量。

此外，由于该校本科生导师制度实施时间不长，经验不多，督导组建议学校在适当时间评选、表彰优秀本科生导师，并召开有关会议，组织各学院之间、本科生导师之间进行经验交流，相互借鉴、学习。

3. 加大对学生的教育、宣传力度，提高学生接受导师指导的积极性和主动性

建议各学院、系将本科生导师制纳入一年级新生入学教育内容，在大类培养结束、专业分流时再次开展本科生导师制的教育、宣传，特别是对学生的义务、应遵守的纪律等加大教育、宣传力度。要让学生明白，本科生导师制不是导师单方面的工作，而是师生互动、融合的过程，提高学生接受导师指导的积极性和主动性。同时，各学院也应制定对学生的管理、考核办法，以保证本科生导师制的正常实施。

4. 进一步解决好开展本科生导师指导工作的硬件条件，探索、丰富本科生导师制的活动形式，提升指导的效果

督导组建议各学院注意解决好指导工作室等开展本科生导师指导工作的硬件条件，并积极探索、丰富指导的活动形式。目前，我校本科生导师制在实施过程中已探索出导师当面指导、导

师组集体指导、电子邮件、QQ 群、短信、微信群交流等多种活动形式，取得了良好的效果。这些活动形式如何因地制宜的运用，如何结合运用，建议在现有基础上进一步探索、完善、丰富，搭建更加便捷、及时、灵活的交流平台，有效开展指导工作，并让导师、学生、各管理层级、家长、社会能及时了解导师制的意义和相关信息，进一步提升影响力。

5. 进一步探索、完善对本科生导师的考核、评价办法

在座谈、调查中，导师和学生对目前本科生导师的履职记录要求、考核评价办法提出了一些意见，认为过于繁琐、过于注重形式；如要求导师照相留存等，更让导师们感到为难。建议各学院进行深入调研，广泛听取意见，探索、完善，制定更简洁、更具操作性、更人性化、更有效果的本科生导师的考核、评价办法，促进本科生导师制健康、顺利发展。

6. 将本科生导师的指导工作计算为教学工作量

在调查中，教师们反映，指导本科生的工作只算报酬而不计算教学工作量，未体现出本科生导师工作的重要意义，也让教师感到从感情上难以接受。从本科生导师制的健康、顺利发展考虑，建议将本科生导师的指导工作计算为教学工作量。

本科生导师制完善的思路与构想

高等学校深入推行和全面实施本科生导师制，是高等教育改革的有益探索。当前大学教育普遍缺乏对学生不同特点和个性差异的关注，难以对学生进行有针对性的指导和帮助，从而有效发展每个学生的潜能和优势，满足其多元化的偏好和需求。本科生导师制能够以其独特的优势弥补当前大学教育在个性化培养方面的缺陷，有助于解决高等教育中的一些深层次矛盾和问题，这也是高等教育供给侧改革的主要体现。我们以为，转变理念是本科生导师制有效实施的基本前提，创新机制则是本科生导师制有效实施的根本保证。

本科生导师制尊重学生个性，注重学生的全面发展和综合素质与能力的培养，真正实现以人为本、教书育人、教学相长的教育理念，是目前高校本科生管理与教育改革的重要举措。本科生导师制的实施，对于提高人才培养质量已经产生了积极作用，但其仍处于探索、完善的过程中，尚存在一些问题，如观念问题，经费、师资问题，学生的积极性问题，评价、考核与激励机制问题等，需要我们进一步思考、探究并及时加以解决。针对我国本科生导师制实施过程中出现的问题，我们以为其改革与完善的总体思路是转变观念，创新机制，完善制度。

一、完善本科生导师制的总体思路

奥地利学者米塞斯曾指出，"人所做的一切是支配其头脑的理论、学术、信条和心态之结果。在人类历史上，除开心智之外，没有一物是真实的或实质性的。"[①] 高等教育理念是大学教育改革的指导思想，也是支配教师教育教学行为和方式的基本行为准则。从这个意义上讲，先进的教育教学理念是大学教育教学改革的灵魂，也是教师进行教学改革的精神主宰。推行本科生导师制首先要统一思想，培育共识，树立起科学的教育理念。

（一）重塑大学教育的自由教育理念

迈克尔·奥克肖特（Michael Oakeshott）认为，"自由学习"就是"能够学会对伟大的学术探险所发出的邀请作出回应。正是在这种探险中，一个人开始渐次展露出其身处的世界及其自身的种种认识"。需要指出的是，这种自由学习的活动过程就发生在大学校园里，而大学校园正是大学生拥有通过与老师、同伴及自我进行对话而受教育的机会的场所。这一场所中所发生的这种

---

① 张维迎：《理念的力量》，经济观察报，2014年5月26日，转引自贾绘泽："高校推行本科生导师制的几个主要问题"，《教育探索》，2016年第10期。

教育为学生的个人生活提高了某种"间歇时段的馈赠"。借着这种间歇时段的馈赠,学生得以去品味探寻的奥妙而无须即刻寻求某种确定的解答。这也意味着大学毕业生可以通过扩展其"道德境界"并"以不易令人消沉堕落的事物"来调试或替代"青春期那种难以避免的情绪动荡与心理不安",从而"学会一些能够引领其去过一种更富意义和更具内涵的生活的法则"。"当大学的教学已经退化成单纯的讲授却占用了一个本科生的全部时间时,当那些来接受大学教育的学子最终没有去追求属于自己的才智命运而精神混沌或萎靡不振,以至于他们只希望有人能给他们提供一套现成的道德准则和知识装备时,当学生对日常交往的礼仪缺乏认识而只是渴求一张谋生证书或一份资格证明能让他们盘剥这个世界时,大学就将不复存在了。"[1] 艾伦·布鲁姆(Allan Bloom)认为,"自由教育的历练"是大学阶段最令人着迷的时光,这段时光让"学生认识到学习必须是既高瞻远瞩又一丝不苟",同时它又能够"使学生充满对真理的热爱及对美好生活的热望"。[2] 高等教育不同于职业技术教育,它的根本目的就是把学生培养成人。换句话说,高等教育就应该是自由教育,而自由教育的核心是心智的培养。牛津大学教授大卫·帕尔菲曼指出:"如果高等教育机构一味追求狭隘的职业化教育故而只是传授"技能",或仅仅要求学生死记硬背那些分发的讲义,然后通过各类形式单一、全由电脑阅卷的考试再现出记忆的内容,那么,在这样一种情形下,高等教育已无可辩驳地成为中等学校的延伸:它确实就成了教育的第三个阶段,而不是高等教育"。他进

---

[1] The Voice of Liberal Learning: Michael Oakeshott on Education, edited by Timothy Fuller, 1989.

[2] The Close of the American Mind, 1987.

一步指出,"高等教育,无论是发生在哪个学科,都意味着个体交往能力及敏锐的批判意识(综合、分析和表达)的发展。高等教育要将关键放在这样一种能力的发展上,即掌握如何更新这种不可避免地会因时代的发展而变得落伍过时的知识库的能力。从本质上说,高等教育是通过自由教育的过程发展为批判性思维的过程。"①

我们以为,转变观念,真正树立高等教育的自由教育理念,是化解当前高等教育存在的诸多问题的基本前提与客观要求。这就要求我们对目前的高等教育体制机制进行深刻反思,相关主体充分认识高等教育的本质属性,需要相关主体(包括政府、大学决策层、管理层、教师与学生)对自由教育的理念达成共识,并努力践行自由教育理念,这是完善本科生导师制的思想基础和基本前提。

(二)确立高等教育目标多元化理念

高等教育的目标是多元的而非单一的。高等教育不是"高中后"教育,大学教育不同于职业培训,如牛津大学大卫·帕尔菲曼教授所言,"如果高等教育机构一味追求狭隘的职业化教育故而只是传授'技能',或仅仅要求学生死记硬背那些分发的讲义,然后通过各类形式单一、全由电脑阅卷的考试再现出记忆的内容,那么,在这样一种情形下,高等教育已无可辩驳地成为中等学校的延伸:它确实就成了教育的第三个阶段,而不是高等教育"。"高等教育,无论是发生在哪个学科,都意味着个体交

---

① [英]大卫·帕尔菲曼主编:《高等教育何以为"高"——牛津导师制教学反思》,北京大学出版社2011年版。

往能力及敏锐的批判意识（综合、分析和表达）的发展"。① 高等教育的目标是多元的，而不是单一地传授知识，要实现价值塑造、人格养成、能力培养、创新精神、批判思维等多重目标。前哈弗大学校长德雷克·博克认为，"经过严格选择，几个特别重要的大学教育目标变浮出水面。包括：表达能力、判断性思维能力、道德推理能力、公民意识、适应多元文化的素养、全球化素养、广泛兴趣、为就业做准备"②。显而易见，这样的多重目标仅仅依靠传统学分制下的教育模式是难以实现的。急需个性化、精细化教育的介入，本科生导师制无疑是实现多重高等教育目标的有益尝试。

弗洛姆（1956）列出了爱的艺术的四个基本要素③，每个要素对于激发和参与真实社区都很重要。最显然的要素也是许多人对爱的肤浅误解：体贴和关心。但是只有体贴和关心还不够，我们必须承担责任，不是"外界加诸个人"的那种责任感，而是弗洛姆所说的"真实的感觉……一种完全自愿的行动，这是我对其他人的需求的回应，对人充满爱的回应。"如果我们仅仅依赖体贴、关心和爱的回应，我们可能会形成一种娇惯的、照顾婴儿式的关系，它会让学生变得无力，让他们依赖于我们。要对付这个问题，我们必须依靠弗洛姆爱的第三要素：尊重。他指出，"尊重不是害怕也不是敬畏"，它是指向把个人当成其本人来看待的能力，意识到个体的独特性。这很快又召唤弗洛姆爱的最后

---

① ［英］大卫·帕尔菲曼主编：《高等教育何以为"高"——牛津导师制教学反思》，北京大学出版社2011年版。
② ［美］德雷克·博克著，侯定凯、梁爽、陈琼琼译：《回归大学之道——对美国大学本科教育的反思和展望》，华东师大出版社2012年版。
③ 转引自迈克尔·威舍. 爱与学习的艺术，参见埃恩·海（Lain Hay）主编. 教学的智慧——来自世界最好的大学教师的经验，邢磊译，华东师大出版社2013年版。

一个要素：理解。在关心、承担责任、尊重环境下的理解"不仅仅是把一个人当成客观对象，知道相关的每件事，而是洞悉其核心……只有当我超越了关注自己并且用他人的视角来看待他人时，这才成为可能"。本科生导师制是基于尊重个性、理解、包容、关爱的新型教学模式，具有"把个人当成其本人来看待的能力，意识到个体的独特性"，能够实施真正意义上的"因材施教"。

（三）确立学生在教学中的主体地位

以学生为中心是从根本上认识教育的本质属性，"是从人的存在、生命的意义的根基上认识基于。它本质上明确了师生在教育教学中的地位和作用。"① 这就要求我们尊重人的个性，把每一个学生都当作一个独立的个体，既要在学习、生活上体贴、关心，更要理解尊重、包容，引导其理性选择自己的职业志向，引导其逐步改变被动接受者的学习方式，培养其独立思考的习惯和能力，引导、激励其按照确定的目标构建自己的知识体系。本科生导师制的实施是由若干学生与导师组成平等互助合作的团队，构建新型的师生关系，而这种亲密的师生关系不同于等级分明的师徒关系，它是建立在平等、尊重、自愿、友爱的基础之上的，是一种亦师亦友的亲密的师生关系。通过小组讨论、师生沟通交流，实现团队合作，达成师生共同研习学问、共同进步的目标。彻底改变目前以课程为中心的教育现代体制中，师生之间淡漠与隔绝的弊端。

---

① 贾绘泽："高校推行本科导师制的几个主要问题"，《教育探索》，2016 年第 10 期。

（四）重新审视本科生导师制的价值

长期以来，无论是学校各级领导，普通教师，还是学生，对本科生导师制的重要性都存在不同程度的认识偏差。有些领导认为，搞本科生导师制，不过是从事学生管理的人员搞出来的哗众取宠的花花架子，没有什么现实意义，所以在人、财、物的支持力度上远远落后于现实需要。学生由于认识不足，不能主动参与，总是等到学校（院）动员多次后才迟迟行动。应该加大对本科生导师制重要性的宣传，让导师制深入人心，得到各界重视，得到广泛支持，最终使该项制度落到实处，产生实效[①]。

本科生导师制是新时期我国高等教育改革与发展的战略导向，是基于"精准导学"理念导向下的路径选择，是高等教育发展与人才培养模式创新下的认知提升，是"互联网+"时代背景下的技术呼唤，是具有跨界融合、创新驱动、重塑结构、尊重人的意愿、开放共享、互动共赢等特征的制度创新，是协作共赢视野下的资源优化配置，也是高等教育可持续发展的坚强保障。

导师制的有效实施离不开高等教育体制机制创新。基于导师制主体意识回归、教育资源供需对接、导学工作业务流程再造等视角，需要剖析精准导学实施过程中的关键问题，并提出未来的政策走向；创新导学工作"业务流程再造"，精准导学就是将"谁指导"与"指导谁"、"导什么"与"怎么导"四者的准确理解和行为有效结合，改变目前各校普遍存在的协作模式单一、互动合作机制不完善的缺陷，调动各主体的积极性，实现教学相

---

① 刘月秀、谭仕林、徐正春："本科生导师制的实践与探索"，《黑龙江高教研究》，2005 年第 8 期。

长、互动共赢的目标；建立、健全激励与约束机制、进入与退出动态管理机制、绩效评价机制，切实解决"如何落实"的问题，过程监测与效果评估兼顾，避免其成为流于形式的"花架子"。

二、本科导师制的目标模式

如前所述，借鉴欧美发达国家特别是英国牛津、剑桥大学的经验，立足于中国的现实，我们以为，当前我国本科生导师制改革的总体思路是转变观念，改变大学教育以课程为中心、以课堂教学为基本形式的人才培养模式，尊重学生的个性与偏好，基于个性差异分类指导，充分调动学生自主学习的能力和动力，激励、帮助其取得学业成功。要实现上述目标，健全的制度保障是不可或缺的。我们以为，我国本科生导师制理想的目标至少需要具备如下六方面的特征和条件：即供需对接的精准导学、灵活多样的个性指导、多重角色的良师益友、刚柔相济的绩效评价、赏罚分明的激励约束、权责明晰的职能分工和无缝对接的管理体系。

（一）供需对接的精准导学

本科生导师制首先要解决的就是"谁指导"与"指导谁"的问题。基于偏好的多样性，加之目前高校导师资源不足的基本国情，特别是地方高校师生比过低的问题短期内难以根本解决的现实情况，建议创新指导对象的遴选机制，由行政指派的"普惠式"指导转为"适度竞争式"的自愿组合，双向选择，并建立进入与退出机制，实施高等教育供给侧结构性改革，实现有限的高等教育资源的优化配置，解决"指导谁"和"谁指导"的问题。

就师生匹配的指导模式而言,各高校应根据本校实际情况,特别是各类高校师生比的不同,选择适合自身特点的指导模式,可以是"一对一"指导,也可以是"一对多"模式。那些本科生数量较少、导师资源相对充沛的重点研究型大学,可以考虑采取牛津、剑桥大学早期采用的传统的"一对一"指导模式,就是一个导师一次只指导一个本科生。这一经典的师生匹配指导模式具有精准导学的诸多优势,导师的指导效果明显好于牛津大学目前实行的本科生导师制模式——"一对多"指导模式。但是我国目前的现实情况是:实施本科生导师制的最大难题是师资短缺,因此除少数顶尖的研究型大学外,我国绝大多数高校并不具备实行"一对一"指导模式的师资条件。对多数大学(特别是地方高校)来说,一个导师指导多个学生的"一对多"模式更适合国情、校情,这一指导模式也是目前国内实行本科生导师制的院线普遍采用的类型。

(二)灵活多样的个性指导

在解决了导师制中"谁指导"与"指导谁"的问题之后,下一个需要解决的问题就是"到什么"和"怎么导"的问题。本科生导师在指导内容和方法上显然有别于课程教学、实践教学,也不同于辅导员的指导。但上述教学形式又有某些相同或相近之处,且互有较差。

多元指导模式,就是高校应该在"如何指导"的问题上赋予师生充分的自主权,在指导方式、指导的时间、地点的选择等方面基于师生只有协商确定,才能体现高等教育的个性化、多元化特征以及自由教育的理念。允许并激励教师在其完成制度规定的指导任务(频次、内容)的前提下,充分利用现代科技手段,采取灵活多样的战略战术，创设生动活泼、形式各异的指导方式。在信息技术高度发达的今天，本科生导师可以遵循多样化、多元化的原则，实施导师指导方式多元化战略，在指导时间、地点、方式等各方面进行创新，对学生进行灵活多样的指导。多样化的指导模式首先是指导方式的多样化，可以是"一对一"的交流，也可以是"一对多"的探讨，轻松愉悦地聊天、三五个人的小组讨论、网络在线沟通、电话交流、科研或教研项目合作、项目或论文指导等等；多样化指导还包括指导地点的多样化，除了定期地在办公室、教室的正式面对面交流之外，还可以借助于信息技术手段采取电话、短信、微信、QQ群等方式实现实时在线沟通交流，利用晨练、晚上散步等课余时间在教室、图书馆、餐厅、操场、校园广场、校内小公园等地点，灵活多样地进行个性化指导，完全不受时间、地点的限制。

（三）多重角色的良师益友

导师的角色是"导"而非"教"，导师的指导主要是以"过来人"、朋友、合作伙伴的身份进行，基于尊重、信任、关心、爱护的原则，根据学生的自然禀赋和偏好的多样性，通过各种对话交流沟通机制进行个性化指导。至于指导的内容，即"导什么"的问题，各高校可以根据自身实际以及实施导师制的目的，确定导师的职责边界。一般而言，本科生导师的核心任务是学业指导，也可以设置功能各异的各类导师，如湖南大学岳麓书院实施的班级导师制、学业导师制、生活导师制、学术兴趣小组导师制，四个类型、立体交叉的本科生导师制覆盖了岳麓书院本科生学习的全过程[①]。即使是学业导师，其指定的内容也不是仅限于学习和研究，还包括思想道德引导、学业指导、人生向导。思想道德修养指导是针对青年学生的思想道德困惑进行个性化指导，帮助其分析问题的症结、找到解决的路径，从而助其尽快解开心结，形成准确的道德理念、价值取向。学业指导是本科生导师最主要的职责，导师凭借其在专业领域的优势，利用自己的丰富的学术积淀和生活阅历，指导学生确定适合自身特质的职业规划、成才路径选择；通过指导课程选择、课外阅读计划等来帮助其构建知识体系；通过激励学生积极申报或参与各类竞赛、课题，并对其进行全程指导，来提升学生的团队合作、创新能力和动力；通过指导论文写作、课题论证等增强其职业素养，培养其语言表达能力，等等。通过日常的师生经常见面的机会，教师以自己的人格魅力影响、感染学生，陪伴其度过美好、难忘的大学时光，形成亦师亦友的亲密师生关系，达到润物无声的教育目的，成为学生的成才导师。由此可见，本科生导师具有多重角色，其对学生的学业指导可以达到多元目的，既是思想道德导师，更是学业导师、英才导师，还可以是心理导师、生活导师乃至人生导师。

（四）刚柔相济的绩效评价

导师制实施的最大难点就是本科生导师制质量监控机制与绩效评价体系的建设。导师考核机制是本科生导师制有效实施的重要保障。绩效评价制度缺失也是目前一些高校导师制沦为"看上去很美"的有名无实的"花架子"的重要诱因。本科生导师制的绩效评价制度构建应围绕"一个中心、两个基点"进行。

[①] 肖永明、潘斌："书院教育传统与现代大学教育的融合——岳麓书院实施本科生导师制的探索和思考"，《大学教育科学》，2017年第2期。

一个中心就是以学生的学术成长为核心，高校对导师的考核的中心和落脚点就是学生成长与成才，体现学生学习能力、学习成绩、科研水平等学业成就的提升，如学生参与各类竞赛、各类课题申报或参与、科研成果、学习成绩、获奖或荣誉称号等；所谓"两个基点"，一是对导师指导的过程管理和目标管理相结合，既要考核导师指导过程的规范性及学生的评价，也要看导师完成学校规定的目标和任务的情况，对学生反映差的导师予以惩戒直至淘汰；二是重视对学生的管理和考核，在导师制实施过程中，导师要根据学生的实际情况指导其制定计划、明确目标、安排任务，对学生在导师指导过程中的认知、态度、计划的落实情况、学习目标的完成情况作出及时反馈和客观评价，并建立约束机制，对学生的缺点、不足及时加以纠正。对师生的绩效评价和约束机制既要纪律严明，又要富有人性化，表现优异的及时表彰，对出现的矛盾和问题即时化解。刚柔相济的绩效评价制度既能够激励教师和学生的积极性、创新精神和追求卓越的强烈欲望，又可以避免过于严苛的考核制度可能带来的对师生积极性、主动性、创造性的伤害。

(五) 赏罚分明的激励约束

如何完善本科生导师制的管理运行机制，使其尽快走出"试验田"和"形式主义"的现实境遇，是目前实施本科生导师制的高校普遍关注的现实问题，也是不少教育领域的专家学者正在苦苦思考和探索的严峻课题。前面提到的高校教师和本科生对导师制的认识问题，在很大程度上与目前各校实施的导师制自身的缺陷有关。导师制的有效实施离不开建章立制，需要健全的制度为依托、后盾，没有完善的制度作为保障，任何政策的实施效果都会大打折扣。

第十三章 本科生导师制完善的思路与构想

赏罚分明的激励与约束机制是本科生导师制有效实施的重要保障。现实中，激励与约束机制缺失是导致本科生导师制流于形式的主要因素。一些高校导师制的制度建设滞后，表现为导师的职责不清，绩效评价机制缺失，导师的指导基本上是义务劳动，干和不干一个样，干好干坏一个样，导师的辛勤付出得不到回应和激励。大大挫伤了教师教书育人的积极性。

（六）权责明晰的职能分工

本科生导师与专职辅导员、任课教师的职能分工，三种角色的职责定位以及如何协调三者关系，也是导师制实施中有待我们从制度层面加以研究和亟待解决的问题。本科生导师的职责定位是本科生导师制度的重要内容，目前各个高校实行导师制的本科生导师职责定位不尽相同。总体而言，导师的职责应与其权利和待遇相匹配，职责越大权利也应越大，反之，则相反。

如何处理本科生导师的日常指导和学生课程学习之间的关系，是导师制实施过程中无法回避的问题。现代大学教育以课程为中心，课程教学是人才培养的基本形式，而课程教学又以课堂讲授为主要形式。近年来，这种课程中心的人才培养制度的弊端饱受病诟。毫无疑问，本科生导师制是对以课程为中心的人才培养制度的有益补充。甚至可以说，本科生导师制的实施，在一定程度上可以弥补长期以来以课程为中心的人才培养制度的缺陷。然而，在目前本科生的考评中，无论是各种评奖评优，还是考研深造，课程考试分数都是最为核心的指标和依据。在这种情况下，一些学生对自我成长的理解难免过于狭隘，一味追求课程分数，不愿在课程之外多花心思，导致导师制所追求的自我教育、团队协作、师生交流的教学相长、自由探究等教育理念和目标，不仅在时间上难以保障，而且在现实中难以实现。那么，以课程为中心的课堂教学和以人物为中心的导师制在现代人才培养中发挥的作用应当如何定位?换句话说,课程教学和导师制各自的职责定位是什么?课程学习和导师的日常指导之间如何形成良性互动、相得益彰而不是相互对立的关系?毕竟学生的时间是有限的,作为学生究竟应当怎样处理课程学习和导师制的关系?这些问题的研究和解决需要我们立足于新的高度,在更大的格局、更广阔的视野中去思索,这涉及教育的本质和人才培养目标的定位问题,需要更新教育理念,构建恰当的人才培养与评价标准和指标体系,完善本科生导师制的相关制度,从而构建新型人才培养模式。

(七)无缝对接的管理体系

本科生导师制有效实施的另一个难点是本科生导师的职责范围的确定及其与辅导员工作的对接与协调机制,换句话说,如何实现教学管理的无缝对接,是导师制实施过程中需要慎重研究和亟待解决的重要问题。

目前,我国各高校对学术管理的职责分工情况大同小异。一般而言,班主任/辅导员在学生管理中的职责和权利最大,是学术管理最主要的责任主体;任课教师只负责课程教学、课程考核及成绩评定,对学生管理与评价没有话语权。一般情况是:班主任、辅导员主要负责行政班级的日常事务管理工作,包括思想政治教育、心理健康教育、学生请销假等纪律管理、学生就业指导、学生的年度综合考核、学生的评奖评优、班级学生干部(班干部、团组织、党组织、学生会等)的遴选和任命;任课教师的职责主要是对所担任的课程进行讲授、辅导、答疑、成绩评定;本科生导师既不直接参与班级的日常管理工作,也不直接参与对学生的政治思想、道德、心理、就业等方面的指导工作,主要负责学业指导。本科生导师与任课教师在具体工作上有重合较差之处，比如对学生进行启发与学业指导，但教师才是所授课程的第一责任人，本科生导师是第二位的。导师的主要任务是做好"导"的工作，就是为了弥补学分制下的一些缺陷和不足，因材施教、重视学生潜质的开发、科研能力提升等，促进学生和全面发展，他要在做好本职工作的同时，积极配合本主任、辅导员和任课教师的相关工作，但是不能越位[①]。

三、重构本科生导师制的设想

新时期高等教育的发展对人才培养质量提出了新的要求。大众化的高等教育并不意味着低质量。深化高等教育改革，提升教学质量，完善人才培养机制。培养适应时代需要的创新人才，是社会发展的必然要求。人才培养是大学的立身之本，培养适应时代要求的高端人才是大学的神圣使命，是大学的核心竞争力所在，也是每一个教育工作者的职责。我院秉承育人为本的教育理念，依照本科生导师制核心思想，尊重学生的个性化发展，充分利用现有的资源，以创新教学为载体，充分借鉴世界一流大学及国内其他院校的经验，通过双向选择机制组建相对固定的导师制团队，力图在进一步完善本科生导师制、构建适合本校情况的运行机制方面进行一些探索。通过导师指导、团队协作和自主学习，达到全面提升本科教育教学质量的目的。

---

① 贾绘泽："高校推行本科导师制的几个问题"，《教育探索》，2016年第10期。

（一）本科生导师制的指导原则

1. 基本原则

为落实学校党代会精神，围绕建设国内一流大学、一流学科的目标，不断深化人才培养模式改革，充分调动和利用学校优质教学资源，发挥导师在本科人才培养中的指导作用，进一步提高本科人才培养质量，经学院研究决定从 2016—2017 学年第二学期起在本科新生中实施本科生导师制（以下简称导师制），加强对学生学业的引导。在本科一年级实施导师制，是针对学生个体差异、加强因材施教、帮助学生了解专业及专业学习的基本方法和要求，使学生尽快适应大学的学习环境、进入学习状态、树立良好学风、进一步提高本科人才培养质量的重要措施。

2. 导师的聘任

导师的聘任坚持水平与责任并重的原则，聘任热爱本科人才培养工作、师德学识兼具的教师担任本科生导师，建设一支以学生学业指导为核心，兼顾学生人生引导和科学研究指导、高水平、人员充足的导师队伍。

学院对导师的任职资格须进行认真筛选，聘请恪守职业道德、师德高尚、责任心强、为人正派、爱生敬业，能认真履行导师职责的教师担任本科生导师。所聘请的导师应具备较高的学术造诣，有教学和指导学生的经验，了解本科教学计划和教学要求等。所聘请的导师原则上应为具有中级及以上职称或取得博士学位的在职教师。

导师的聘任采取教师自荐与系、所推荐相结合的办法，经学院、系、所组织教师申报，学校其他单位的教师可向拟指导学生所在学院提出申请，学院审核批准后方可招收学生。学院建立"导师信息库"，将经教师申报、学院核准的导师信息纳入"导

第十三章 本科生导师制完善的思路与构想

师信息库",供学生了解和选择导师。按照师生双向选择的原则,学生可根据自身的意愿、兴趣和发展在本学院"导师信息库"中选择导师;导师也可根据自身的要求选择学生。每位导师指导学生总数不超过5名。导师聘期一般为四年,第一学期结束后,如需变动,师生均可向所在系提出申请,学院、系批准后,报学院教务部备案。

3. 导师的职责

本科生导师需要负责学生的学业指导。导师发挥自身专业优势和知识结构优势,帮助学生深入了解学科特点、学习要求,培养学生的发展潜质以及探究知识、独立思考的能力;针对学生的个体差异,对学生学习方法、学习计划、科学研究、职业生涯规划等方面进行指导。注重学生的人生引导。充分发挥导师的启迪与濡染作用,加强对学生的人生、思想引导,引导学生树立正确的世界观、人生观和价值观,帮助学生端正学习态度、树立远大理想;注重学生身心健康和专业素养发展,注重河北经贸大学财税学院严谨学风与历史文化积淀的传承。

导师要定期对学生进行指导。导师需制订指导计划,主动联系学生,加强对学生的学业辅导。原则上每学期导师指导每个学生不少于6次。建议在学期初、学期中及学期末与学生面对面交流,加强对学生学业指导与人生引导,帮助学生制订个性化学习方案,关注学生学业以及思想发展动态,使导师与学生的交流互动成为学生学习经历中不可或缺的重要组成部分。

导师应采取灵活多样的指导方式。导师通过见面指导、电话指导、邮件指导、集体指导、"网络交流平台"、组织校内外参观等多种方式对学生进行指导与引导。

为了规范导师的指导工作,实施导师指导记录手册制。导师应认真履行职责,保证对学生指导的时间和效果;学生应及时记录导师的指导过程、指导内容和学习收获。

4. 导师制的定位

导师制定位为"教学制度",可望改变其职责不清、单位不明的现状,使导师制尽快摆脱"形式主义"的境遇。教学是大学的中心工作,具有独立性、规范性和严肃性。将导师制定位于"教学制度"实属复归原意,之所以重新强调,既是对导师制的正本清源,又是使其真正发挥作用的保障。

定位为教学制度的导师制,从教师的角度看,导师制的指导工作与课程教学等其他教学工作等同重要。这样的地位有利于转变观念,端正态度,在认识上、行动上加强对导师工作重视程度,愿意付出相应的时间和精力。同时,导师工作计入工作量并纳入学院薪酬体系。这样导师的工作不再是义务劳动,能够顺理成章地获得与课程教学、科研工作的同等待遇,在年度考核、专业技术职务晋升等事关就是切身利益的绩效评价中获益。

从学生的角度来看,定位为教学制度的导师制,不再是可去可不去的"额外"学习活动。一方面,作为教学制度的导师制要纳入人才培养方案,并给予相应的学分,在学分的获取上和其他选修课程没有本质区别;另一方面,建议适当降低人才培养方案的学分总数,以减轻学生的课业负担,给予学生自由探究的时间和精力。

5. 绩效评价

对本科生导师工作绩效的考核是导师制有效实施的重要保障。我院拟采取的考核办法是:学院、系每学年组织导师工作考核。通过审阅《本科生导师指导记录手册》、发放调查问卷、召开座谈会以及参考学生评教结果等方式,对导师进行综合考核,了解学生对导师指导工作的意见和建议。如果导师的综合评价不合格,学部院、系应及时进行提醒、约谈和培训,并建立导师工作评优制度。每学年经学院、系、所推荐，专家评审，学院组织评选优秀导师工作，学院给予表彰和奖励。

（二）本科生导师制的实施构想

随着本科教学改革的不断推进，学分制在众多高校中普遍推广，尤其是在高等教育大众化背景下，大学生选课的自由度与学习的自主性得到进一步扩大，如何帮助大学生根据未来经济社会的发展和科学技术的进步以及人才市场的需求，确立学习的目标，选择学习的内容，构建适应时代要求的知识与能力结构已成为高等教育的一项重要内容。实施本科生导师制是实现上述目标重要的途径之一。鉴于我国导师制实施过程中出现的问题，我们以为宜转变高等教育理念，确立自由教育的理念；改变当前课程为中心的高等教育模式，确立育人为本的教育理念，将学生至于教育的核心地位；优化高校治理机制，实现高等教育教学的体制机制创新，切实提高导师制的实施效果。

1. 创新导师遴选机制

自20世纪末以来，我国高校普遍实行扩招，学生数量剧增，而教师数却没有相应地增加，其结果是生师比过高，导师资源短缺的现实困境，已经严重制约了本科生导师制的顺利实施，是造成本科生导师制实施过程中陷入"试验田"与"形式主义"的主要原因，也是短期内难以解决的问题。因此，队伍建设已经成为导师制发展与有效实施的当务之急。

本科生导师的遴选与配备，应在双向选择的基础上，充分考虑师生专业是否匹配这一因素。导师的研究领域与学生的专业匹配度越高，越能够给予学生学业上更专业化的指导，能够针对学科特点帮助学生制定学习规划、职业规划，解决专业领域的问题。此外，与学生专业相匹配的导师在对学生的学术活动提供智力支持方面更具有优势，能够更好地激发学生对专业知识的兴趣，激励和引导学生养成善于观察社会、发现问题、思考问题并探索解决的途径的良好习惯，并乐享其中。

要解决师资不足的难题就必须创新导师遴选机制，也就是要加强导师队伍建设，旨在实现本科生导师数量增长、质量提高，完成高等教育供给侧结构性改革的目标。增加本科生导师的有效供给，首先是拓宽导师来源渠道，从而增加导师的供给数量，满足全面实施导师制的发展需要；其次是不断提高导师的指导水平，满足创新人才培养需要。因而师资质量提升也是导师队伍建设的重要内容。

从增加导师有效供给的角度来看，当务之急是创新导师遴选机制、拓宽本科生导师的来源渠道，既要盘活校内资源，又要拓展校外资源。具体来说，首先是选好用好校内导师，努力增加导师的供给。校内导师的选聘除了考虑导师的责任心、教学能力、教学经验等因素外，还需要考虑其专业背景，重点选聘专业领域知识积淀交深厚、有专业特长的教师担任导师。眼睛向内，创新导师遴选机制，盘活校内导师资源。校内导师资源大致可以分为四支。第一支是本专业的专职教师。需要建立有效的激励机制，激活专职教师的奉献精神和工作热情，激发广大教师献身于人才培养事业的积极性，努力培育事业型教师；第二支是退休教师。绝大多数退休教师拥有丰富的教学经验，热爱教学工作，且德高望重，只要身体健康，一般都愿意"退而不休"，愿意发挥余热，既能够充实自己的退休生活，又能够奉献社会从而体现自身的价值，是大学不可多得的导师资源。鉴于一些院校导师资源严重不足的现实，可考虑拓展第三支校内导师资源——学生导师资源。从本校品学兼优的硕士生、博士生中选拔人才，令其担任副导师，协助导师做好辅助性的指导工作，甚至还可以考虑从优秀

第十三章 本科生导师制完善的思路与构想

的高年级本科生中选拔导师助理，协助导师指导低年级的同学。这不仅有助于扭转长期以来形成的学生仅仅是管理的对象的观念，树立学生是学校宝贵的人力资源的理念，让最优秀的学生（既包括学生导师，也包括被导师指导的本科生）都能够充分利用学校资源，在导师指导下脱颖而出，取得学业成功；而且，相对于专业教师导师，学生导师/导师助理不存在代沟，能够更顺畅地沟通与交流，还能够发挥朋辈的影响、榜样的作用。在导师制资源紧缺的情况下，还可以考虑选拔聘任部分责任心强，且具备较强的专业知识水平的行政、管理人员部担任副导师或导师，这就是校内第四支导师队伍；此外，改革高校"一刀切"的离退休制度，对身体好、责任心强、水平高的本科生导师可适当延长聘期。

在努力挖掘内部潜力的同时，还要开阔眼界，充分利用社会资源，增加导师的有效供给，化解本科生导师国际短缺的矛盾。在高校日益重视实践教学，并逐步加强实践教学的现实背景下，各专业一般都有若干相对固定的实践/实习基地和实践指导教师。这些实践指导教师也是难得的导师资源，在师资紧缺的条件下，可以选聘这些校外专家担任本科生导师。还可以考虑根据专业培养的需要，从机关、事业单位、公司、企业中发掘导师资源，聘任具备导师资格条件的社会人士担任兼职导师。

导师制发展与完善的供给侧结构性改革，师资队伍建设是其重要内涵。师资队伍建设的目的是增加导师资源供给，而导师资源增加不仅是导师供给数量增长，而且要有师资质量提升。也就是说，导师质量的稳步提升是导师队伍建设的另一个重要内容。从质量上来看，导师首先必须具备高尚的人品、人格，具备较高的综合素质。其次是创造力，一个没有创新精神、没有创造活力的导师，是很难培养出具有创新精神和创新能力的学生的。再次是辐射力，导师要具备人格魅力，并以此形成对他人（特别是学生）的辐射、影响、带动作用，以其高尚品德、思想智慧、渊博知识、永不服输的韧劲、终身学习的理念、持续不断的创新激情、勇于担当的责任意识深深地征服、影响、打动、感染自己的学生，将导师的人格魅力和闪光的智慧传送达学生的内心，体现在学生们的行动中。毕竟身教的效果要永远强于言教。一位卓越的本科生导师只有具备上述三种能力，才可以较好地担负起培养学生的重任。要切实提升本科生导师的指导能力和水平，对导师的指导、培养、训练是必不可少的。对本科生导师的指导、教育和训练，可以考虑如下几方面：首先应加强校内导师资源的培养、训练，特别是要加强非教师导师资源（硕博士研究生、高年级本科生）的指导与培训，提高这些非教师导师资源的思想道德素质、管理能力和学术水平，并制定明确的标准，经培训、考核合格后的才能充实到导师队伍中；其次是非本专业领域教师（如行政、管理人员）导师队伍建设，通过定期或不定期的培训与指导，帮助其不断提升专业素养，不断补充新知识以优化专业知识结构，通过培训不断提高导师的思想道德素质、管理能力和学术水平，以便于不断提高其对本科生指导的有效性；再次是对专职教师导师队伍的培训，赋予教师在导师制实施中的自主权，充分调动高校专职教师们教书育人的积极性，同时加强对教师导师资源的思想道德、学生管理、心理辅导等领域的指导与训练，努力增强其指导能力和水平。

总之，导师在指导学生的过程中，必须不断地充实自己、丰富自己、完善自己，使自己的专业知识愈来愈精深，与学生沟通、交流的技巧越来越成熟，与学生的团队合作能力日益增强，师生的学习和研究水平不断提升，从而实现师生共同研习高深学问、探索真理的伟大事业。也唯有此，才能对学生产生亲和力和人格上的吸引力，真正做到上有所施、下有所效，成为学生终身的朋友和亲密的合作伙伴，构建亦师亦友的新型师生关系，达到教学相长、共同进步的目标。

2. 健全激励约束机制

目前，各高校对本科生导师制普遍缺乏相应的激励机制。学校对本科生导师制一般没有经费支持或支持力度十分有限。导师制所需要的费用一般是靠导师的科研经费支撑。有的导师由于没有经费，学生走不出去，做不了实验，正常的活动难以开展。学校应该拨出专款，支持本科生导师制的开展。导师的工作不能折算成教学工作量，没有业绩津贴，职称评定时不予考虑，即使有所考虑也是仅供参考，导师的倾情付出和辛勤劳动得不到积极回应，基本上是无人问津的义务劳动，导师既出钱，又出力，靠的是一份奉献精神和责任心。极大地挫伤了那些甘愿奉献的导师的积极性，致使部分教师对导师制积极性不高，一定程度上影响了导师制的实施效果。从学生的角度来看，导师制实施过程中，学生的表现也不能很好地与评优、评定奖学金、保送研究生、入党等挂钩。学生的努力进取、动力主要源于自己的上进心和导师的感染与鼓励。持续的动力不足使得一部分学生对导师制热情不高，投入时间、精力不足，也在相当大的程度上影响了导师制的实施效果。因此，建立健全导师制的激励与约束机制是导师制良性运作的客观需要。导师制激励与约束机制包括对导师的激励与约束机制，也包括对学生的激励与约束机制两方面。

从教师方面来看，在高等教育大众化的背景下，教师少学生多是高校的普遍现象。教师的教学和科研任务重、压力大是高校普遍存在的问题。在这样的背景下，单靠导师的责任心和奉献精神来保障导师制的实施效果具有极大难度。因此，急需建立有效的激励机制，不断激发广大教师投身导师制的热情。首先，建立对本科生导师的激励机制，就要求高校增加必要的经费投入，为导师制的有效实施提供必要的资金支持；尊重导师的辛勤劳动，把导师的指导工作按一定的标准计入工作量，作为教师年度考核的主要指标；按照导师指导业绩考核结果支付报酬，将教师的本科生导师绩效与职称评聘或职务晋升结合起来。具体来说，本科生导师在受聘期间，凡经年度或期末考核合格的本科生导师都应享受导师津贴，导师工作应按指导学生的数量和质量直接计入教学工作量，同课程教学工作量一样享受校内津贴等福利政策；健全本科生导师的绩效评价制度，按一定比例评选优秀本科生导师，对于成绩突出的优秀导师应予以表彰和奖励，并在年度评优、在职进修、职称/职务晋升等方面给予政策倾斜。

其次，建立、健全约束机制和绩效评价制度，对本科生导师的指导过程进行全程管理与监控，保证导师制真正落到实处，充分发挥其在创新人才培养中应有的作用。要通过民主的方式制定本科生导师制工作规程，明确规定导师的工作规范，对导师的职责边界、权利义务、指导原则、指导程序、步骤、目标和任务等都要有具体而明确的规定，使导师的指导工作有章可依。通过民主途径，经过教授委员会、群体教师的充分协商、讨论和论证，科学地制定切实可行的导师工作评价标准和指标体系；对于经年终考核不合格的本科生导师要有明确的惩戒制度，对不合格导师的处理要采取刚柔并济的策略，区别不同情况分类处理。对于那些积极性高和工作热情高但经验不足的不合格年轻教师、研究生、本科生导师或导师助理，要在尊重、关心、爱护的原则下，以鼓励、培训和指导为主，帮助其积累经验、提升指导水平；对于那些思想政治素质高、热心于导师工作，但因对教学规律、心理学知识、学生所学的专业人才培养计划和各类课程的特点缺乏了解的导师，特别是校外导师，也要采取柔性措施，避免挫伤其积极性，通过培训等智力支持，帮助其提升职业素养和专业水平；对于那些对导师工作热情低、责任心差甚至消极应付的本科生导师，以及学生反映强烈的本科生导师，思想道德水平低或生活作风、工作作风有问题的本科生导师，要坚决清除出导师队伍，绝不能姑息、迁就。此外，要建立信息反馈机制，对于考核不合格的导师要及时进行信息反馈，凡不合格的导师均应采取必要的惩戒措施，如扣减工作量、扣回已发放的津贴、通报批评等，同时也要有人文关怀，通过领导谈话、优秀导师一对一帮扶等方式，帮助其提高认识，端正态度，提高觉悟，提升水平。

学生的主动参与是导师制有效实施的重要保障。如上所述，导师制的实施仅仅依赖教师的无私奉献是不够的，学生的主动参与和积极响应是不可或缺的主要因素。研究表明[①]，师生专业匹配度、指导沟通方式、导师的责任意识、学生的积极性和主动性是影响导师制实施效果的主要因素。而导师对学生的影响是提高学生的自我效能和改善学生的自我控制能力。因此，在导师制的实施过程中，学生并不是被动的接受者，而是影响实施效果的重要主体，其积极性直接影响导师的指导效果。然而，从导师制的实施效果来看，目前国内院校大多存在对学生的激励与约束机制缺失，主要依靠学生的上进心和导师的感染与鼓励支撑，持续动力不足，使得多数学生仍缺乏参与意识，部分学生对导师制热情不高，投入时间、精力不足，属于被动接受等问题。因此，一方面，学校应对学生进行有效的宣传和引导，使其明确在导师制实施过程中的义务，提高学生的参与意识和主动性，积极配合导师开展工作，提高导师制实施效果。另一方面，亟待建立对学生的

---

① 王颖、王笑宇：“本科新生导师制对大学生的影响路径及实施效果研究”，《教育研究》，2016年第1期。

激励与约束机制，激发学生自主学习的积极性、主动性和创造性。

导师制的根本目标是提高人才培养质量，学生的态度是至关重要的。没有学生的积极参与，再好的制度设计都不会取得令人满意的效果。鉴于目前本科生导师制在学生评价体系中形同"鸡肋"的尴尬处境，我们建议以创新教学为依托，完善导师制实施的载体设置。创新教学是一个系统工程，既要重视从整体上培养学生的创新素养和能力，又要激发个人兴趣，开发优势潜能，使学生有机会和条件在原有基础上进一步提升。在这方面，中国矿业大学（北京）的经验值得借鉴。该校在科研选题训练、大学生创新训练项目必修课程基础上，设置了学科竞赛、学术研究和论文发表、科技创新与发明、学术交流、社会调查等选修课程。导师通过创新教学对学生直接指导，分析和把握学生的个性化特点，帮助学生合理设定个人职业发展、兴趣爱好和能力水平，打造适合学生自身特点的创新教学选修方案，为学生提供适当的学习与实践指导，促使学有余力、学有所长的学生充分施展才华、提升自我。①

此外，应尽快建立、健全导师制实施中的学生绩效评价体系和衡量指标，并在导师制实施过程中，将学生的表现和学习成效纳入对学生的评价体系，与课外创新学分、三好学生、优秀学生干部、优秀团员等荣誉称号的评定、奖学金评定、入党、免试研究生推荐等挂钩，充分调动广大学生的积极性，激励其不断进取、追求卓越。

3. 最佳时机全程指导

---

① 范迅、常维亚等："以创新教学为载体——全面实施本科生导师制"，《中国大学教学》，2015年第8期。

第十三章 本科生导师制完善的思路与构想

进入大学后，不少本科生都存在目标迷失、迷茫困惑、专业模糊、决策困难等问题，迫切需要有人来指点迷津和引导上路。本科生导师制因此应运而生。本科全程导师制是导师制的一个类型，它是指在本科生大学四年学习期间由专门的导师对其学业计划、人生规划、个性养成、品德修养等方面进行全方位指导的教学方式和人才培养模式。目前国内不同高校给学生配备导师的时间不尽相同，有的是新生入学时，有的是新生入学后半年到1年，有的则是在三年级或四年级毕业论文开始时。我们认为，新生入学后半年左右是本科生导师介入的最佳时机，即在大一第二学期开始配备导师，导师的指导伴随学生的整个本科阶段的学习生涯，师生合作一起成长。

首先，新生入学后，有一个适应新环境、新生活的过程，有一个由兴奋、激情澎湃到逐渐冷静思考、发现问题、陷入迷茫、需要帮助辅导的发展过程。这个时候是本科生导师介入的最佳时机。等到三、四年级，学生已经逐步成熟，独立能力较强，需要的帮助和指导并不迫切；学生基本形成了固有的思维方式和行为习惯，靠外力很难改变；同时，学生面临英语过级、完成毕业论文、考研、就业等多重压力，没有更多的时间和兴趣参加导师制的活动，纵使参加，也只是每学期和导师见一、两次面而已，没有实质性的内容，难以产生良好效果。

其次，从大一开始实施全程导师制，有利于高等教育资源的优化配置，提高教育资源配置效率。这是因为导师制团队由各个年级的学生组成，这样的制度安排为不同年级的学生之间的交流、合作创造了有利条件；团队中的高年级还可以协助导师对本科新生进行学习、生活等多方面的指导和帮助，诸如帮助他们熟悉校园环境，帮助他们了解和理解学校的规章制度，还可以凭借其相对丰富的学习经验，以"过来人"的身份，指导新生转变观念，改进学习方法，助其取得学业成功。

再次，从大学新生开始实施全程导师制，对更有利于对本科生导师制的实施效果的客观评价。准确地评价本科生导师制的实施效果，建立合理的评价机制，是本科生导师制成功实施的重要条件和保证，也是决定本科生导师制发展方向的关键。导师制的实施效果和导师的工作绩效应当从哪些方面考察，又是一个棘手的问题。因为导师制的目标多元化决定了导师绩效评价的复杂性。其一，导师制的效果有短期效果和长期效果之分，而且更多地表现为长期效果。导师制的某些成效可以在短时间内显现出来，但另有一些成效却具有长期性、滞后性、隐蔽性的特征。因此，我们不能急功近利，只局限于短期效果进行考核，而是要从长时段考察，从人才培养的整体质量着眼考察导师制的实施效果；其二，导师制的成效有可量化成果和不可量化成果之分。一方面，导师制的实施效果可以从某些具体方面来考察，比如在导师的指导、帮助下学生制定的课程学习计划、职业志向及职业生涯规划、个性化的学习方案；另一方面，可以从在导师指导下或与导师合作完成的科研项目，在导师引领下学生的论文/调研报告数量和质量、学生参加各类竞赛的次数及名次，获得三好学生、优秀学生干部等荣誉称号、获得奖学金，学生的考研率、就业质量，等等来考察。但是，作为提升人才培养质量的机制，导师制的实施并非所有成果都是易于精确计量的，如果我们仅就上述指标进行考察，又是不全面的，难免挂一漏万，甚至可能是舍本逐末，我们所忽视的很可能是最重要的内容。与其他教学模式相比，本科生导师制最大的特色和精髓，就体现在学生的人格养成、综合素质的提高、创新意识增强等方面，如牛津大学新学院院长艾伦·赖安所言[①],"自由教育所能达到的成就正是我们能够安身立命的地方。自由教育所提供的这种学术自由,是那些一经获取的人再也不愿失去的。致力于培养严谨细致的观察能力和充满想象的理解能力不仅仅是一门学科的要务,对这个世界和我们自身所进行的任何严肃探究都需要这样的能力。要想成为我们自己学术生命的主人,我们必须有能力去进行连贯的思考,而这需要我们花费时间、付出耐心并且还有加以应用。自由地思考以及掌控我们自己的思考和理解是一项尤其不容易实现的成就。"显而易见,这样的能力和效果是不可能在短期内出现的,也不易明确计量。此外,导师制的效果评价还有外部评价和自我评价之分。上述评价指标都是外部可观察的,属于导师制主题之外的他人的评价。学生作为导师制的最大受益者,作为导师制的主体,本科生导师制的绩效评价,学生内心的感受和切身体会是绝对不可忽视的。应当把学生的自我评价纳入导师制评价体系之中。而学生的自我评价需要较长时期的体验。当然,这些问题有待于我们在导师制的探索中进一步思考和探究。

4. 建章立制强化管理

制度文化是人类活动的产物,又必然成为限制人类不规范活动的制约因素。作为一种教学制度,本科生导师制需要完善的规章制度包括培养计划、考核办法、激励与约束措施等方面。这些制度包括导师制的目的、导师的任职条件、工作职责、聘任与安排、考核与待遇等;还包括导师工作规程、导师年度或学期工作计划、导师工作日志、导师活动调查表以及导师考核档案等有关材料。

---

① 艾伦·赖安:《自由教育:并不拒斥科学!》,参见大卫·帕尔菲曼主编:"高等教育何以为"高"——牛津导师制教学反思",北京大学出版社2011年版。

目前，我国的本科生导师制的制度建设滞后，对学生和导师的管理刚刚起步，制度不健全，甚至在许多方面还基本属于空白，如管理机构、职责定位、各部门（如教学与学生管理部门）的沟通协调机制、工作流程、管理内容、绩效评价制度、激励与约束机制等。要切实加强领导，建立健全校、院两级领导体制，成立导师工作领导小组，指定职能部门负责具体运作，同时还要加强导师的资格认定、教育培训和经验交流等工作。此外，当前的导师制基本上局限于各自的专业内。其实，应该在尊重学生意愿前提下，尝试打破专业限制，在全校范围内公开进行双向选择，这样更有利于优秀人才脱颖而出。

此外，导师制必须制度化，解决目前导师制运行过程中普遍存在的职责不清、定位不明、经费不足、监管不力、热情不高等问题。导师制不仅要纳入学校正常的教学管理范畴，还必须健全一系列的保障体系。这样才能真正发挥长效作用。导师制的保障制度至少包括导师制的进入和退出机制、导师与学生的管理制度、导师与学生的考核与评价制度、导师制的经费使用制度、导师制的工作场所保障制度、导师实施过程的监督、控制制度、导师制学生的学分修得制度等等①。

5. 构筑新型师生关系

从一些高校对本科生导师制的调查中发现，在导师和学生的关系中，希望导师"既要关心学习，也要关心思想与生活"的高达98.4%，几乎所有的学生都希望导师成为自己的良师益友。但事实上师生间"有事联系，无事不联系"的比例较高（学生49.5%；教师54.5%）；当学生在学习中遇到困难或家庭有意外

---

① 闫瑞祥：“我国本科生导师制存在的问题及其改革”，《教育发展研究》，2013年第21期。

第十三章 本科生导师制完善的思路与构想

情况时,首先考虑的求助对象中导师的比例也只占20.3%,求助于辅导员以及同学的占79.7%。因此,有人认为,上述情况充分说明了导师和学生的观念还没有转变过来,不利于师生间的互动。导师制要有效实施并可持续传承下去,是学生老师共同的事情。学校在实行导师制前,应对学生和导师预先进行导师制阐释,使双方都明晰导师制的宗旨、意图、清楚自己有哪些权利和义务,在落实中也好更默契地配合、互动[①]。

我们以为,改变以往课程中心的人才培养质量带来的师生关系淡漠的现状,构建亦师亦友的新型、亲密师生关系,建立导师与学生的定期交流机制是十分必要的。导师制对导师与学生的指导方式、指导时间、频率、指导内容等都应通过制度建设予以明确,并要建立相应的指导过程的记录和报告制度,作为对师生进行业绩考核的依据,师生必须严格遵守。导师对自己本科生团队成员要尊重、信任、关爱、鼓励和支持,学生应对导师的指导积极反馈,形成师生良性互动,达到合作共赢,一同进步、成长的目的。鉴于我国现行的行政班级管理制度在短期内难以改变的国情,我们以为,当学生在学习中遇到困难或家庭有意外情况时,第一个要报告的就应当是辅导员,因为辅导员是学生纪律和生活管理的第一责任人,而且辅导员/班主任熟悉国家及学校/学院的学生管理制度、学生救助制度,明显处于信息优势地位,能够在第一时间对学生提供及时、高效的支持与帮助。相比较而言,本科生导师对这些学生管理和救助政策缺乏了解,处于信息劣势。这并不是说导师不应该或不能够对学生的困难施以援手,相反,对学生生活中的困难给予力所能及的帮助同样是导师的职责。

---

① 罗国基、周敏丹、王迎娜:"近年来高校本科生导师制研究综述",《东华理工学院学报(社会科学版)》,2007年第4期。

6. 管理体系流程再造

完善的本科生导师制需要一个系统的、耦合的工作机制，以实现教学和管理体系的无缝对接，这就需要教学管理体系的流程再造。这也是本科生导师制高效运行，避免出现职能交叉重叠或"真空地带"甚至二者并存的情况的重要保障。

本科生不同于研究生，他们对导师的熟悉和认知程度较低，因此，需要导师与学生的双向选择机制。这种双向选择机制由多个主体参与其中，包括本科生、导师、班主任/辅导员、教学主任/秘书、系主任、院长、书记等，他们应各司其职，形成一个贯通、开放、公开透明、公正无私的完整体系。辅导员/班主任负责向学生宣传本科生导师制，以便让学生对这一教学模式有充分的理解；学生在充分了解导师制的基础上，通过学院/学校网站及导师所填写的申请表，了解导师的学术背景、主讲课程、研究方向等情况的基础上，然后根据自己的兴趣爱好和职业志向自行选择1—3名导师；导师通过学生填报的申请表了解学生的情况，还可以采取面试的形式与学生进行沟通，以便增进对学生的了解。然后根据自己的情况选择学生，导师具有优先选择权，一经选定后一般不作调整。未被第一志愿填报的导师选中的学生，进入第二轮双向选择。特殊情况下导师未能选择学生的，可以由学院导师制领导小组分配。教学主任在整个双向选择过程中其统筹安排、协调推进的作用。师生的互选结束后，经学院本科生导师制领导小组审核同意后方可实施。经过双向选择后的学生和导师也并非绝对地"从一而终"、不能更改，导师制运行过程中，如若发现双方的合作确实存在困难，师生双方均可提出申请，经过一定的审批程序后，方可作出调整。

在现行的行政班级管理制度改革到位之前，如何处理班主任/辅导员与本科生导师的关系，是导师制实施过程中无法回避的现实问题。因而,构建本科生导师、班主任/辅导员、任课教师的关系协调机制,就是教学管理体系流程再造的另一个重要内容。一般而言,班主任主要负责班级的日常管理,辅导员主要负责政治思想教育、心理辅导、学生就业指导;任课教师负责课程教学、课下的辅导答疑、作业批阅、课程成绩评定;本科生导师的主要职责就是学业指导,包括指导学生制定学习规划、职业规划、选择课程、科研项目指导、各类竞赛的指导与帮助等,主要目的是弥补大班授课制的弊端,基于学生自身的自然禀赋进行个性化指导,实现因材施教的目标,培养学生终身学习的理念和自主学习的能力。

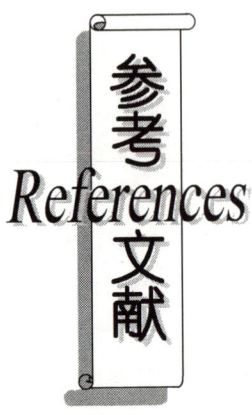

参考文献 References

【1】褚海萍.论高校辅导员队伍的服务意识［J］.消费导刊，2007（9）.

【2】张贵."导师制"究竟应该导什么［J］.内蒙古财经学院学报，2004（2）.

【3】何齐宗，等.本科生导师制：形式主义与思想共识［J］.高等教育研究，2012（1）.

【4】丁林.高校推进本科生导师制的三个关键问题［J］.教育研究，2010，（9）.

【5】刘济良，等.本科生导师制：症结与超越［J］.教育研究，2013，（11）.

【6】李国仓.应然与实然的距离：牛津大学导师制在我国的发展与困境．［J］.中国高教研究，2013，（8）.

【7】王东虓.关于公民教育基础问题及基本内涵的思考［J］.中州学刊，2006，（4）.

【8】江泽民. 关于教育问题的谈话 [J]. 求是. 2000, (5).

【9】秦树理. 国外公民教育的启示 [J]. 郑州大学学报（哲学社会科学版）. 2005, (3).

【10】陈德宇. 导师制在提高本科生毕业论文质量中的作用 [J]. 阜阳师范学院学报（自然科学版），2008, 25 (4): 76 - 79.

【11】朱瑞新, 刘琦, 曹志伟. 本科生导师制现状及反思 [J]. 中国科教创新导刊, 2013, 5: 10 - 11.

【12】邝坦励, 张仁军, 陈松. 基于导师制的本科毕业论文指导方式 [J]. 重庆理工大学学报（社会科学），2014, 28 (8): 148 - 149.

【13】高昀. 牛津大学的导师制对我国本科生教育的启示 [J]. 理工高教研究, 2004, 23 (4): 59 - 60.

【14】赵志红, 孙红波, 周传喜等. 本科生导师制的实践与思考 [J]. 兰州教育学院学报, 2014, 30 (8): 108 - 109.

【15】曹巍, 徐黎华, 王铁群. 关于本科生实行导师制培养模式研究 [J]. 煤炭高等教育, 2001, (5): 39 - 42.

【16】李东成. 导师制：牛津和剑桥培育创新人才的有效模式 [J]. 中国高等教育（半月刊），2001.

【17】李婷. 学分制条件下实行本科生导师制的探究 [J]. 高等理科教育, 2007.

【18】曹十芙, 周清明. 中国本科生导师制研究进展 [J]. 高等农业教育, 2006.

【19】顾卫俊, 胡旭阳. 新加坡高校本科生导师制对我国大学的启示 [J]. 教育探索, 2008.

【20】胡小川, 刘心仁, 王西明等. 同济医科大学学分制本科生导师工作现况调查 [J]. 中国高等医学教, 1998.

【21】马艳秀．对清华大学本科生导师制的实证研究［J］．江苏高教，2006．

【22】张家勇，张家智．哈佛大学本科生住宿制和导师制［J］．比较教育研究，2001．

【23】王素清，孙效正．本科生导师制——学生个性化教育的发展和延伸［J］．潍坊学院学报，2005．

【24】The Voice of Liberal Learning：Michael Oakeshott on Education,［J］edited by Timothy Fuller, 1989. The Close of the American Mind, 1987, pp. 336 – 347.

【25】眭依凡．观念更新：大学人才培养改革设计的价值引领［J］．中国高等教育，2009．

【26】褚丽莉，蔡希彪，王冬霞．信号与系统教学该探讨与实践［J］．中国电力教育，2013（10）：56 – 57．

【27】李国政，姜桂娟，聂洪臣．关于《经济学基础》精品课程建设的实践与思考［J］．大学时代，2006（10）：106 – 107．

【28】林宝木．积极开展实践教学，提高《国际贸易实务》教学实效［J］．考试周刊，2012（7）：169．

【29】陈婧．加强实训教学力度全面提高高校教学质量［J］．新课程：教育学术版，2008（7）：35 – 36．

【30】黄文博．牛津导师制教学对我国高等教育的启示［J］．社会科学战线，2013（1）：275 – 276．

【31】刘儒德，唐澈．本科生导师制的问题与建议［J］．高等理科教育，2011（6）：106 – 109．

【32】何齐宗，蔡连玉．本科生导师制：形式主义与思想共识［J］．高等教育研究，2012（01）．

【33】别敦荣，蒋馨岚．牛津大学的发展历程、教育理念及其启示［J］．复旦教育论坛，2011（02）．

【34】郑礼平．科研导师制在高校人才培养中的作用［J］．黑龙江高教研究．2005，6．

【35】刘恩允．基于导师制的英国大学师生关系模式与启示——以英国 Herriot—Watt 大学为例［J］．高校教育管理［J］．2011，5．

【36】陈娟．和谐校园背景下高校内部教学质量保障体系的构建与完善［J］．重庆理工大学学报（社会科学）．2010，24，3．

【37】吕伊雯．营造校园多元文化氛围培养具备全球性思维的人才——访美国艾奥瓦大学执行副校长布伦特·盖奇，世界教育信息［J］，2017 年第 14 期．

【38】赵静．多元文化视阈下学生文化自觉意识的培养，内蒙古师范大学学报（教育科学版）［J］，2014 年第 8 期．

【39】曾文茜，罗生全．教师核心素养的生成逻辑与价值取向，教学与管理［J］，2017 年．

【40】刘扬，孔繁盛．大学生全球素养：结构、影响因素及评价，现代教育管理［J］，2018 年第 1 期．

【41】李子联．论教师角色在大学生学习兴趣培养中的作用，教育在线［J］，2014 年第 11 期．

【42】娄延常．大学生学习兴趣与创新人才的培养——湖北省大学生学情调查的启示，复旦教育论坛［J］，2004 年第 2 卷第 2 期．

【43】林培锦．勒温场理论下当代大学生学习兴趣的培养探究，中国大学教学［J］，2015 年第 6 期．

【44】许晓文，夏应春．要重视大学生学习兴趣的培养，高等工程教育研究［J］，1988 年第 4 期．

【45】班兰美，黎志健，张玉．大学生职业生涯规划现状及

其影响因素,中国健康心理学杂志［J］,2013（3）.

【46】赵海莹,骆雁南.以实践育人理念推进大学生职业生涯规划教育的研究,教育理论研究［J］,2015.

【47】朱炎军,李爽.高校人才培养框架下的职业生涯规划教育目标——兼论高校职业生涯规划教育的课程设置,教育发展研究［J］,2012.

【48】巩梦丹.浅论我国大学生职业生涯规划现状及对策建议,现代交际［J］,2017（4）.

【49】范琳,李玲玲.论德里克·博克的大学本科教育目标思想及其启示,教育与教学研究［J］,2014（8）.

【50】王亚飞.哈佛大学本科教育目标与实现路径的匹配性研究,时代教育［J］,2013（7）.

【51】肖永明,潘斌.书院教育传统与现代大学教育的融合——岳麓书院实施本科生导师制的探索和思考［J］,大学教育科学,2017（2）.

【52】薛晓阳.知识类型和教育形态:"大道之知"的古典教育及其精神遗产,高等教育研究,2017（4）:8-16.

【53】潘斌,肖永明.生活导师制:本科生入学适应入学教育新模式［J］,大学教育科学,2016（3）.

【54】寻梦依.湖南大学岳麓书院本科生导师制实施的情况调查与分析,2016年5月。转引自肖永明、潘斌.书院教育传统与现代大学教育的融合——岳麓书院实施本科生导师制的探索和思考［J］,大学教育科学,2017（2）.

【55】贾绘泽.高校推行本科生导师制的几个主要问题［J］,教育探索,2016（10）.

【56】翟国栋,武晓华,曹洪治,李亚男.本科生全程导师制:问题与对策［J］中国大学教育,2017（1）.

【57】王颖,王笑宇.本科新生导师制对大学生的影响路径及实施效果研究[J],教育研究,2016(01).

【58】范迅,常维亚等.以创新教学为载体 全面实施本科生导师制[J],中国大学教学,2015(08).

【59】闫瑞祥.我国本科生导师制存在的问题及其改革[J],教育发展研究,2013(21).

【60】李国仓.应然与实然的距离:牛津大学导师制在我国的发展与困境[J],中国高教研究,2013(08).

【61】何齐宗,蔡连玉.本科生导师制:形式主义与思想共识[J],高等教育研究,2012(01).

【62】潘懋元.大众化阶段的精英教育[J],高等教育研究,2003年11月第24卷第六期.

【63】王明明.高等院校实行本科生导师制的思考[J].江苏高教,2005(1).

【64】马艳秀.对清华大学本科生实行导师制的实证研究[J].江苏高教,2006(3).

【65】李润洲.知识与教育——兼评由应试教育向素质教育转轨所引发的争论[J],全球教育展望,2005(2):15-17.

【66】胡春光.大学学科知识的演变:知识转型的历史社会学分析[J],中国高教研究,2011(7):50-55.

【67】钱厚成.哈贝马斯的知识类型观[J],兰州学刊,2006(9):19.

【68】吴福秀.中国古代的知识观念与传统知识体系的构建——基于古文献视角的考察[J],中国林业科技大学学报(社会科学版),2011(2):74-75.

【69】杜祥峰,何亚平.竺可桢与浙江大学导师制[J].现代大学教育.2003,(6):96.

【70】杜智萍．牛津大学本科生导师制教学模式探析［J］，大学教育科学，2006（6）．

【71】罗国基，周敏丹，王迎娜．近年来高校本科生导师制研究综述［J］，东华理工学院学报（社会科学版），2007年12月 第26卷 第4期．

【72】刘月秀，谭仕林，徐正春．本科生导师制的实践与探索［J］，黑龙江高教研究 2005（08）．

【73】德雷克·博克．回归大学之道［M］．上海：华东师范大学出版社，2008：96．

【74】张德江．论教谈学话与人［M］．北京：高等教育出版社，2010：213．

【75】张应强．文化视野中的高等教育［M］．南京：南京师范法学出版社，1999：93．

【76】Bill E G W. University Reform in Nineteenth – century Oxford, A Study of Henry Halford Vaughan［M］. Oxford：Clarendon Press, 1973：75.

【77】Ted Tapper and David Palreyman. Oxford and the decline of the Collegiate Tradition［M］. London：Woburn Press, 2000：101.

【78】［英］大卫·帕尔菲曼．高等教育何以为"高"——牛津导师制教学反思［M］．冯青来，译．北京：北京出版社，2011：12．

【79】J·H·纽曼．大学的理想［M］．浙江教育出版社．2002，6．

【80】蔡先金、宋尚桂等编著．大学学分制的理论与实践［M］．中国海洋大学出版社．

【81】徐辉、季诚钧等著．大学教学概论［M］．浙江大学

出版社.

【82】薛天祥. 高等教育学[M], 广西师范大学出版社.

【83】卡尔·雅斯贝尔斯. 大学之理念[M]. 上海世纪出版集团, 2007.

【84】秦小云. 大学教学管理制度的人性化问题[M]. 中国海洋大学出版社.

【85】戴天宇. 超越执行力——科学管理, 从科学的制度设计开始[M]. 清华大学出版社.

【86】[英]约翰·亨利·纽曼(John Henry Newman). 高师宁等译. 大学的理念[M]. 贵州: 贵州教育出版社, 2003.

【87】[美]德里克·博克. 回归大学之道: 对美国大学本科教育的反思与展望[M]. 侯定凯, 等译. 上海: 华东师范大学出版社, 2008.

【88】张耀灿, 陈万柏. 思想政治教育学原理[M]. 北京: 高等教育出版社, 2001.

【89】江泽民. 江泽民文选: 第三卷[M]. 北京: 人民出版社, 2006.

【90】亚里士多德. 政治学[M]. 吴寿涛, 译. 北京: 商务印书馆, 1965.

【91】肖木, 等. 普林斯顿大学[M]. 长沙: 湖南教育出版社, 1992.

【92】爱因斯坦. 爱因斯坦文集: 第三卷[M]. 许良英, 等, 编译. 北京: 商务印书馆, 1979.

【93】柏拉图. 柏拉图全集(第二卷)[M]. 人民出版社, 2002: 25 - 30.

【94】顾城敏. 公民社会与公民教育[M]. 知识产权出版社, 2007: 75 - 77.

【95】习近平．决胜全面建成小康社会 夺取新时代中国特色社会主义伟大胜利［M］，党的十九大报告辅导读本，人民出版社，2017：1-69．

【96】约翰·亨利·纽曼（John Henry Newman）．大学的理念［M］，高师宁、何克勇、何可人、何沪光译，北京大学出版社，2016：121、151-152．

【97】大卫·帕尔菲曼．高等教育何以为"高"——牛津导师制教学反思［M］，冯青来译，北京大学出版社，2011：3-4、10-25．

【98】雅罗斯拉夫·帕利坎著．大学理念重审：与纽曼对话［M］，杨德友译，北京大学出版社2008：75．

【99】沈文钦．《大学理念》中的博雅教育学说，参见约翰·亨利·纽曼著．《大学的理念》［M］，高师宁等译，北京大学出版社2016：106．

【100】爱玛·史密斯．英语教学：共同研习学问的事业，参见大卫·帕尔菲曼．《高等教育何以为"高"——牛津导师制教学反思》［M］，冯青来译，北京大学出版社，2011：154-163．

【101】华勒斯坦 等．开放社会学——重建社会科学报告书［M］，刘峰译，北京，生活·读书·新知三联书店，1997：8-9．

【102】让·弗朗索瓦·利奥塔．后现代状况——关于知识的报告［M］，岛子译，湖南美术出版社，1996：36．

【103】齐格蒙特·鲍曼．大学：历史、现状和差异性，参见安东尼·史密斯，弗兰克·韦伯斯特主编．后现代大学来临？［M］，侯定凯、赵叶珠译，北京大学出版社2014：29-33．

【104】亚里士多德．修辞学（Rhetoric）［M］，I，5，II．

【105】钱穆．新亚遗铎［M］，台北：联经出版公司，

1998：5.

【106】伯顿·克拉克．高等教育系统——学术组织的跨国研究［M］，王承旭等译，杭州大学出版社，1994：159.

【107】王绽蕊．高校治理：比较与改进［M］，光明日报出版社2013：15-95.

【108】杨晓民、周翼虎．中国单位制度［M］，北京：中国经济出版社，2002：59.

【109】迈克尔·威舍．爱与学习的艺术，参见埃恩·海（Lain Hay）主编．教学的智慧——来自世界最好的大学教师的经验［M］，邢磊译，华东师大出版社2013：28.

【110】德雷克·博克．回归大学之道——对美国大学本科教育的反思和展望［M］，侯定凯、梁爽、陈琼琼译，华东师大出版社2012年：39.

【111】艾伦·赖安．自由教育：并不拒斥科学！参见大卫·帕尔菲曼主编．高等教育何以为"高"——牛津导师制教学反思［M］，北京大学出版社，2011：81.

【112】亚伯拉罕·弗莱克斯纳．现代大学论——英美德大学研究［M］，徐辉、陈晓菲译，浙江教育出版社，2011：241.

【113】李应强．文化视野中的高等教育［M］，南京师范法学出版社，1993：93.

【114】金耀基．大学之理念［M］，生活·读书·新知三联书店，2008：41.

【115】谢湘，钱理群：北大在培养利己者［N］．中国青年报，2012-05-03.

【116】江泽民．同团中央新一届领导成员和团十四大部分代表座谈时的讲话［N］．人民日报．1998-06-25.

【117】公民道德建设实施纲要［N］．人民日报．2001-

10-25.

【118】李益众. 本科生导师制如何走出"试验田"？[N], 中国教育报, 2016年11月23日第4版.

【119】"牛津大学导师制与自由教育传统"[N], 科学时报, 2009年11月29日.

【120】张维迎. 理念的力量[N], 经济观察报, 2014-5-26.

【121】竺可桢. 大学生之责任[N], 大公报 1937-10-25.

【122】曾倩倩. 大陆和台湾地区研究型大学本科生全球化素养的比较研究[D]. 南京大学, 2017.

【123】朱吉韬. 多元文化视野下的财经院校校园文化建设——以贵州财经学院为例[D]. 贵州财经学院, 2011.

【124】中国第二历史档案馆, "中华民国"国史档案资料汇编. 教育（一）, 教育部办法之中等以上学校导师制纲要（1938年3月28日）[C]. 南京江苏古籍出版社, 1997：P212-213.

【125】Krista M. Soria, Jordan Troisi. (2014). Internationalization at Home Alternatives to Study Abroad: Implications for Students5 Development of Global, International, and Intercultural Competencies. Journal of Studies in International Education.

【126】Clark Kerr. The Uses of University [M]. Cambridge Mass: Harvard University Press, 1963：35.

后 记

  本科生导师制是指大学为本科阶段学习的学生配备导师,基于每个学生的不同天赋与志趣,在学业、科研、品德等方面对学生进行个性化指导的一种制度模式。这一制度最早产生于14世纪的英国,在英国牛津大学率先实行,后来逐渐推广、流行于欧美国家,到近现代传入中国。早在20世纪30年代,浙江大学就开始实行本科生导师制,但这种教学模式在中国并未得到很好发展,相反因种种原因被终止。直到20世纪90年代末,随着我国高等教育由精英教育向普及教育改革的推进,师生比不断扩大,本科教育质量滑坡问题日益凸显。这一问题引起了全社会的广泛关注。笔者从2004年开始关注这一领域。基于国内高校旨在解决高校扩招后本科教学质量问题的本科生导师制,则是从2010年才开始关注这一课题,此时正值财政税务学院作为河北经贸大学二级学院改革试点,为此开展了基于二级学院改革视角的财税专业本科生导师制的研究。经过几年的调研,于2016年开始着手本书的写作，并于 2017 年 9 月完成初稿，其后几经修改，于 2018 年 3 月定稿。从构思到完成前后历经三年时间，为了寻找更为完整和科学的论证方法和论据耗费了大量时间、精力和心血。写作过程是艰辛的。现在修改稿终于完成了，心里是喜忧参半五味杂陈。令人欣喜的是多年的研究成果总算可以和读者见面了，担忧的是由于能力和水平所限，自己在本科生导师制相关领域的研究能否得到同行的认可。期待本书的出版能够为相关领域的教学与研究有所裨益。

本书是河北经贸大学 2016 年教学研究重大项目"我校财税专业本科生导师制探索"（2016JYZ01）的最终成果。本书的出版得到了河北经贸大学财税学院河北省财政学重点学科建设项目经费的资助。在此，我们要感谢河北经贸大学的领导和有关专家、学者，他们的支持令我终生难忘。感谢河北经贸大学教务处、图书馆和财务处的同志们，正是他们的大力支持和悉心服务，才使本课题的研究得以顺利进行；特别感谢教务处处长程瑞芳教授、高教研究室李阳老师，他们在本项目研究过程中给予了极大地支持和帮助。没有他们的关心和支持，我们的研究工作同样也难以有效开展。

在导师制调研过程中，贵州财经大学给予了鼎力支持和热情帮助，特别感谢贵州财经大学继续教育学院副院长、财政学专业的本科生导师杨杨教授，她在工作的百忙中，为我们协调、联系贵州财经大学教务处、经济学院等部门，使我们赴贵州的调研得以成形，不仅如此，在我们赴贵州财经大学的调研期间，杨杨教授更是全程陪同，不仅详细介绍了贵州财经大学财政学专业本科生导师制的实施情况，还陪同我们参观了贵州财经大学的图书馆、校史馆、票据馆，令我们耳目一新，也万分感动。

感谢贵州财经大学经济学院，它是贵州财经大学最早实行本科生导师制的二级学院，也是该校导师制实施成效最好的学院。为此，我们曾专门到经济学院"取经"，经济学院对我们的到来非常重视，在百忙中专门召开了"本科生导师制调研工作会议"，经济学院的党政领导、教学主任、学生会导师制小组负责人、优秀本科生导师等均出席了本次座谈会，其情其景至今历历在目。贵州财经大学本科生导师制的经验令我们受益匪浅。对此，我们表示衷心的感谢！感谢贵州财经大学经济学院常明明院长和朱红琼书记，你们的无私帮助充分展现了贵州人民的淳朴民风与热情好客；感谢经济学院的徐艺副院长，您介绍的经济学院的前身——财税学院试行本科生导师制的情况，让我们了解了贵校导师制实践与探索的初始形态；感谢经济学院的陈波副书记，您介绍的经济学院导师制的制度设计，包括导师制领导小组、本科生导师制专门软件的开发和应用、导师的职责定位、导师与学生的激励与约束机制、导师与辅导员的职责分工等，让我们眼界大开；感谢经济学院的罗玉江副书记，您介绍的经济学院本科生导师制实施的初衷——大类教学模式下对学生的专业嵌入，便于学生在大一阶段就感知专业，以增加学生的专业认同，以及导师制的发展历程——从最初依靠填写纸质的指导记录的手工指导阶段到依托专门的软件在电脑系统中填写指导记录阶段，同样令我们受益匪浅。感谢贵州财经大学教务处副处长范平花教授以及贵州财经大学经济学院的其他老师和同学们，我们从你们身上感知到了贵州人民真诚、善良、乐于助人的高贵品德。

感谢笔者所在单位——感谢河北经贸大学财政税务学院的领导及专家的支持与帮助。在本书的写作和出版过程中，始终得到了学院的高度重视和鼎力支持，学院还为本书的出版提供了资金支持。学院党政领导都对本科生导师制的探索和实践十分重视并给予了极大的支持，王晓洁院长亲自挂帅、坐镇指挥，从选题到确定提纲再到写作乃至后期的修改完善，都提出了许多有价值的建议。感谢张迎东书记、温立洲副院长、郑颖副书记，没有你们对本项目的热切关注和倾情支持，项目研究和试运行就不可能如此顺利，在此表示诚挚的感谢！

本书的研究还得到了财政税务学院教授委员会的大力支持和帮助，教授委员会多次召开专门会议，审议、讨论导师制实施方案、实施细则及管理办法等，并提出了许多建设性意见。非常感谢这些学识渊博的教授们给予的指导和帮助。

本书同样凝聚着河北经贸大学财政税务学院教授委员会主席石丁教授的大量心血。他不仅始终关注、指导本项目的研究和实践，还亲自带队赴贵州调研考察，为项目的研究付出了极大的心血，其敬业精神令人感动，在此向石老师致以崇高的敬意和衷心的感谢！

本书是集体智慧的结晶，课题组的各位同仁对本项目的研究付出了大量心血。特别感谢学科办主任刘刚老师，从选题到项目的论证，他都提出了许多建设性的意见；感谢教务主任翟亚宁老师，她不仅全程参与了导师制的研究并承担了本书的部分写作任务，而且承担起导师制试运行中学生组织与管理的任务；感谢吴峥老师，她不仅承担了本书的部分写作任务，而且出色地完成了部分前期资料收集的任务；感谢张志超老师，她承担了本书的部分写作任务。在此向你们道一声：辛苦了！也感谢课题组其他成员在调研导师制试运行过程中作出的贡献。

在本项目的调研过程中，还得到了河北省税务学校的商彦敏、刘英民老师，河北师范大学的高刘成老师，河北省人民医院的张卫红主任，美国田纳西大学的博士研究生高博，英国曼彻斯特大学的硕士研究生刘寅冬等诸多朋友的帮助。感谢给予我们帮助的所有朋友，并祝他们永远幸福快乐！

后 记

本书参考了很多专家的研究成果,对此表示深深地敬意和感谢。

参与导师制试运行的同学们也对本项目的研究作出了贡献,特别是河北经贸大学财政税务学院 2015 级财政学专业的次晓盼、李铂、徐金钰、袁金凤同学,2016 级财政学专业的梁慧、吴彤、常鑫垚、吕瑞朋、史心旭、刘菲菲同学,本书的出版也凝结着他们的辛勤和汗水,在此一并表示感谢!

同时还要感谢中国财政经济出版社的领导和编辑为本书的出版给予的支持与付出的艰辛劳动,他们组织了本书的出版和编辑工作。特别要感谢具体负责本书编辑工作的樊清玉主任。她对工作的一丝不苟,保障了本书的出版质量。没有他们的鼎力相助,本书不可能如此顺利地出版。

感谢我的家人,他们不仅给予我精神上的支持,对于我写作过程中遇到的问题也给予了很多帮助。我的丈夫高维林寒暑假期间负担了大部分家务,使我得以在假期全身心地投入本书的写作;我的女儿高菲不仅在工作之余承担了本项目相当大部分的资料搜集、整理、调研、外文翻译等事务性工作,还完成了部分写作任务。于我而言,家不仅是温馨的港湾,也是我努力前行的动力源泉。

随着我国加快建设创新型国家战略的实施,高等教育改革的不断深化,对本科生导师制的研究也在不断深化与发展。因此,虽然我们尽了很大努力,但由于学识所限,难免有缺点和疏漏之处,恳请关注本科生导师制的各位专家、学者及读者朋友们批评指正。

刘连环
2018 年 3 月于石家庄